教科書ぴったりトレーニング

はなまるシール

- ふろくの
- はじめに
  がんばり
- 学習が終
  「はなまるシール」をはろう！
- 余ったシールは自由に使ってね。

教科書ぴったりトレーニング

社会 3年 がんばり表

いつも見えるところに、この「がんばり表」をはっておこう。
この「ぴたトレ」を学習したら、シールをはろう！
どこまでがんばったかわかるよ。

せんたく がついているところでは、教科書の選択教材を扱っています。学校での学習状況に応じて、ご利用ください。

1. わたしたちのまちと市

20～21ページ	18～19ページ	16～17ページ
ぴったり3	ぴったり12	ぴったり12
できたら シールを はろう	できたら シールを はろう	できたら シールを はろう

2. はたらく人とわたしたちのくらし せんたく

22～23ページ	24～25ページ	26～27ページ	28～29ページ	30～31ページ	32～33ページ	34～35ページ	36～37ページ
ぴったり12	ぴったり12	ぴったり3	ぴったり12	ぴったり12	ぴったり12	ぴったり3	ぴったり12
できたら シールを はろう	できたら シールを はろう	できたら シールを はろう	できたら シールを はろう	できたら シールを はろう	できたら シールを はろう	できたら シールを はろう	できたら シールを はろう

3. 地いきの安全を守る

68～69ページ	66～67ページ	64～65ページ	62～63ページ
ぴったり3	ぴったり12	ぴったり12	ぴったり12
できたら シールを はろう	できたら シールを はろう	できたら シールを はろう	できたら シールを はろう

4. わたしたちの市の歩み

70～71ページ	72～73ページ	74～75ページ	76～77ページ	78～79ページ	80～81ページ	82～83ページ	84～85ページ
ぴったり12	ぴったり12	ぴったり3	ぴったり12	ぴったり12	ぴったり3	ぴったり12	ぴったり12
できたら シールを はろう	できたら シールを はろう	できたら シールを はろう	できたら シールを はろう	できたら シールを はろう	できたら シールを はろう	できたら シールを はろう	できたら シールを はろう

すきななまえをつけてね！

なまえ

ぴた犬（おとも犬）シールをはろう

シールの中からすきなぴた犬をえらぼう。

おうちのかたへ

がんばり表のデジタル版「デジタルがんばり表」では、デジタル端末でも学習の進捗記録をつけることができます。１冊やり終えると、抽選でプレゼントが当たります。「ぴたサポシステム」にご登録いただき、「デジタルがんばり表」をお使いください。LINE または PC・ブラウザを利用する方法があります。

LINE用

PC・ブラウザ用

★ ぴたサポシステムご利用ガイドはこちら ★

https://www.shinko-keirin.co.jp/shinko/news/pittari-support-system

スタート

2〜3ページ	4〜5ページ	6〜7ページ	8〜9ページ	10〜11ページ	12〜13ページ	14〜15ページ
ぴったり1 2	ぴったり1 2	ぴったり3	ぴったり1 2	ぴったり1 2	ぴったり3	ぴったり1 2
できたらシールをはろう	できたらシールをはろう	できたらシールをはろう	できたらシールをはろう	できたらシールをはろう	できたらシールをはろう	できたらシールをはろう

38〜39ページ	40〜41ページ	42〜43ページ	44〜45ページ	46〜47ページ	48〜49ページ	50〜51ページ	52〜53ページ
ぴったり1 2	ぴったり1 2	ぴったり1 2	ぴったり3	ぴったり1 2	ぴったり1 2	ぴったり1 2	ぴったり3
できたらシールをはろう	できたらシールをはろう	できたらシールをはろう	できたらシールをはろう	できたらシールをはろう	できたらシールをはろう	できたらシールをはろう	できたらシールをはろう

54〜55ページ	56〜57ページ	58〜59ページ	60〜61ページ
ぴったり1 2	ぴったり1 2	ぴったり1 2	ぴったり3
できたらシールをはろう	できたらシールをはろう	できたらシールをはろう	できたらシールをはろう

86〜87ページ
ぴったり3
できたらシールをはろう

ゴール

さいごまでがんばったキミは「ごほうびシール」をはろう！

ごほうびシールをはろう

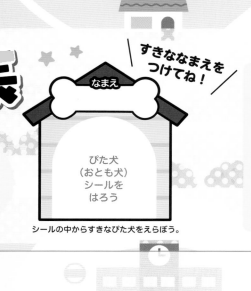

きょうみを広げる・深《ふか》める！

地図記号《きごう》カード

3年

漢字《かんじ》の「文」の形が
もとになっているよ。

何の地図記号《きごう》かな?

けいぼうが２本交《まじ》わった
形がもとになっているよ。

何の地図記号《きごう》かな?

けいぼうを２本交《まじ》わらせて
○でかこんだ形がもとに
なっているよ。

何の地図記号《きごう》かな?

火事《かじ》の広がりをふせぐのに
使《つか》われた道具《どうぐ》の形が
もとになっているよ。

何の地図記号《きごう》かな?

一重《いちじゅう》の丸。
じつは、もとになった
形はないよ。

何の地図記号《きごう》かな?

太さのちがう二重丸《にじゅうまる》。
じつは、もとになった
形はないよ。

何の地図記号《きごう》かな?

開《ひら》いた本の形が
もとになっているよ。

何の地図記号《きごう》かな?

あるたて物《もの》の形が
もとになっているよ。

何の地図記号《きごう》かな?

昔《むかし》、あった役所《やくしょ》の
「ていしん省《しょう》」のかしら文字
「テ」がもとになっているよ。

何の地図記号《きごう》かな?

昔《むかし》、ぐんたいにあった
「えいせいたい」のマークが
もとになっているよ。

何の地図記号《きごう》かな?

たて物《もの》の中につえがある
様子《ようす》を表《あらわ》しているよ。

何の地図記号《きごう》かな?

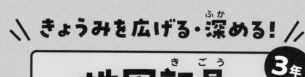

文 小・中学校

使《つか》い方《かた》

●切り取《と》り線にそって切りはなしましょう。

説《せつ》 明《めい》

●表面《おもてめん》には問題《もんだい》とヒント、うら面《めん》には答え、地図記号《きごう》に関係《かんけい》する絵や事《こと》がらなどがかいてあります。

⊗ けいさつしょ

○でかこんでいない記号《きごう》は「交番」だよ。

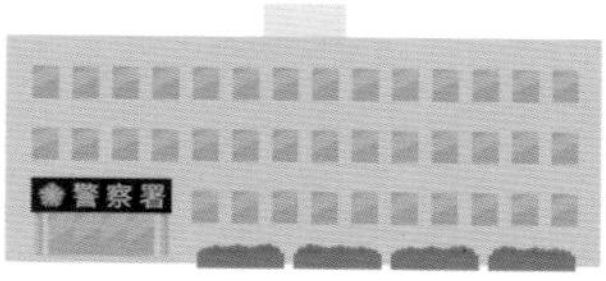

X 交番

X 交番

○でかこんだ記号《きごう》は「けいさつしょ」だよ。

⊗ けいさつしょ

○ 町村役《やく》場《ば》

二重丸《にじゅうまる》は「市役所《しやくしょ》」だよ。

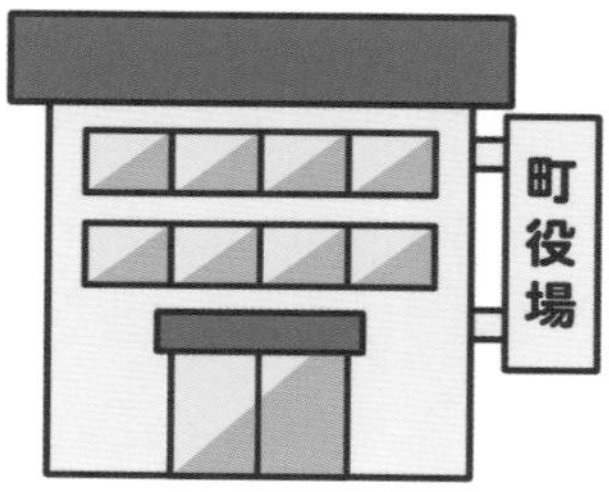

◎ 市役所

消防《しょうぼう》しょ

もとになった形

さすまた

図書館《としょかん》

もとになった形

◎ 市役所《しやくしょ》

一重丸《いちじゅうまる》は「町村役場《やくば》」だよ。

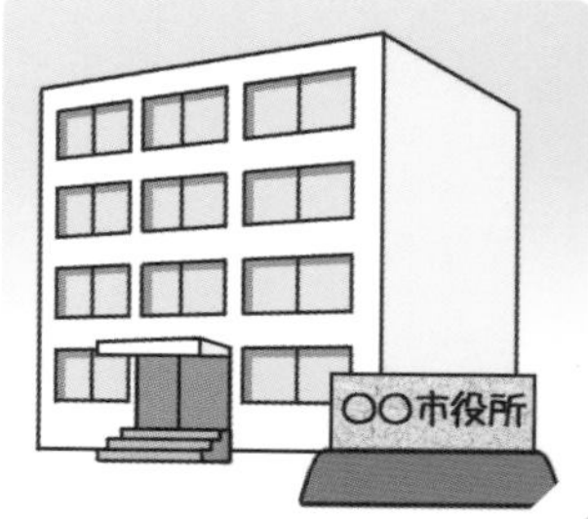

○ 町村役場《やくば》

ゆうびん局《きょく》

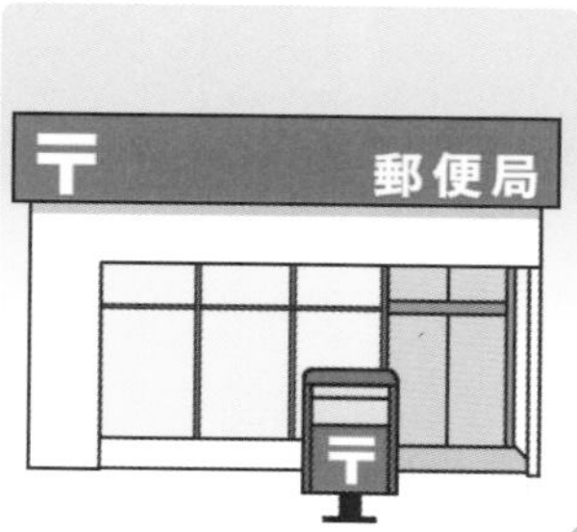

はくぶつ館《かん》 びじゅつ館《かん》

老人《ろうじん》ホーム

もとになった形

病院《びょういん》

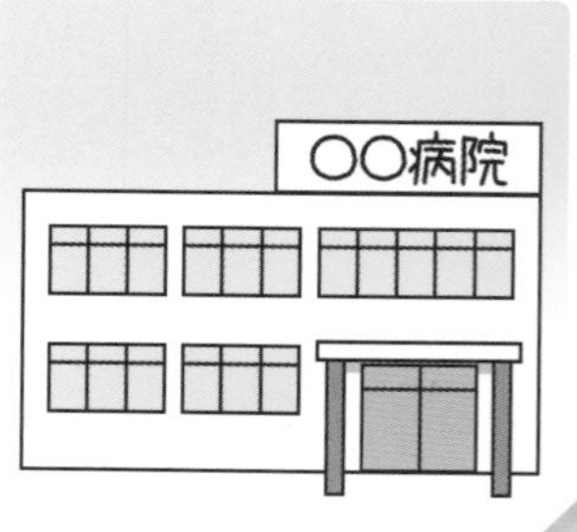

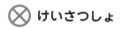

「鳥居《とりい》」という門の形が
もとになっているよ。

何の地図記号《きごう》かな?

あるしせつで見かける
「まんじ」を表《あらわ》しているよ。

何の地図記号《きごう》かな?

あるものをつくるときに、
使《つか》った「なわばり」の形が
もとになっているよ。

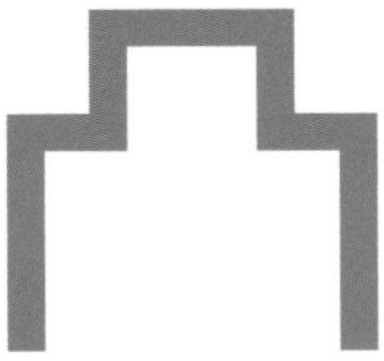

何の地図記号《きごう》かな?

湯《ゆ》つぼと湯けむりを
組み合わせた形が
もとになっているよ。

何の地図記号《きごう》かな?

きかいを動《うご》かすのに
使《つか》われる歯車《はぐるま》の形が
もとになっているよ。

何の地図記号《きごう》かな?

歯車《はぐるま》と電気を送《おく》る線の形が
もとになっているよ。

何の地図記号《きごう》かな?

船のおもりの役目《やくめ》を
する「いかり」の形が
もとになっているよ。

何の地図記号《きごう》かな?

石でできたあるものを前から
見た形と、そのかげの様子《ようす》が
もとになっているよ。

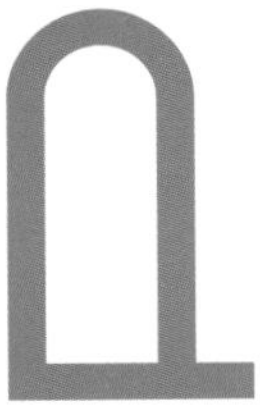

何の地図記号《きごう》かな?

ある乗《の》り物《もの》が通るところを、
上から見た様子《ようす》を
表《あらわ》しているよ。

何の地図記号《きごう》かな?

いねをかり取《と》った
あとの様子《ようす》を
表《あらわ》しているよ。

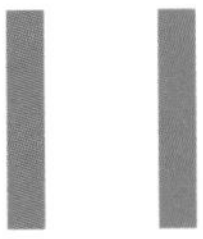

何の地図記号《きごう》かな?

植物《しょくぶつ》のふた葉《ば》の形が
もとになっているよ。

何の地図記号《きごう》かな?

くだものの実《み》を
横《よこ》から見た形が
もとになっているよ。

何の地図記号《きごう》かな?

卍 寺

もとになった形

卍

神社《じんじゃ》

もとになった形

温泉《おんせん》

城《しろ》あと

関係《かんけい》がある記号《きごう》

史跡《しせき》・名勝《めいしょう》

れきしに登場《とうじょう》する所《ところ》など。

発電所《はつでんしょ》

変電所《へんでんしょ》も同じ記号《きごう》で
表《あらわ》すよ。

工場

形がにている記号《きごう》

発電所《はつでんしょ》

灯台《とうだい》

きねんひ

中に | がある記号《きごう》は
「自然《しぜん》さいがいひ」だよ。

自然さいがいひ

港《みなと》

もとになった形

田

形がにている記号《きごう》

橋《はし》

鉄道《てつどう》と駅《えき》

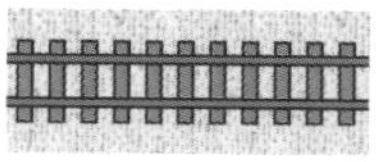

かじゅ園

畑《はたけ》

関係《かんけい》がある記号《きごう》

茶畑《ちゃばたけ》

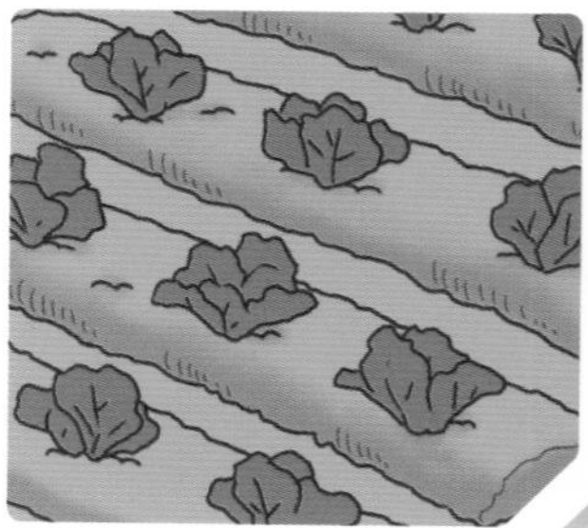

もくじ

社会3年

教育出版版
小学社会

教科書ぴったりトレーニング

▶3分でまとめ動画

せんたく がついているところでは、教科書の選択教材を扱っています。学校での学習状況に応じて、ご利用ください。

【写真提供】
PIXTA／アマナイメージズ／神奈川県立歴史博物館／コーベット・フォトエージェンシー／横浜市教育委員会生涯学習文化財課

1　まちの様子《ようす》①

学習日　　月　　日

◎めあて
まちの様子調《しら》べについて学《がく》習問題《しゅうもんだい》をつくり、調《しら》べることと調べ方をたしかめよう。

教科書　8～15ページ　答え　2ページ

次《つぎ》の（　　）に入る言葉《ことば》を、下からえらびましょう。

1　自分の家やよく行く場所《ばしょ》はどこにあるの／自分の家やよく行く場所をさがそう

教科書　10～13ページ

ワンポイント　方位

- 方位は、自分の立っている場所を中心に考える。
北を向《む》いて立つと、右手は（①　　　　）、左手は（②　　　　）、後ろは（③　　　　）をさす。
- 方位を調《しら》べるには、（④　　　　）を使《つか》う。
- 東西南北《とうざいなんぼく》をまとめて（⑤　　　　）という。

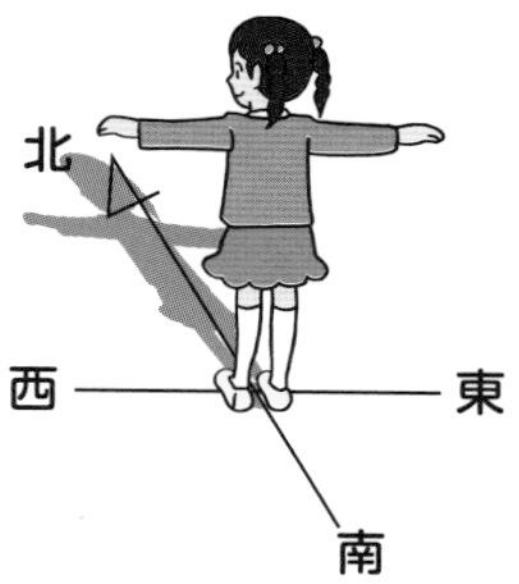

✪ 学校の屋上《おくじょう》からわかること

- 学校のまわりの家やビルなどの（⑥　　　　）や、鉄道《てつどう》や道路《どうろ》などの（⑦　　　　）の様子がわかる。
- 方位じしんを使えば、大きなたてものや神社《じんじゃ》、公園など、目印となるものが、学校から見てどの（⑧　　　　）にあるかがわかる。

⬆ 方位じしん

2　学習問題をつくり、学習の見通しを立てよう

教科書　14～15ページ

✪ 学習問題と学習計画

学習問題	わたしたちのまちは、どのような様子なのだろう。
調べること	●（⑨　　　　）の様子 ●たてものの様子 ●交通の様子
調べ方	●たんけんするコースを白地図《はくちず》にかき入れる。 ●コースごとに分かれて、歩いて調べる。 ●調べたことを、絵地図にまとめる。

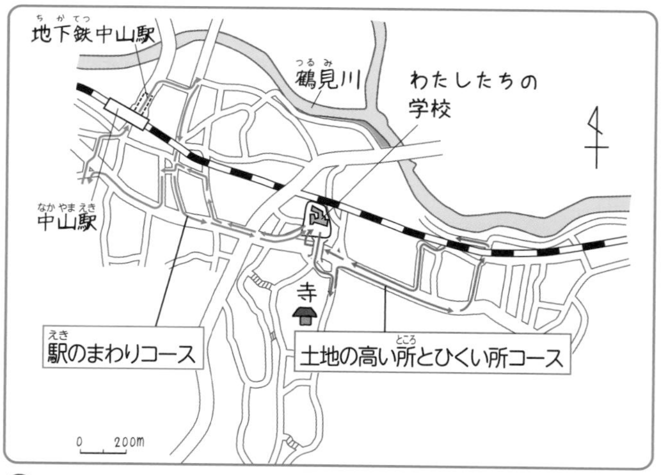

⬆ たんけんする２つのコース

えらんだ言葉に✓
□たてもの　□南　□西　□東　□土地
□交通　□四方位《しほうい》　□方位　□方位じしん

学習日　　月　　日

ぴたトリビア

方位じしんは、じ石《しゃく》でできています。そのため、鉄《てつ》の近くで方位じしんを使うと、はりが回って正しく方位をしめしません。

教科書　8～15ページ
答え　2ページ

1 次の絵は、正午のころを表《あらわ》しています。①～④にあてはまる方位を答えましょう。

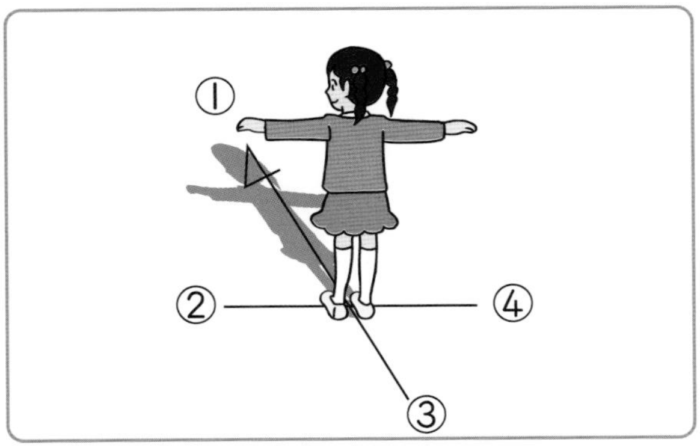

①（　　　　　）
②（　　　　　）
③（　　　　　）
④（　　　　　）

2 学校の屋上から富士山《ふじさん》を見ています。学校から見て富士山がある方位を、四方位で書きましょう。

（　　　　　）

3 次の2人が、まちたんけんをします。それぞれのぎもんをかい決《けつ》するために、調べたらよいことを［　　　］からえらび、①・②に書きましょう。

駅のまわりには、どのようなお店があるのかな。

①（　　　　　）

学校の南にある広い畑《はたけ》では、何をつくっているのかな。

②（　　　　　）

土地の様子　　交通の様子　　たてものの様子

ヒント 2　方位じしんの色のついたはりは、北をさします。方位じしんの「北」の字に、色のついたはりを合わせると、調べたい場所の方位を知ることができます。

ぴったり1

じゅんび

1. わたしたちのまちと市

1 まちの様子《ようす》②

学習日　　月　　日

めあて
まちの地図を読み取《と》り、わかったことを表《ひょう》にまとめよう。

教科書　16〜21ページ　　答え　3ページ

次《つぎ》の（　　）に入る言葉《ことば》を、下からえらびましょう。

1 駅《えき》のまわりコースをたんけん/土地の高い所《ところ》とひくい所コースをたんけん　教科書 16〜19ページ

駅のまわりコースを調《しら》べる

- 駅の北には、赤ちゃんをつれた人やお年寄《としよ》りなど、多くの人がりようする（①　　　　）がある。
- 駅の南は（②　　　　）があり、買い物《もの》をする人がたくさんいた。
- 駅のまわりには、消防《しょうぼう》しょや（③　　　　）などの**公共《こうきょう》しせつ**が集《あつ》まっている。

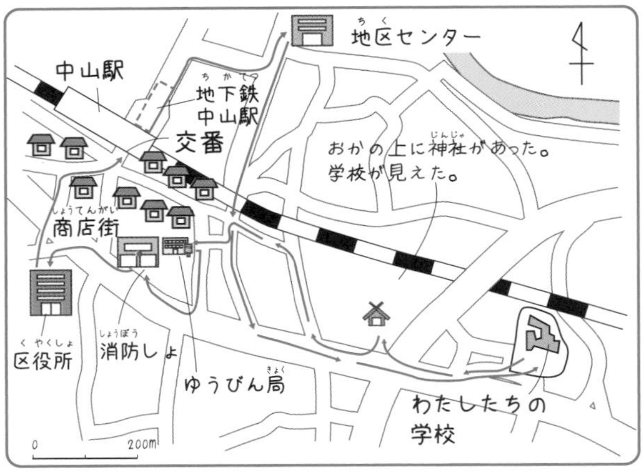

駅のまわりの絵地図

土地の高い所とひくい所コースを調べる

- 学校の南の方は、高い所で、坂道《さかみち》を上がると、「仁王《におう》さま」のいる寺がある。
- 鶴見《つるみ》川のほうは、土地がひくく、マンションや大きな（④　　　　）、大きなそうこがならんでいる。

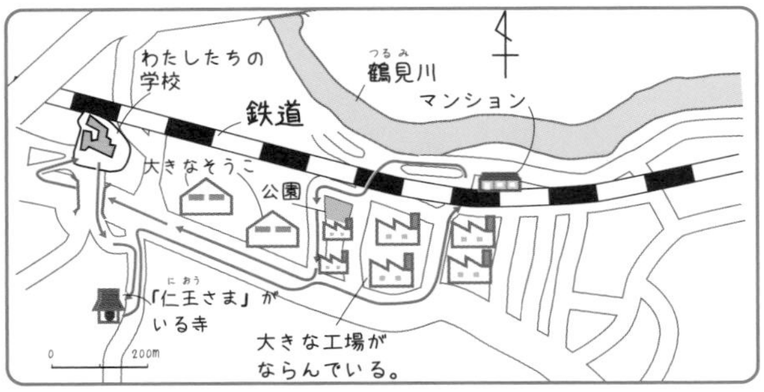

土地の高い所とひくい所の絵地図

2 まちの様子を表にまとめよう　教科書 20〜21ページ

表にまとめる

コース（場所《ばしょ》）	（⑤　　　　）の様子	（⑥　　　　）の様子
駅のまわりコース（学校の北がわや西がわ）	・平《たい》らな土地が多い。 ・バスがたくさん走っている。	・高いビルや店が多い。 ・（⑦　　　　）が多い。
土地の高い所とひくい所コース（学校の南がわや東がわ）	・急《きゅう》な坂が多い。 ・広い（⑧　　　　）が東西《とうざい》に通っている。	・家やマンションが多い。 ・工場やお寺がある。

えらんだ言葉に ✓

□区役所《くやくしょ》　□工場　□土地や交通　□地区《ちく》センター
□たてもの　□商店街《しょうてんがい》　□道路《どうろ》　□公共しせつ

練習

学習日　　月　　日

ぴたトリビア

絵地図をかくとき、最初《さいしょ》に中心となる場所を決《き》めて、中心からだんだんと道を広げていくと、じょうずにかくことができます。

教科書　16～21ページ　答え　3ページ

1 次の 2 つの絵地図から、それぞれの土地の様子として正しいものには○を、まちがっているものには×をつけましょう。

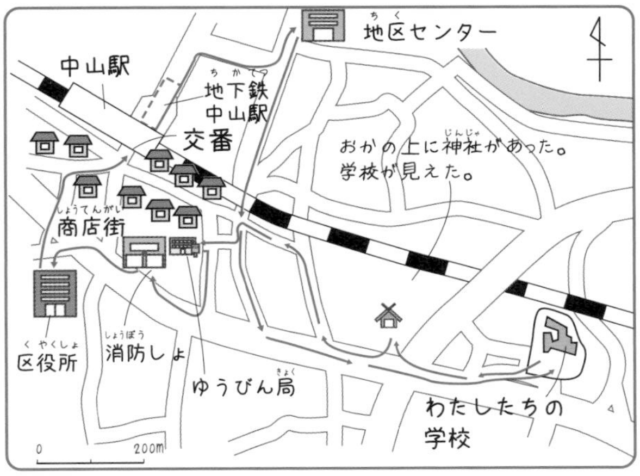

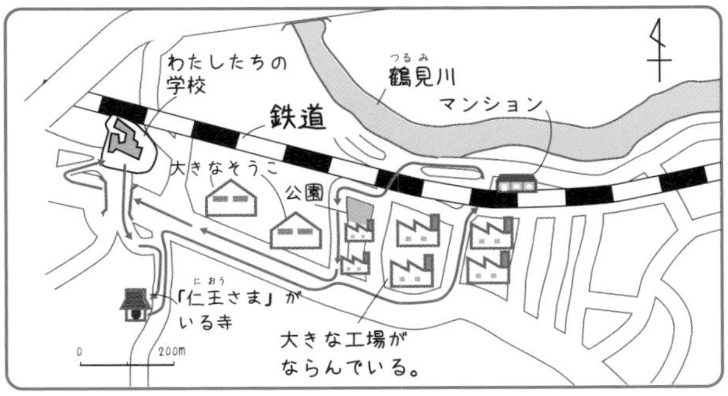

①(　　　　)駅の北がわには、地区センターがある。

②(　　　　)鶴見川と大きなそうこの中間に、「仁王さま」のいる寺がある。

③(　　　　)駅の南には、公共しせつが集まっている。

④(　　　　)鶴見川の南には、マンションや大きな工場やそうこがならんでいる。

⑤(　　　　)駅の北には、商店街がある。

2 次の表は、学校のまわりのまちたんけんをしたあとに、まとめたものです。①・②にふさわしい写真《しゃしん》を、㋐・㋑からそれぞれえらびましょう。

場所	たてものの様子	写真
駅のまわり	●高いビルや店が多い。 ●公共しせつが多い。	①
土地の高い所やひくい所	●家やマンションが多い。 ●工場やお寺がある。	②

㋐

㋑

①(　　　　)　②(　　　　)

ヒント

❶ 絵地図で方位《ほうい》を調べるには、右上にかかれている方位記号《きごう》「♁」を見ます。方位記号のさす方向《ほうこう》が「北」なので、2つの絵地図は「上が北」となります。

1. わたしたちのまちと市

1　まちの様子《ようす》

時間30分

／100

ごうかく80点

教科書　8～21ページ　答え　4ページ

1 よく出る　次《つぎ》の絵のように、体を動《うご》かして方位《ほうい》をたしかめるとき、のばしたうでの方位をなんと言うとよいでしょう。絵のふきだしにあてはまる方位を書きましょう。

1つ5点（20点）

①（　　　　　）　②（　　　　　）

③（　　　　　）　④（　　　　　）

2 4人でまちたんけんについて、話しています。正しい考えには○を、まちがった考えには×をつけましょう。

思考・判断・表現　1つ5点(20点)

方位じしんを使《つか》えば、目印《めじるし》となるものが、学校から見てどの方位にあるかがわかるよ。

①（　　　）

まちたんけんは学校の屋上《おくじょう》ですると、時間もかからずにできるね。

②（　　　）

まちたんけんでは土地の様子を調《しら》べれば、交通の様子を調べなくてもよいと思うよ。

③（　　　）

まちたんけんをする前に、白地図《はくちず》をつくっておくと、あとで気づいたことをかきこめるね。

④（　　　）

3 よく出る 次の駅《えき》のまわりをたんけんしてつくった絵地図を見て、下の①～⑤にあてはまる言葉《ことば》を、［　　］からえらびましょう。

技能　1つ6点（30点）

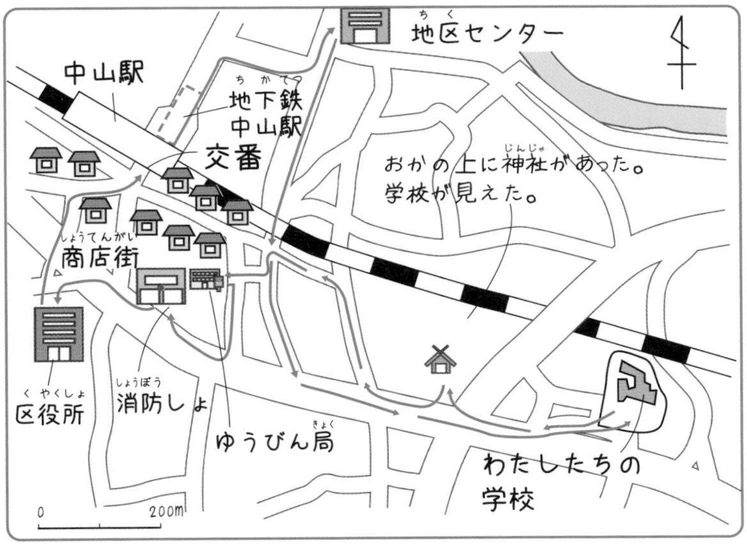

ゆうびん局《きょく》
区役所《くやくしょ》
地区《ちく》センター
消防《しょうぼう》しょ
神社《じんじゃ》

学校を出ると、はじめにおかの上の（①）に立ちよりました。そこからは、学校が見えました。そのあと、（②）で仕事《しごと》の話を聞いてから（③）を見学しました。そして、（④）で区の地図をもらい、北へ歩いていき、駅の下をくぐって（⑤）へ向《む》かいました。そこには、赤ちゃんをつれた人やお年《とし》寄《よ》りがいました。

①（　　　　）　②（　　　　）　③（　　　　）
④（　　　　）　⑤（　　　　）

4 土地の高い所《ところ》とひくい所の絵地図を見て、問《と》いに答えましょう。

(1)10点、(2)20点（30点）

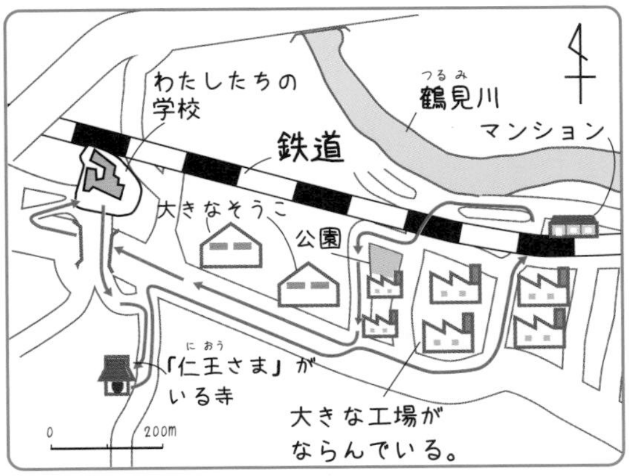

(1)　この絵地図からわかることを１つえらんで、記号《きごう》で答えましょう。　技能

㋐　学校の東には、「仁王《におう》さま」がいる寺がある。

㋑　学校の東には、大きなそうこがある。

㋒　鶴見川の西には、大きな工場がならんでいる。

（　　）

記述 (2)　できたらスゴイ!　公園から学校までの道じゅんを、「広い道・西・南」の３つの言葉を使《つか》って、かんたんに書きましょう。　思考・判断・表現

（　　　　　　　　　　　　　　）

ふりかえり　①がわからないときは、２ページの①にもどってかくにんしてみよう。

ぴったり1 じゅんび

3分でまとめ

1. わたしたちのまちと市

2 市の様子《ようす》①

学習日　　月　　日

めあて
市の様子調《しら》べについて学習《がくしゅう》問題《もんだい》をつくり、調《しら》べることと調べ方をたしかめよう。

教科書 22〜27ページ　答え 5ページ

次《つぎ》の（　　）に入る言葉《ことば》を、下からえらびましょう。

1 わたしたちの市はどこにあるの／県《けん》や市の地図をながめて　教科書 22〜25ページ

✪ 市（横浜《よこはま》市）の様子を空からながめる

- 横浜市は（①　　　　）に面《めん》していて、大きな港《みなと》がある。
- 海の近くには、（②　　　　）が多くたてられている。
- 海には、大きな（③　　　　）がかかっている。
- 海からはなれた所《ところ》には、緑《みどり》が広がっている場所《ばしょ》があり、（④　　　　）が広がっている。

⬆ 空からながめた横浜港《こう》のまわり

ワンポイント　八方位《はちほうい》

四方位よりも細かく表《あらわ》した方位を**八方位**という。

- 北と東の間の方位…（⑤　　　　）
- 東と南の間の方位…（⑥　　　　）
- 南と西の間の方位…（⑦　　　　）
- 西と北の間の方位…（⑧　　　　）

2 学習問題をつくり、学習の見通しを立てよう　教科書 26〜27ページ

✪ 学習問題と学習計画

学習問題	市の様子は、場所によって、どのようにちがうのだろう。
調べること	●公共《こうきょう》しせつの様子　●交通の広がり ●古くからのこるたてもの ●（⑨　　　　）の様子と使《つか》われ方
調べ方	●その場所に行ってかんさつする。住《す》んでいる人の話をきく。 ●地図や写真《しゃしん》を見たり、図書館《としょかん》や図書室、インターネットで調べたりする。 ●（⑩　　　　）でしりょうを集《あつ》める。

学習問題の答えを予想《よそう》することも大切だよ。

えらんだ言葉に ✔				
□橋	□住たく地	□土地	□海	□高いたてもの
□市役所《しやくしょ》	□南西	□南東	□北東	□北西

学習日　月　日

ぴたトリビア

方位を表《あらわ》すには、八方位よりも細かい16方位があります。北と北東の間の方位を「北北東」というように表します。

教科書　22～27ページ　答え　5ページ

1 **右の横浜市を空からながめた写真を見て、わかることを㋐～㋔から２つえらびましょう。**

㋐　大きな港に船がとまっている。
㋑　海に面して、森林が広がっている。
㋒　海の近くには、高いたてものはない。
㋓　海には、大きな橋がかかっている。
㋔　海の近くには、田や畑《はたけ》が広がっている。

(　　　)(　　　)

空からながめた横浜港のまわり

2 **次の図の①～④にあてはまる方位を、それぞれ答えましょう。**

①(　　　)　②(　　　)

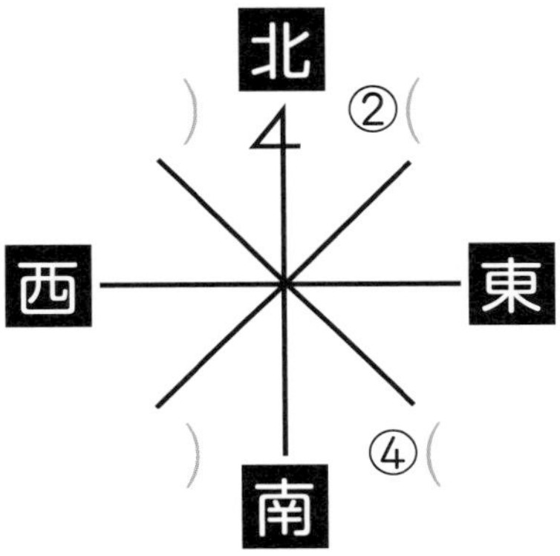

③(　　　)　④(　　　)

八方位

3 **市について、次の２つを調べるとき、最《もっと》もふさわしい調べ方を㋐～㋓からそれぞれえらびましょう。**

①公共しせつではたらく人が、どのような仕事《しごと》をしているのかを知りたい。　(　　　)

②市全体《ぜんたい》の、どこをどのような鉄道が通っているのかを知りたい。　(　　　)

㋐　駅《えき》に行って、駅のまわりがのっている地図で調べる。
㋑　そのしせつに行って、様子を見たり、たんとうの人に話をきいたりする。
㋒　交通のことがのっている市全体の地図で調べる。
㋓　図書館にある乗り物図鑑《ずかん》で調べる。

ヒント　**2**　八方位は「北」と「南」を先につけて表すのが決《き》まりです。方位を表すには「北西」とはいいますが、「西北」とはいいません。

2 市の様子《ようす》②

学習日　月　日

めあて
市の土地の使《つか》われ方や様子《ようす》について、地図から読み取ろう。

教科書 28～33ページ　答え 6ページ

次《つぎ》の(　　)に入る言葉《ことば》を、下からえらびましょう。

1 市役所《しやくしょ》へ行って調《しら》べよう

教科書 28～29ページ

市役所の人に見せてもらった地図からわかること

- 横浜《よこはま》市の多くは、(①　　　　　)の多い所《ところ》である。
- 横浜駅《えき》や市役所《しやくしょ》の近くには、(②　　　　　)の多い所がある。
- 市の西や南には、(③　　　　　)の多い所、田や畑《はたけ》が多くみられる。
- 市内の鉄道《てつどう》は、(④　　　　　)を中心に広がっている。
- 海ぞいには、(⑤　　　　　)が多く集《あつ》まっている。
- 市の東と西では、土地の(⑥　　　　　)にちがいがある。

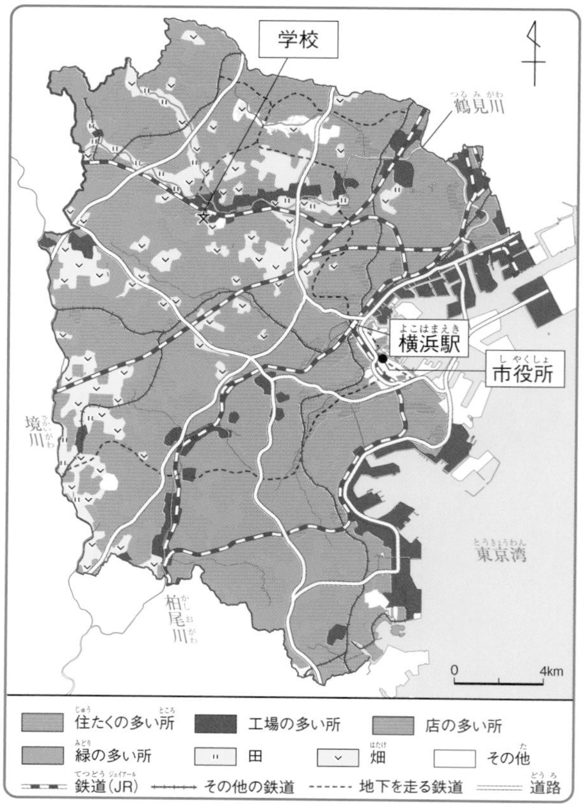

市役所の人に見せてもらった土地の使われ方の地図

2 市役所のまわり／大きな駅《えき》のまわり

教科書 30～33ページ

市役所のまわり

- 市役所のほかにも、博物館《はくぶつかん》やゆうびん局《きょく》などの(⑦　　　　　)がある。

横浜駅のまわり

- 横浜駅のまわりは鉄道や(⑧　　　　　)がふくざつに曲《ま》がりくねって、広がっている。

空からながめた横浜駅のまわり

えらんだ言葉に✓				
	□緑《みどり》	□住《じゅう》たく	□使われ方	□公共《こうきょう》しせつ
	□横浜駅	□店	□工場	□高速道路《こうそくどうろ》

ぴたトリビア

地図はりく地の様子《ようす》を表《あらわ》したものだけではなく、海の様子を表した海図や、空の様子を表した航空図《こうくうず》などもあります。

教科書　28〜33ページ　答え　6ページ

1 右の横浜市の地図からわかることとして、正しいものには○を、まちがっているものには×をつけましょう。

①（　　　）横浜市の土地の使《つか》われ方でいちばん多いのは、住たくである。

②（　　　）市の南には、田や畑がたくさんある。

③（　　　）横浜駅や市役所の近くには、店の多い所がある。

④（　　　）市の海からはなれた所には、海ぞいより緑の多い所がたくさんみられる。

⑤（　　　）海ぞいには、工場が多い。

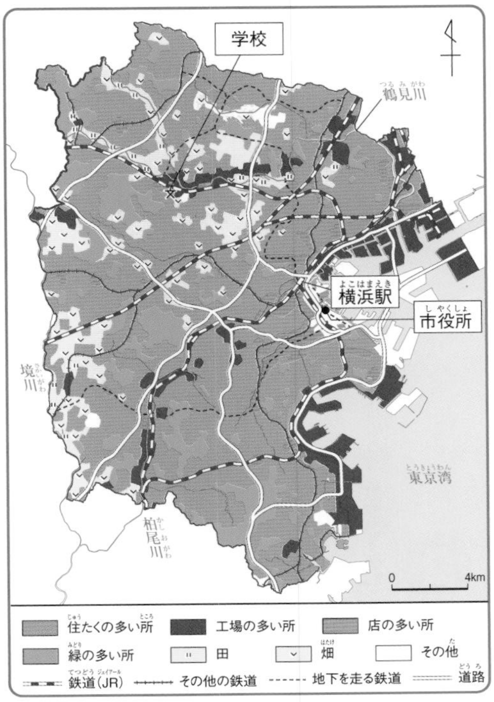

市役所の人に見せてもらった土地の使われ方の地図

2 右の地図を見て、次の文の①〜⑥にあてはまる言葉を、㋐〜㋘からえらびましょう。

・市役所のまわりには、①（　　　）が多く、博物館や公園などの②（　　　）が集まっている。

・県庁のすぐ近くには、交番や博物館、③（　　　）がある。

・横浜スタジアムの④（　　　）には中華街《ちゅうかがい》があり、たくさんの⑤（　　　）が集まっている。

・海ぞいには、⑥（　　　）がある。

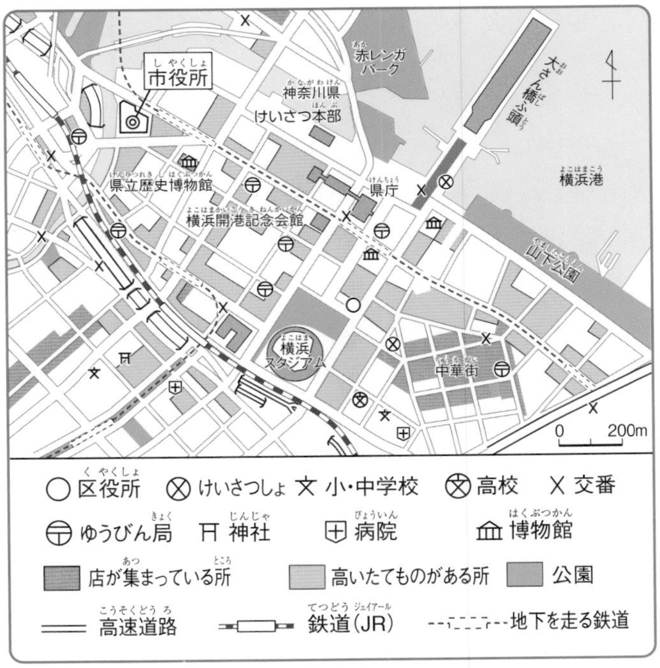

㋐ 田や畑　㋑ 公共しせつ　㋒ ゆうびん局《きょく》　㋓ 店

㋔ 高いたてもの　㋕ 公園　㋖ 東　㋗ 西　㋘ 南

ヒント ① 地図中の色分けが何を表しているのかを、地図の下にある説明《せつめい》でたしかめましょう。

2 市の様子《ようす》

1 よく出る 次《つぎ》の図の①〜⑧にあてはまる方位《ほうい》を書きましょう。

1つ5点（40点）

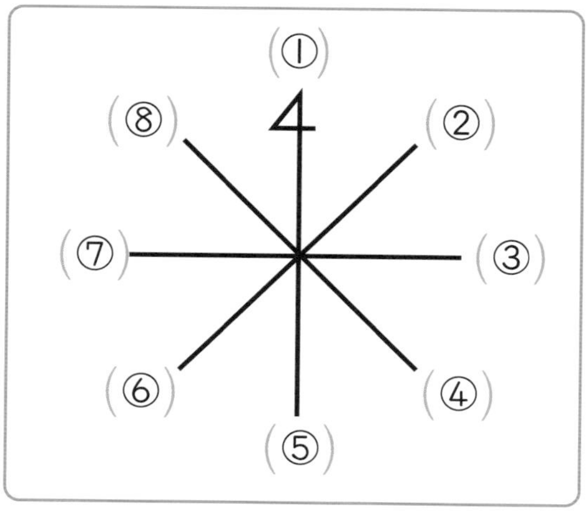

①（　　　　　）
②（　　　　　）
③（　　　　　）
④（　　　　　）
⑤（　　　　　）
⑥（　　　　　）
⑦（　　　　　）
⑧（　　　　　）

2 右の地図を見て、問《と》いに答えましょう。

技能　1つ10点（20点）

(1) 市役所《しやくしょ》のまわりの様子として、正しい説明《せつめい》を１つえらびましょう。

㋐ 店が集《あつ》まった所《ところ》が多く、高いたてものが少ない。

㋑ 大きな川が流《なが》れていて、田や畑《はたけ》が広がっている。

㋒ 高いたてものが多く、博物館《はくぶつかん》や公園などの公共《こうきょう》しせつが多い。

（　　　　）

市役所のまわりの地図

(2) 右の写真《しゃしん》を写《うつ》した場所《ばしょ》を、上の地図のあ〜えから１つえらびましょう。（写真は、それぞれの場所から矢印《やじるし》の方向《ほうこう》に向《む》かって写しました。）

（　　　　）

3 よく出る 次の 2 つの地図からわかることとして、正しいものには○を、まちがっているものには×をつけましょう。

技能　1つ5点（30点）

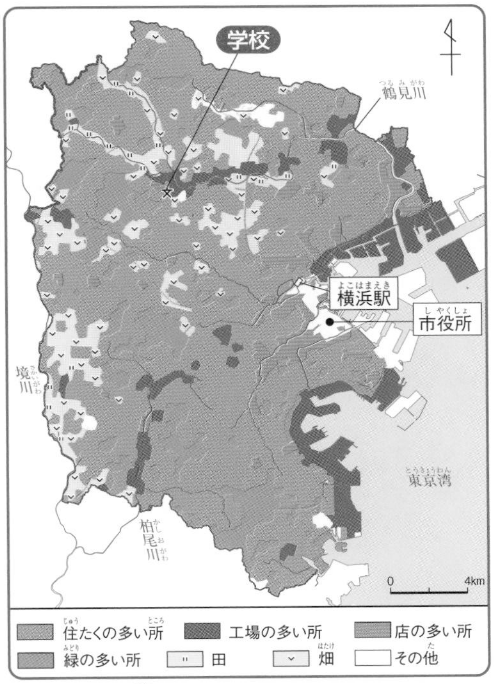

土地の使《つか》われ方の地図

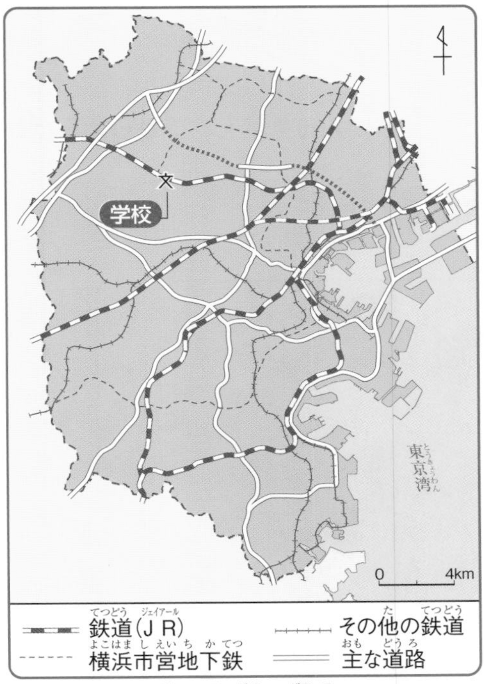

横浜《よこはま》市の主《おも》な鉄道《てつどう》と道路《どうろ》

①（　　　）鉄道《てつどう》は、住《じゅう》たくの多い所には通っていない。

②（　　　）学校は、鉄道の近くにある。

③（　　　）学校は、田の広がっている所にある。

④（　　　）横浜市の鉄道は、横浜駅《えき》を中心に広がっている。

⑤（　　　）店の多い所は市の東部《とうぶ》に多く、田や畑《はたけ》は西部に多い。

⑥（　　　）海の上には、道路《どうろ》は通っていない。

記述 4 できたらスゴイ！ たかしさんは、市役所で、学校近くの中山《なかやま》駅と横浜駅の１日に電車に乗《の》る人の数についての資料《しりょう》をもらいました。これまで調《しら》べてきたことをもとに、横浜駅で電車に乗る人が多い理由《りゆう》を、かんたんに書きましょう。

思考・判断・表現（10点）

	横浜駅《よこはまえき》	中山駅《なかやま》
1日に電車に乗《の》りおりする人の数 100万人　10万人	およそ 160万人	およそ 9万人

（　　　　　　　　　　　　　　　　　　　　　　　　）

ふりかえり　4がわからないときは、10ページの2にもどってかくにんしてみよう。

2 市の様子《ようす》③

学習日　　月　　日

◎めあて
市の海に面《めん》した所《ところ》と緑《みどり》の多い所の土地の使われ方を、地図から読み取ろう。

教科書 34〜37ページ　答え 8ページ

次《つぎ》の（　　）に入る言葉《ことば》を、下からえらびましょう。

1 海に面《めん》した所《ところ》

教科書 34〜35ページ

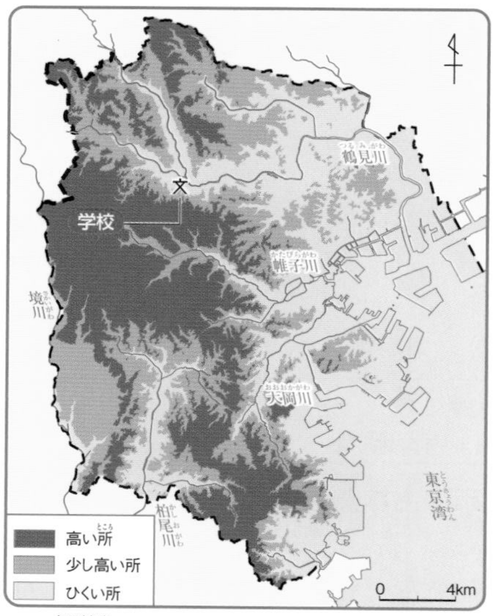

横浜市《よこはま》の土地の高さの様子

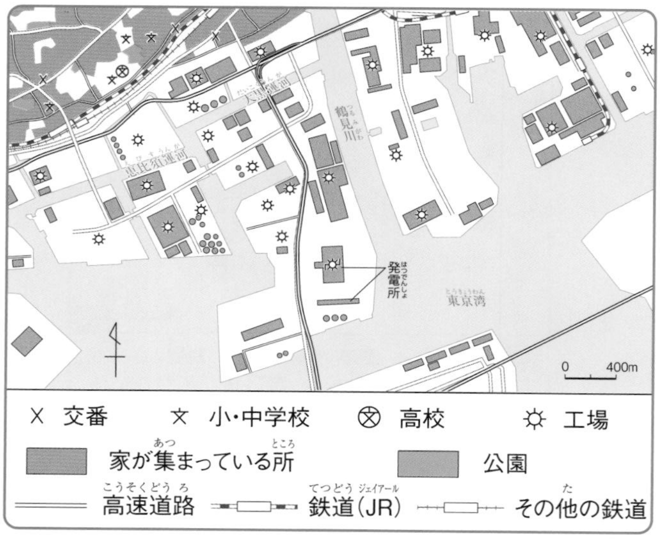

鶴見川の河口のまわりの地図

鶴見川《つるみ》の河口《かこう》のまわりの土地の様子

- 鶴見川は（①　　　　）に流《なが》れこむ川である。
- 鶴見川の河口のまわりは、土地の（②　　　　）所が広がっている。

鶴見川の河口のまわりの土地の使《つか》われ方

- 海ぞいの広くて平《たい》らな所には（③　　　　）が多く、発電所《はつでんしょ》や（④　　　　）がたてられている。

うめ立て地とは、海に土をうめてつくったりく地のことだよ。

2 緑の多い所

教科書 36〜37ページ

緑の多い所の土地の使われ方

- 緑の多い所は、市の（⑤　　　　）から南の方で、土地の高さが（⑥　　　　）所にある。
- 緑の多い所には、動物園《どうぶつえん》や（⑦　　　　）のほかに、市がみんなのいこいの場所《ばしょ》となるようにつくった（⑧　　　　）もふくまれる。

横浜市の緑の多い所

えらんだ言葉に✔				
	□高い	□西	□ひくい	□うめ立て地
	□公園	□東京湾《とうきょうわん》	□市民《しみん》の森	□工場

ぴったり2

練習

学習日　　月　　日

ぴたトリビア

海には、土をうめてつくるうめ立て地のほかに、海水をほし上げてつくる「かんたく地」とよばれるりく地もあります。

教科書　34～37ページ　答え　8ページ

1 右の地図からわかることとして、正しいものには○を、まちがっているものには×をつけましょう。

①(　　　)鶴見川は東京湾に流れこんでいる。

②(　　　)鶴見川の河口のまわりには、家がたくさん集《あつ》まっている。

③(　　　)鶴見川の河口のまわりには、うめ立て地があり、工場がたくさんある。

④(　　　)海ぞいの工場のたてものの間に高速道路《こうそくどうろ》が通っている。

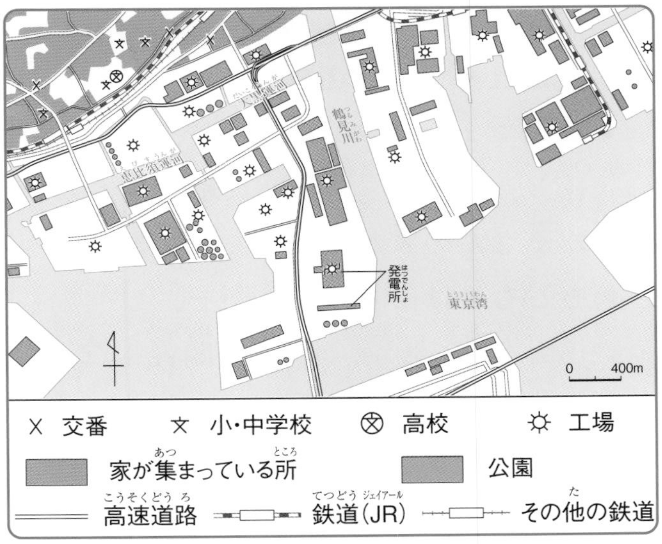
大黒運河《だいこくうんが》
鶴見川《つるみがわ》
恵比須運河《えびすうんが》
発電所《はつでんしょ》
東京湾《とうきょうわん》
0　400m
×　交番
文　小・中学校
⊗　高校
☼　工場
家が集《あつ》まっている所《ところ》
公園
高速道路《こうそくどうろ》
鉄道《てつどう》(JR《ジェイアール》)
その他《た》の鉄道

鶴見川の河口のまわりの地図

2 右の地図を見て、横浜市の緑の多い所についてわかることを、㋐～㋔から３つえらびましょう。

㋐　緑の多い所は、市の北部だけに多く集まっている。

㋑　横浜市の緑の多い所は、市のいたる所にあるが、東部《ぶ》より西部に多く広がっている。

㋒　緑の多い所は、市民が集《あつ》まりやすいショッピングセンターとしてりようされている。

㋓　緑の多い所の中には、自然《しぜん》を生かして動物園としてりようされている所がある。

㋔　緑の多い所の中には、市民の森などの公園としてりようされている所がある。

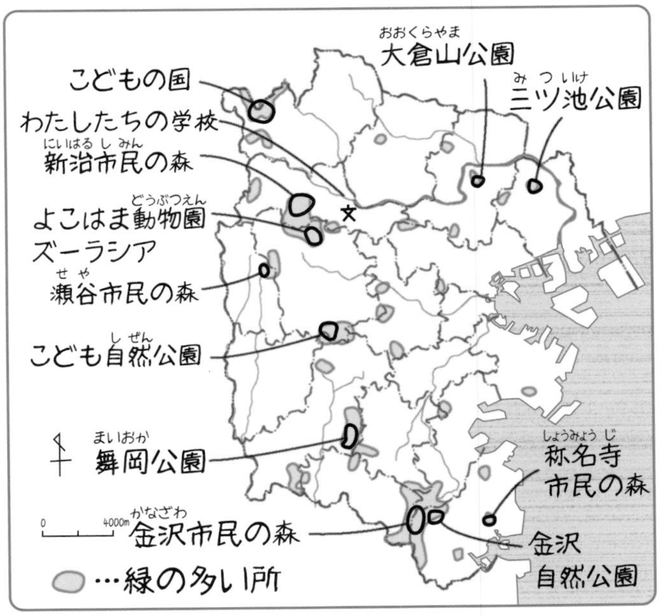
大倉山公園《おおくらやまこうえん》
こどもの国
三ツ池公園《みついけこうえん》
わたしたちの学校
新治市民の森《にいはるしみんのもり》
よこはま動物園《どうぶつえん》
ズーラシア
瀬谷市民の森《せや》
こども自然公園《しぜん》
舞岡公園《まいおか》
称名寺《しょうみょうじ》
市民の森
0　4000m
金沢市民の森《かなざわ》
金沢
自然公園
…緑の多い所

横浜市の緑の多い所

(　　　)(　　　)(　　　)

ヒント **1**　地図の記号や色分けを見て、鶴見川の河口のまわりの土地は、どのような使われ方をしているのかをたしかめながら取り組みましょう。

2 市の様子《ようす》④

学習日　　月　　日

めあて
住《す》む人がふえてきた所《ところ》や古いたてものがある所の様子を、地図から読み取ろう。

教科書 38〜41ページ　答え 9ページ

次《つぎ》の（　　）に入る言葉《ことば》を、下からえらびましょう。

1 住《す》む人がふえてきた所

教科書 38〜39ページ

港北《こうほく》ニュータウンの様子

- 港北ニュータウンは（①　　　　　）の駅《えき》を中心に、たくさんの家が集《あつ》まった所である。
- もともとは山林だった所を、（②　　　　　）に開発《かいはつ》して、つくられた。

港北ニュータウンの人口がふえた理由《りゆう》

- 大きなショッピングセンターなどがあって、（③　　　　　）にべんりである。

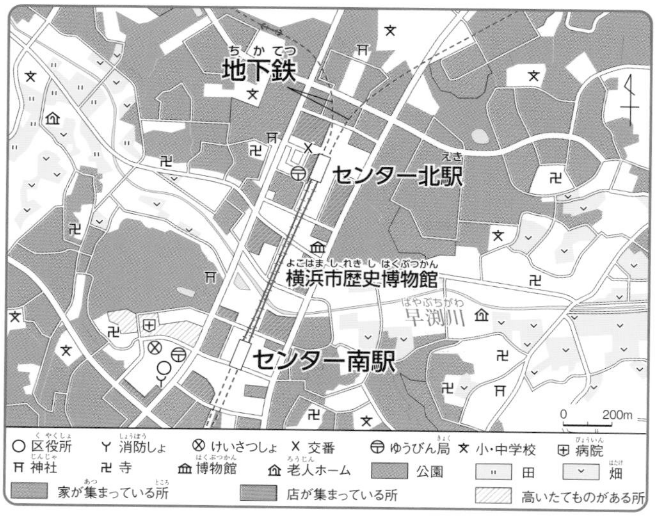
地下鉄《ちかてつ》
センター北駅《えき》
横浜市歴史博物館《よこはましれきしはくぶつかん》
早渕川《はやぶちがわ》
センター南駅
0　200m
○ 区役所《くやくしょ》
Y 消防《しょうぼう》しょ
⊗ けいさつしょ
X 交番
〒 ゆうびん局《きょく》
文 小・中学校
⊞ 病院《びょういん》
⛩ 神社《じんじゃ》
卍 寺
博物館《はくぶつかん》
老人《ろうじん》ホーム
公園
田
畑《はたけ》
家が集《あつ》まっている所《ところ》
店が集まっている所
高いたてものがある所

港北ニュータウンのあたりの地図

- ゆたかな自然《しぜん》や、横浜市歴史博物館《よこはましれきしはくぶつかん》のすぐ東などに（④　　　　　）がある。
- （⑤　　　　　）の便《べん》がよく、横浜駅《えき》まで電車20分ほどで行くことができる。

2 古いたてものがある所

教科書 40〜41ページ

古いまちなみの地図から調《しら》べる

- 昔《むかし》は、（⑥　　　　　）という道が通っていて、この道にそって、旅人《たびびと》たちがとまる宿《やど》が集《あつ》まる（⑦　　　　　）がつくられた。
- 市内の宿場町には、神奈川宿《かながわしゅく》、保土《ほど》ケ谷宿《がやしゅく》、（⑧　　　　　）がある。
- （⑨　　　　　）や神奈川県立《かながわけんりつ》歴史博物館のような、外国のとくちょうを持《も》ったたてものがつくられ、大切にのこされている。

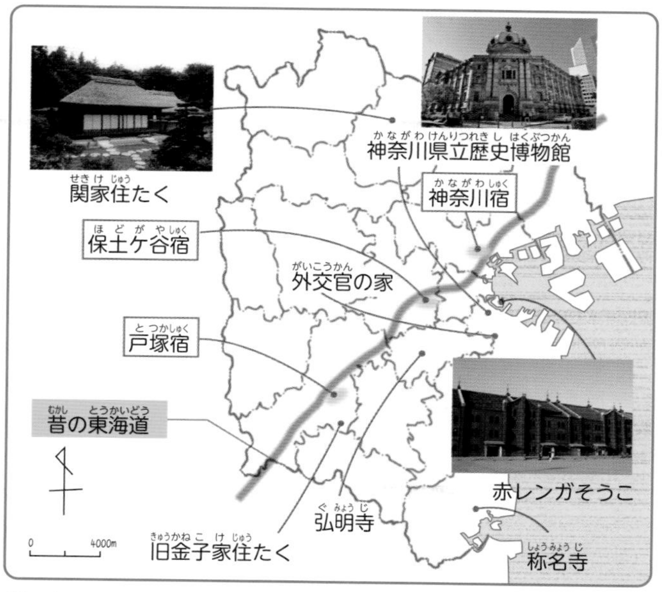
神奈川県立歴史博物館《かながわけんりつれきしはくぶつかん》
関家住《せきけじゅう》たく
神奈川宿《かながわしゅく》
保土ケ谷宿《ほどがやしゅく》
外交官《がいこうかん》の家
戸塚宿《とつかしゅく》
昔《むかし》の東海道《とうかいどう》
0　4000m
旧金子家住《きゅうかねこけじゅう》たく
弘明寺《ぐみょうじ》
赤レンガそうこ
称名寺《しょうみょうじ》

古いたてものや古いまちなみのある所

えらんだ言葉に✔

□東海道《とうかいどう》	□公園	□戸塚宿《とつかしゅく》	□赤レンガそうこ	□買い物《もの》
□地下鉄《ちかてつ》	□交通	□宿場町《しゅくばまち》	□住《じゅう》たく地	

ぴたトリビア

今から約160年前、横浜港《こう》は、いち早く外国との行き来のための港を開《ひら》いた町でした。

教科書　38〜41ページ　答え　9ページ

1 右の地図を見て、次の①〜③の説明《せつめい》にあてはまる場所《ばしょ》を、㋐〜㋓からえらびましょう。

①（　　　）駅のまわりや地下鉄にそって広がっており、ニュータウンに住む人などが買い物に来る場所。

②（　　　）横浜市歴史博物館のすぐ東など、市民《しみん》がいこいの場としておとずれる場所。

③（　　　）早渕川《はやぶちがわ》のまわりで、駅から少しはなれた場所。

㋐ 家　　㋑ 田や畑《はたけ》　　㋒ 店　　㋓ 公園

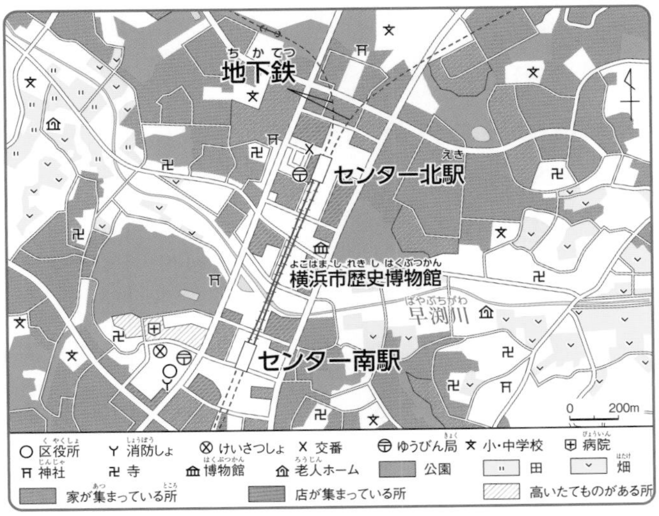

港北ニュータウンのあたりの地図

2 右の地図を見て、問《と》いに答えましょう。

(1)　横浜市を、北東から南西に通る道の昔の名前を答えましょう。

（　　　　　）

(2)　神奈川宿、保土ケ谷宿、戸塚宿は、昔、旅人たちがとまる宿が集まる町でした。このような町をなんとよぶか答えましょう。

（　　　　　）

(3)　次の文の（　　）にあてはまる言葉を答えましょう。

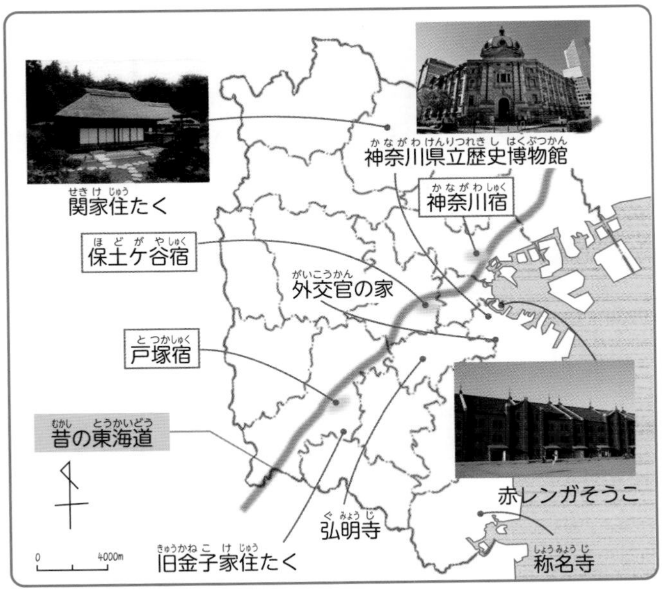

古いたてものや古いまちなみのある所

関家住《せきけじゅう》たくや神奈川県立歴史博物館のような、（　　　　　　）たてものは、今も使われていたり、大切にのこされたりしている。

ヒント　2 (1)　この道は、今では広くほそうされ、多くの車が行き来しています。昔の道の名前は、地図からさがして答えましょう。

2 市の様子《ようす》⑤

学習日　　月　　日

めあて
市の様子をまとめた地図を読み取ろう。また、主な地図記号を覚えよう。

教科書 42〜45ページ　答え 10ページ

次《つぎ》の(　　)に入る言葉《ことば》を、下からえらびましょう。

1 市の様子をまとめよう／地図記号ってなんだろう　はってん

教科書 42〜44ページ

横浜市《よこはま》の様子

- 市の西の方が、土地が(①　　　　　)なっていて、緑《みどり》の多い所《ところ》もある。
- 市の東の方は、土地が(②　　　　　)なっていて、海に面《めん》した所には(③　　　　　)がある。
- 交通が集《あつ》まっている横浜駅《よこはまえき》のまわりには、大きな(④　　　　　)がある。
- 市役所《しやくしょ》のまわりには、(⑤　　　　　)が集まっている。
- 市の北の方にある港北《こうほく》ニュータウンには、公園やショッピングセンターなどがあり、(⑥　　　　　)が多い。

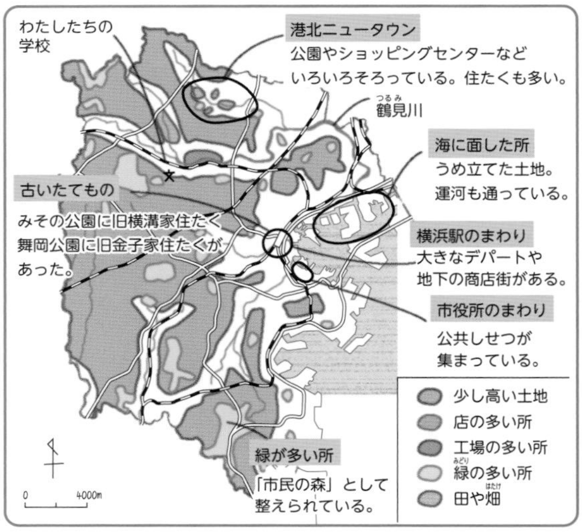

みんなでまとめた市の土地の様子

ワンポイント　地図記号

- 地図記号を使《つか》うと、地いきの様子を地図から読み取りやすくなる。

	小・中学校 (漢字《かんじ》の「文」の形)		消防《しょうぼう》しょ (昔《むかし》の消防用の道具《どうぐ》の形)		温泉《おんせん》 (湯《ゆ》けむりの形)
	(⑦　　　　) (家とつえの形)		灯台《とうだい》 (光が出る灯台を上から見た形)		(⑨　　　　) (いねをかり取ったあとの形)
	博物館《はくぶつかん》 (博物館や美術館《びじゅつかん》などのたてものの形)		(⑧　　　　) (鳥居《とりい》の形)		畑《はたけ》 (植物《しょくぶつ》のふた葉《ば》の形)
	ゆうびん局《きょく》 (「ていしん省《しょう》」という役所の「テ」)		漁港《ぎょこう》 (船のいかりの形)		果樹園《かじゅえん》 (果物《くだもの》の実《み》を横《よこ》から見た形)
	交番 (2本のけいぼうが交わる形)		きねんひ (せきひを前から見た形)		(⑩　　　　) (開《ひら》いた本の形)

えらんだ言葉に✓

□公共《こうきょう》しせつ　□老人《ろうじん》ホーム　□高く　□ひくく　□図書館《としょかん》
□デパート　□住《じゅう》たく　□田　□神社《じんじゃ》　□うめ立て地

ぴたトリビア

老人ホームの地図記号は、2006年に新しく生まれた記号で、デザインは全国《ぜんこく》の小・中学生のおうぼの中からえらばれました。

教科書　42～45ページ　答え　10ページ

1 右の地図を見て、４人が横浜市の様子を説明《せつめい》しています。まちがった説明をしている人を㋐～㋓から１人えらびましょう。

㋐

市の西の方の土地は高いよ。そして、東の方がひくくなっているね。

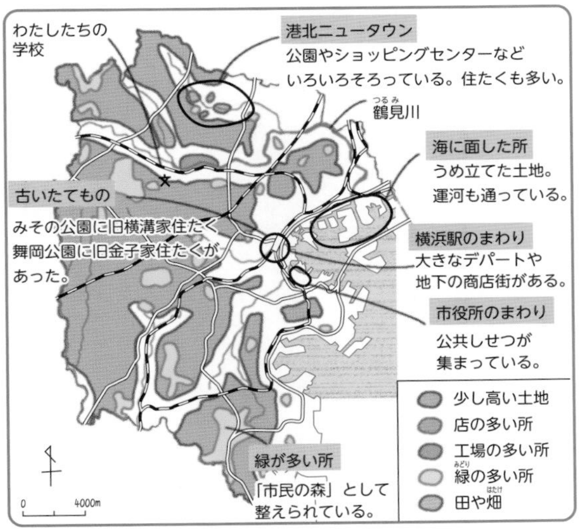
わたしたちの学校
港北ニュータウン
公園やショッピングセンターなどいろいろそろっている。住たくも多い。
鶴見《つるみ》川
海に面した所
うめ立てた土地。運河も通っている。
古いたてもの
みその公園に旧横溝家住たく舞岡公園に旧金子家住たくがあった。
横浜駅のまわり
大きなデパートや地下の商店街がある。
市役所のまわり
公共しせつが集まっている。
緑が多い所
「市民の森」として整えられている。
少し高い土地
店の多い所
工場の多い所
緑《みどり》の多い所
田や畑《はたけ》
0　4000m
みんなでまとめた市の土地の様子

㋑

港北ニュータウンは海に面した所にあって、近くには公共しせつが、たくさん集まっているね。

㋒

横浜駅には、交通がたくさん集まっているよ。鉄道《てつどう》は、神奈川県以《かながわけんい》外《がい》の町とも結《むす》ばれているね。

㋓

市の東の方は海に面しているね。そこにはうめ立て地があって、運《うん》河《が》も通っているよ。

（　　　）

2 次の地図記号が表《あらわ》すものを、それぞれ答えましょう。

①（　　　）

②（　　　）

③（　　　）

④（　　　）

⑤（　　　）

⑥（　　　）

ヒント **1** この地図では、土地の様子を色分けで表しています。そして、白い部分《ぶぶん》は土地のひくい所をしめしています。

ぴったり3

たしかめのテスト

1. わたしたちのまちと市

2 市の様子《ようす》

時間 30 分

／100

ごうかく 80 点

教科書 34～45ページ　答え 11ページ

1 次《つぎ》の 2 つの地図を見て、問《と》いに答えましょう。　技能　1つ10点、(1)1つ5点（60点）

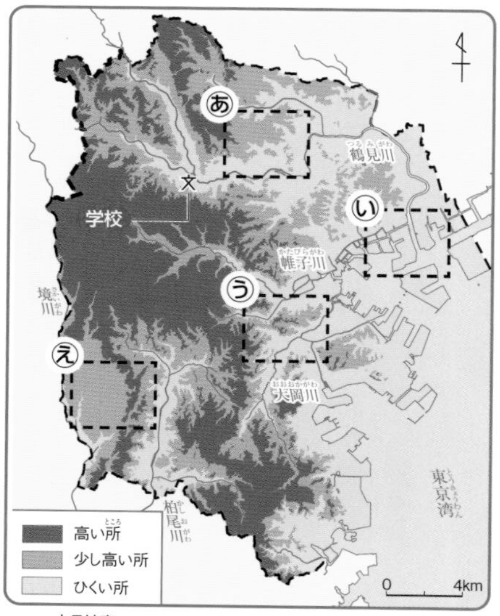

横浜《よこはま》市の土地の高さの様子

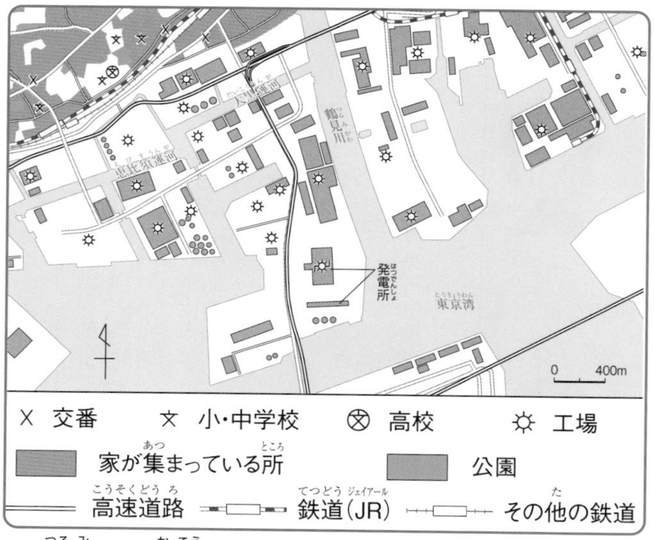

鶴見《つるみ》川の河口《かこう》のまわりの地図

(1) よく出る 「横浜市の土地の高さの様子」の地図からわかることとして正しいものには〇を、まちがっているものには×をつけましょう。

①（　　）市の西の方は、土地の高い所《ところ》が広がっている。

②（　　）市の東は海に面《めん》していて、土地のひくい所が多い。

③（　　）市内を流《なが》れる川の多くは、東京湾《とうきょうわん》に流れこんでいる。

④（　　）学校は、鶴見川の近くで、土地の高い所にある。

(2) 上の 2 つの地図のうち、右の地図は、左の地図のあ～えのどこを大きくしたものでしょう。あ～えの記号《きごう》で答えましょう。

（　　）

(3) 「鶴見川の河口のまわりの地図」を見て、次の①～③にあてはまる言葉《ことば》をあとの［　］からえらびましょう。

鶴見川の河口近くの土地はうめ立て地で、（ ① ）がたくさんある。発電《はつでん》所《しょ》の近くには（ ② ）が通っていて、（ ③ ）とむすばれていることがわかる。

公共《こうきょう》しせつ	鉄道《てつどう》	工場
高いたてもの	高速道路《こうそくどうろ》	
他《ほか》の地いき	市内の工場	

①（　　）

②（　　）

③（　　）

2 右の地図を見て、問いに答えましょう。

技能　1つ10点（30点）

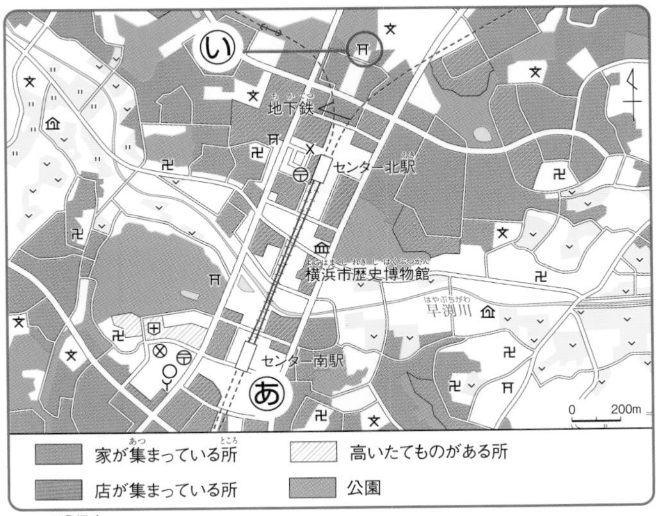

港北《こうほく》ニュータウンのあたりの地図

(1) この地図の地いきの様子をア～エから１つえらびましょう。

ア 自然《しぜん》がのこされている、住《じゅう》たくが多い地いき。

イ 高いたてものが多く、店が多い地いき。

ウ 鉄道や高速道路が集《あつ》まる、工場が多い地いき。

エ 自然《しぜん》ゆたかな、森林が広がる地いき。

（　　　）

(2) 地図のあの駅《えき》の西がわにないしせつをア～エから１つえらびましょう。

ア 小・中学校　イ ゆうびん局《きょく》　ウ 消防《しょうぼう》しょ　エ 図書館《としょかん》

（　　　）

(3) 地図のいを表《あらわ》した絵を、ア～ウから１つえらびましょう。

ア

イ

ウ

（　　　）

記述 3 できたらスゴイ！ 右の地図を見て、横浜市の中心部《ぶ》を通る道について、かんたんにせつ明しましょう。ただし、次の3つの言葉をかならず使《つか》いましょう。

思考・判断・表現　(10点)

東海道　神奈川宿《かながわしゅく》　宿場町《しゅくばまち》

（　　　）

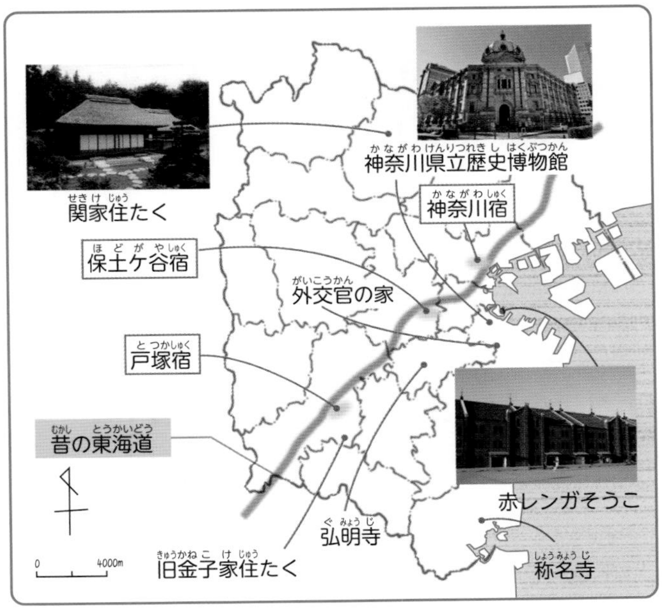

古いたてものや古いまちなみのある所

ふりかえり　3がわからないときは、16ページの2にもどってかくにんしてみよう。

1 店ではたらく人と仕事《しごと》①

学習日　月　日

めあて
買い物調《ものしら》べのしかたと、レシートには何が書いてあるのかをたしかめよう。

教科書 46〜53ページ　答え 12ページ

次《つぎ》の（　　）に入る言葉《ことば》や数字を、下からえらびましょう。

1 買い物はどこで／買い物調べでわかったこと

教科書 48〜51ページ

○月×日

買い物に行った店	わがし屋（商店街《しょうてんがい》）	コンビニエンスストア
買った品物《しなもの》	●まんじゅう	●牛にゅう
その店に行った理由《りゆう》	●わがしがおいしいから。	●牛にゅうを買いわすれていたから。
気づいたこと	●おばあさんは、「わがし屋のまんじゅうがいちばん。」と言っていた。	●近くにコンビニエンスストアがあって、べんり。

買い物調べカード

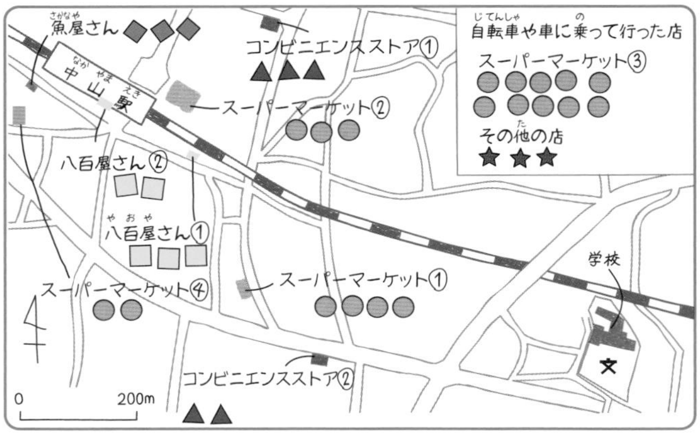

みんなでまとめた買い物地図

買い物調べカードの書き方

- 調べる（①　　　　）を決《き》めて、どの店で、何を買ったのかを書く。
- その店に行った（②　　　　）や気づいたことを書く。

みんなの買い物調べをまとめる

- **白地図**に、みんなの行った店ごとに、買い物に行った（③　　　　）を書きこむ。

まとめるときは、表《ひょう》やグラフにすると、わかりやすくなるよ。

2 レシートからわかること

教科書 52〜53ページ

レシートに書かれていること

- **レシート**には、買い物をした日にち、時間、買った物、（④　　　　）などが書かれている。
- 右のレシートでは、全部《ぜんぶ》で（⑤　　　　）円の買い物をしたことと、1500円しはらって、おつりが（⑥　　　　）円だったことが書かれている。

〈 領 収 証 〉
20XX年12月17日（金）10:34 レジ：615

553	国産若鶏もも	＊325
561	オレンジ	＊108
561	バナナ	＊105
563	ブロッコリー	＊148
563	とまと	＊537
小計／	5点	¥1,223
お買上計		¥1,223
内税率	8%対象額	¥1,223
（内消費税等	8%	¥90）

＊印は軽減税率対象商品です
お預り金　¥1,500
お釣り　¥277

レシート

お店の売り上げを高めるくふう

- 70円で仕入《しい》れたチョコレートを、100円で売ると、店は（⑦　　　　）円のもうけとなる。
- 多くの商品を買ってもらうと、**売り上げ**がふえる。

えらんだ言葉に✓

- □ねだん
- □人数
- □277
- □30
- □日
- □理由
- □1223

ぴたトリビア

コンビニエンスストアの「コンビニエンス」とは、えい語で「べんり」という意味《いみ》です。

教科書　46～53ページ　答え　12ページ

1 **右のグラフは、「みんなでまとめた買い物地図」をもとにつくりました。これらの地図とグラフを見て、問《と》いに答えましょう。**

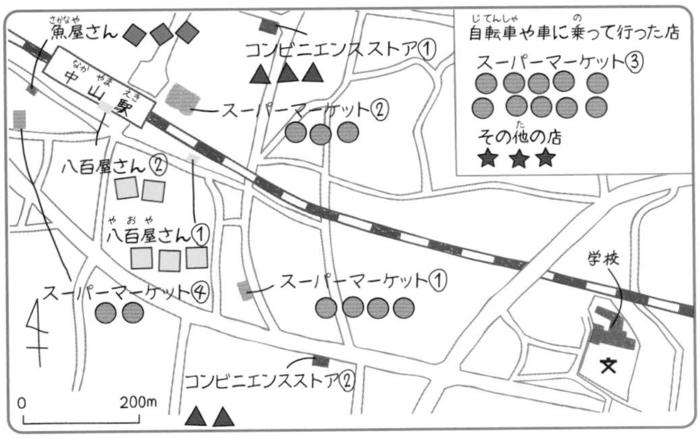

みんなでまとめた買い物地図

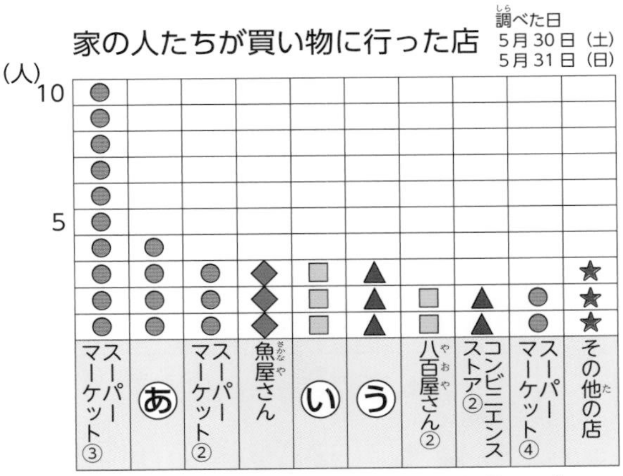

みんなが買い物をした店と人数のグラフ

(1)　左の地図を右のグラフにするとよい点を、㋐～㋓から２つえらびましょう。

㋐　店ごとに、何人が買い物したのかが一目でわかる。

㋑　店ごとに、何が売られているのかが一目でわかる。

㋒　みんなが、どの店でいちばん多く買い物をしているのかが、一目でわかる。

㋓　店の場所《ばしょ》が一目でわかる。　（　　　）（　　　）

(2)　グラフのあ～うにあてはまる店を、地図を見て書きましょう。

あ（　　　　　　　　）　い（　　　　　　　　）

う（　　　　　　　　）

2 **お店の売り上げを高めるくふうについて、あとの問いに答えましょう。**

(1)　次の図の（　　）にあてはまる数字を書きましょう。

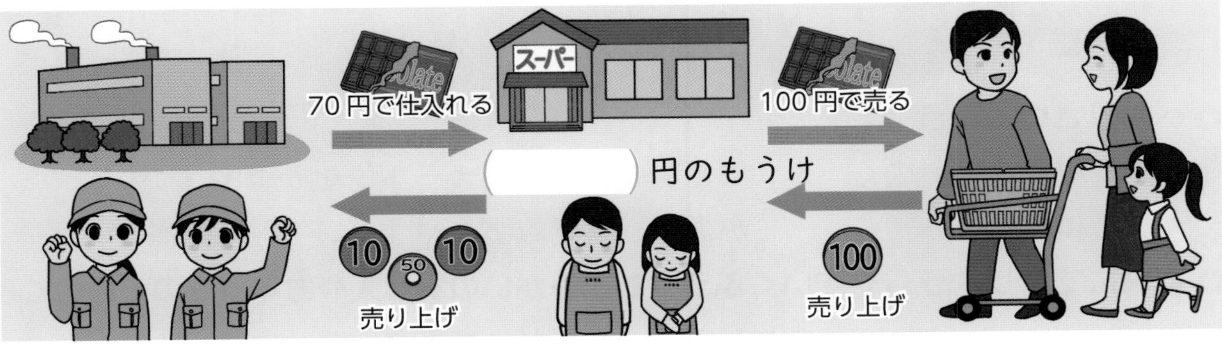

(2)　あるお店で、おかしを１こ売ったときに、20円のもうけがあるとき、100こ売れたときの、店のもうけはいくらになるでしょう。（　　　　　）円

ヒント　**2** (1)　工場から１こ70円で仕入れたチョコレートを100円で売っています。のこったお金がお店のもうけとなります。

1 店ではたらく人と仕事《しごと》②

学習日　　月　　日

めあて
スーパーマーケットには、どのようなくふうがあるのか、たしかめよう。

教科書 54～57ページ　答え 13ページ

次《つぎ》の（　　）に入る言葉《ことば》を、下からえらびましょう。

1 学習《がくしゅう》の見通しを立てよう

教科書 54ページ

学習問題と学習計画

学習問題	店ではたらく人たちは、お客《きゃく》さんによろこんで買ってもらえるように、どのようなくふうをして売り上げを高めているのだろう。
調《しら》べること	●ねだん　●品《しな》ぞろえ　●新せんさ　●（①　　　）
調べ方	●店の様子《ようす》を（②　　　）する。 ●店の人やお客さんに（③　　　）する。
気をつけること	●お客さんの買い物《もの》のじゃまをしない。　●商品《しょうひん》にさわらない。 ●礼儀《れいぎ》正しくインタビューする。

2 スーパーマーケットの様子《ようす》を調べよう

教科書 55～57ページ

ねだんのくふう

- 売れのこらないように、ねだんを（④　　　）。
- ねだんの数字が（⑤　　　）て、見やすい。

品ぞろえのくふう

- 同じ商品《しょうひん》でも、しゅるいを多く、たくさんそろえている。
- （⑥　　　）ように、商品をしゅるいごとにならべている。

くふうの例《れい》

新せんさのくふう

- 新せんな商品がそろっており、（⑦　　　）で、買った物をひやしたままあずけられるサービスがある。

べんりさのくふう

- 売り場や通路《つうろ》が広く、車いすやショッピングカートを動《うご》かしやすい。
- 広い（⑧　　　）があり、自動車で来やすい。

だれにでもりようしやすいくふう（しょうがいのある人やお年寄《としよ》りのためのくふう）

- （⑨　　　）のかし出し。
- だれにでも使《つか》いやすいトイレがある。
- 補助犬《ほじょけん》といっしょに店に入れる。
- しょうがいのある人のための駐車場《ちゅうしゃじょう》がある。

えらんだ言葉に☑

□下げる　□わかりやすい　□べんりさ　□かんさつ　□駐車場
□大きく　□れいぞうロッカー　□車いす　□インタビュー

ぴったり2

練習

学習日　　月　　日

ぴたトリビア

スーパーマーケットでは、レジの近くにお米がおかれています。これも、重《おも》いお米を長い時間、お客さんに持《も》たせないための、店のくふうです。

教科書　54〜57ページ　答え　13ページ

1 次の絵は、スーパーマーケットの見学で見つけた、お客さんが買い物をしやすくするためのくふうです。これらを、くふうのしゅるいごとになかま分けすると、どのように分けられますか。（　　）に記《き》号《ごう》で答えましょう。

㋐ 新せんな商品

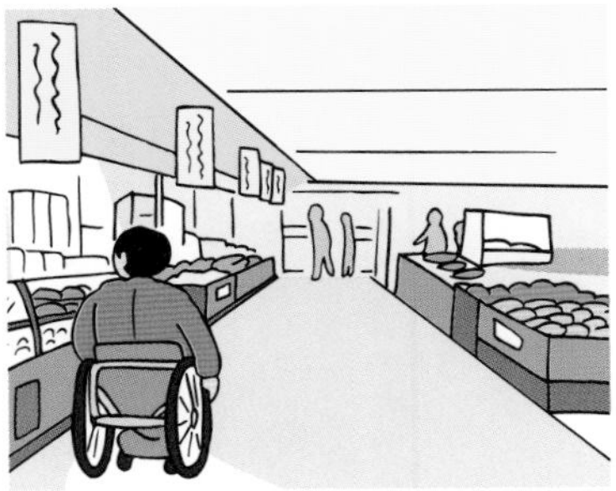

㋑ 広い売り場や通路

㋒ しゅるいごとにならべられた商品

㋓ 大きくて見やすいねだんの数字

㋔ 車いすのかし出し

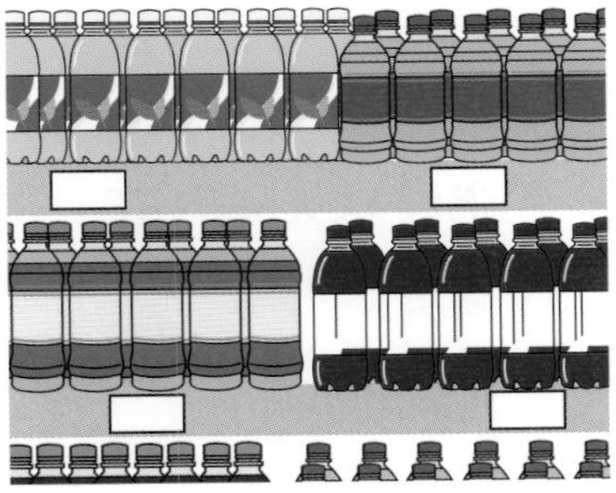

㋕ たくさんのしゅるいの商品

㋖ 広い駐車場

㋗ 売れのこりを出さないためにねだんを下げる

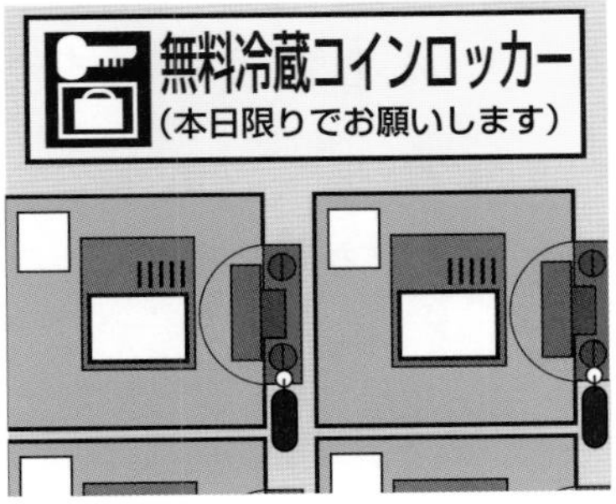

㋘ れいぞうロッカー

ねだんのくふう（　　　）（　　　）

品ぞろえのくふう（　　　）（　　　）

新せんさのくふう（　　　）（　　　）

べんりさのくふうとしょうがいのある人やお年寄りのためのくふう

（　　　）（　　　）（　　　）

ヒント **1** それぞれの絵が、お客さんにとって、どのようなよい点があるのかを考えるようにしましょう。

2. はたらく人とわたしたちのくらし

1 店ではたらく人と仕事《しごと》

時間 30 分

／100

ごうかく 80 点

教科書 46〜57ページ　答え 14ページ

1 買い物調《ものしら》べカードについて、次《つぎ》の文の①〜③にあてはまる言葉《ことば》を㋐〜㋓からえらびましょう。

1つ5点（15点）

さいしょに、（①）を決《き》めて、その日に家の人が行った店とその店で（②）を聞いてカードに書きます。また、その店に行った（③）も書くようにしましょう。さい後に、気づいたことを書きます。

㋐ 理由《りゆう》　㋑ 道じゅん　㋒ 調べる日　㋓ 買った品物《しなもの》

①（　　　）②（　　　）③（　　　）

2 右の地図や下の表・グラフを見て、問《と》いに答えましょう。（1）1つ5点、（2）20点（35点）

（1）よく出る 買い物に行った店と人数をわかりやすくするために、㋐のような表《ひょう》をつくりました。表の中のあ〜うにあてはまる「正」の字の形や、数字を書きましょう。　技能

あ（　　　）

い（　　　）

う（　　　）

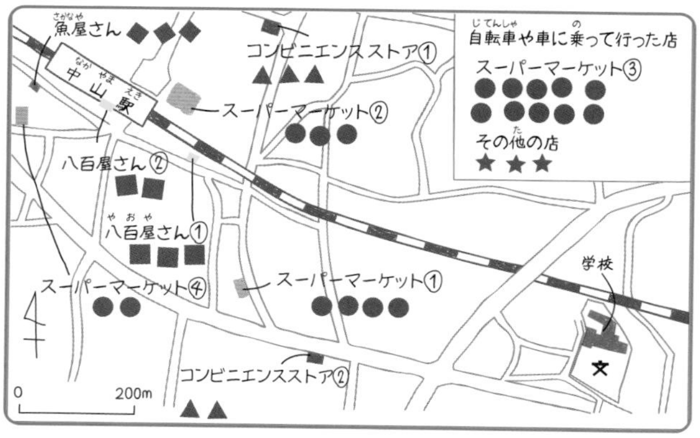

みんなでまとめた買い物地図

（2）作図 ㋐の表をもとに、㋑のようなグラフをつくりました。グラフで使《つか》われているもように気をつけながら、グラフをかんせいさせましょう。　技能

㋐

家の人たちが買い物に行った店

調《しら》べた日
5月30日（土）
5月31日（日）

店	人数	
八百屋《やおや》さん①	下	3
八百屋さん②	あ	2
スーパーマーケット④	丅	2
魚屋《さかなや》さん	下	3
コンビニエンスストア①	下	3
コンビニエンスストア②	丅	2
スーパーマーケット①	止	い
スーパーマーケット②	う	3
スーパーマーケット③	正正	10
その他《た》の店	下	3

㋑

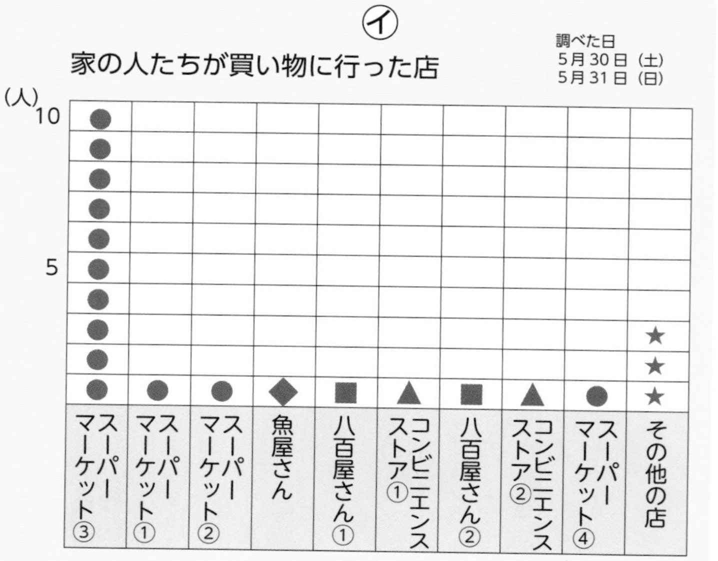

学習日　　月　　日

3 次のそれぞれのお客(きゃく)さんのねがいについて、店ではどのようなくふうをしているのか、線でむすびましょう。

1つ6点（30点）

お客さんのねがい	店のくふう
① 商品(しょうひん)を、いろいろなしゅるいからえらびたい。	㋐売れのこらないように、ねだんを下げる。
② 買った物をひやしたままあずけたい。	㋑補助犬(ほじょけん)をつれて買い物ができるようにする。
③ 安(やす)く商品を買いたい。	㋒同じ商品でも、多くのしゅるいをそろえている。
④ 車で買い物に行きたい。	㋓れいぞうロッカーをおく。
⑤ 目が不(ふ)自由だが、買い物がしたい。	㋔広い駐車場(ちゅうしゃじょう)をつくる。

4 右の絵は、スーパーマーケットの入り口の様子(ようす)です。この絵を見て、問いに答えましょう。

(1)1つ5点、(2)10点（20点）

(1) スーパーマーケットの入り口におかれた車いすや車いす用トレーは、おもにだれがりようするでしょう。㋐～㋓から2つえらびましょう。

車イス用トレーをご利用ください
安全上のご注意
車いす用トレーを使えば、ひざの上に買い物かごをおくことができます。

㋐ 小さな赤ちゃんのいる母親
㋑ 歩くのが不自由なお年寄(としよ)り
㋒ あしなど体の不自由な人
㋓ 重(おも)い商品を買いたい人

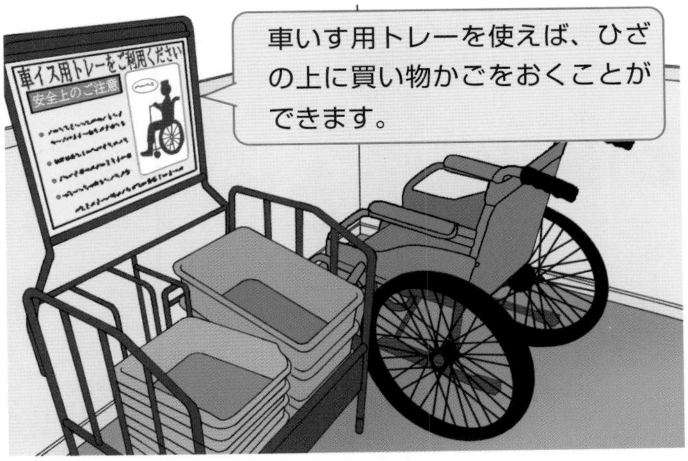

（　　　）（　　　）

[記述] (2) できたらスゴイ! スーパーマーケットの売り場の通路は広くて、ゆかが平らになっている理由を、かんたんに書きましょう。

思考・判断・表現

（　　　　　　　　　　　　　　　　）

ふりかえり　4(2)がわからないときは、24ページの2にもどってかくにんしてみよう。

ぴったり1 じゅんび

3分でまとめ

2. はたらく人とわたしたちのくらし

1 店ではたらく人と仕事《しごと》③

学習日 月 日

めあて
スーパーマーケットではたらく人のくふうと、商品《しょうひん》の産地《さんち》をたしかめよう。

教科書 58〜61ページ　答え 15ページ

次《つぎ》の（　　）に入る言葉《ことば》を、下からえらびましょう。

1 店ではたらく人の様子《ようす》

教科書 58〜59ページ

店ではたらく人のくふう

- 仕入《しい》れをする人…商品《しょうひん》が売り切れないように、とどけてもらう（①　　　　）を決《き》めている。
- 商品をならべる人…（②　　　　）がすぐに手に取《と》れるようにしている。
- 新せんさを調《しら》べる人…食べるまでの時間や、きせつを考えて売るようにしている。野菜《やさい》などの（③　　　　）をたしかめている。
- そうざいをつくる人…（④　　　　）によって、何をどれだけつくるか決めている。
- レジ係《がかり》の人…（⑤　　　　）の受《う》けわたしをまちがえないようにしている。
- 注文《ちゅうもん》をする人…（⑥　　　　）がほしがっていて、多く買ってもらえる物をそろえる。

商品をならべる人

レジ係の人

2 商品はどこから

教科書 60〜61ページ

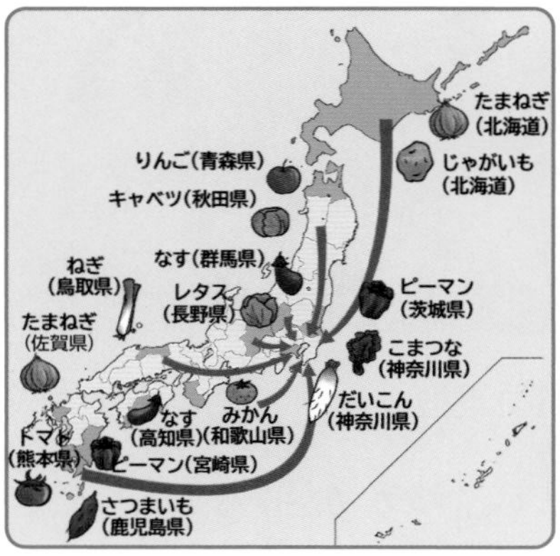

国内から仕入れた野菜の産地《さんち》

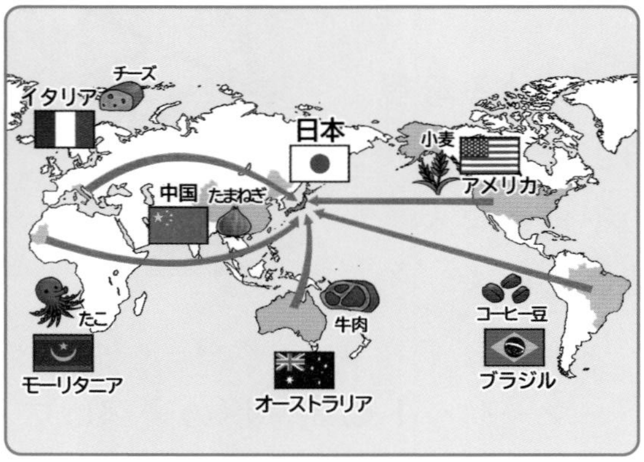

外国から仕入れた食品《しょくひん》の産地

国旗《こっき》には、その国の人々の思いや、ほこりなどがこめられているよ。

- じゃがいもは（⑦　　　　）から、レタスは長野県《ながのけん》から仕入れている。
- お客さんは安全な食材をえらぶために、（⑧　　　　）には気をつけている。
- 安全でよい商品を安く売るために、（⑨　　　　）から仕入れたり、青果《せいか》市場《いちば》を通さずに、農家からちょくせつ仕入れたりしている。

えらんだ言葉に✓				
□品質《ひんしつ》	□お客《きゃく》さん	□時間	□お金	□きせつや時間
□北海道《ほっかいどう》	□ほしい物《もの》	□産地	□外国	

学習日　　月　　日

ぴたトリビア

　スーパーマーケットの、おべんとうやそうざいなどをつくる場所《ばしょ》や品物《しなもの》をおいておく場所を、バックヤードとよびます。

教科書　58〜61ページ　　答え　15ページ

1 次のスーパーマーケットではたらく人の絵のふきだしにあてはまる文を、㋐〜㋓からえらびましょう。

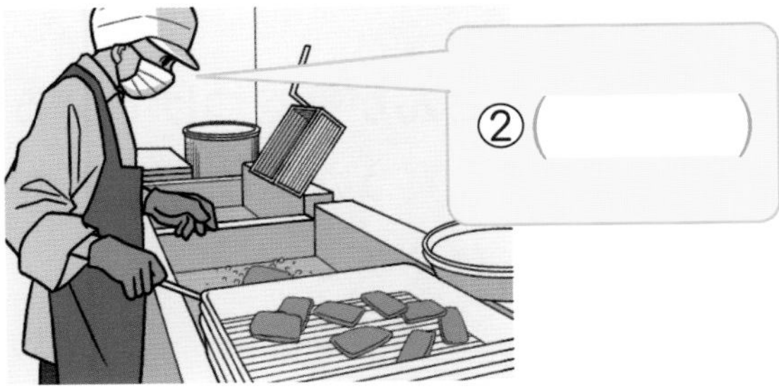

㋐　きせつや時間で、つくるもののしゅるいとりょうを決めます。
㋑　売り切れのないように、商品をとどけてもらう時間を決めています。
㋒　野菜など、いたんだものがないか、品質をかくにんしています。
㋓　お客さんを待《ま》たせず、お金の受《う》けわたしをまちがえないようにしています。

2 次の2つの図を見て、①〜④の野菜や食品をどこから仕入れているか、それぞれあてはまる道府県《どうふけん》名や国名を答えましょう。

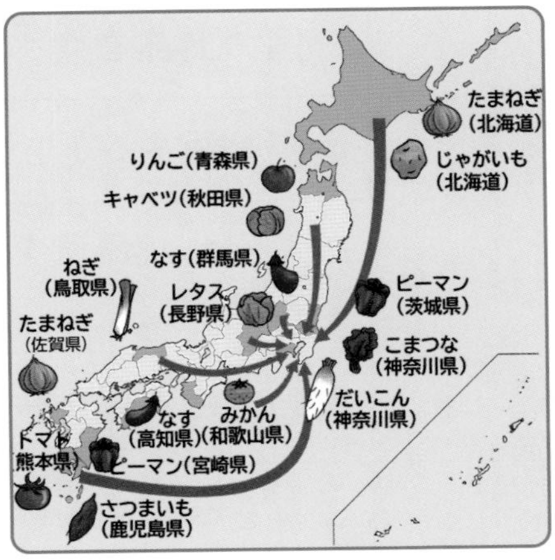

国内から仕入れた野菜の産地

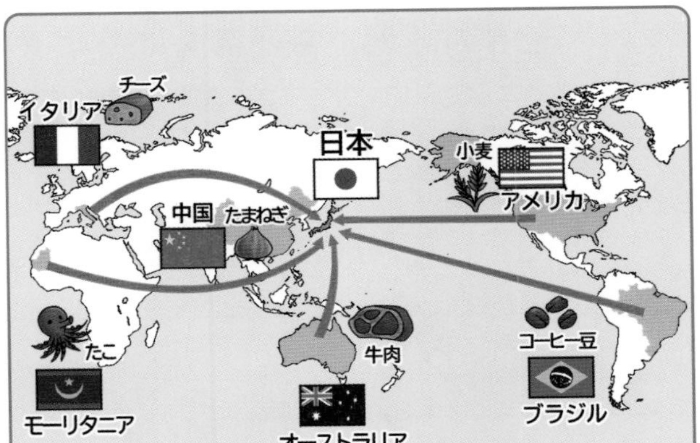

外国から仕入れた食品の産地

①ねぎ（　　　　）　②りんご（　　　　）
③小麦（　　　　）　④牛肉（　　　　）

ヒント 1　そうざいやおべんとうづくりでは、きせつの食材《しょくざい》を使《つか》ったり、昼前や夕方などの、よく売れる時間に合わせて、つくるりょうをふやしたりするくふうをしています。

1 店ではたらく人と仕事《しごと》④

めあて
お客さんのねがいに対して、スーパーマーケットのくふうをたしかめよう。

教科書　62～65ページ　答え　16ページ

次《つぎ》の（　　）に入る言葉《ことば》を、下からえらびましょう。

1 買い物《もの》で気をつけていることと店のくふう

教科書　62～63ページ

買い物でお客さんが気をつけていること

- 少しでも安《やす》く買うために、広告《こうこく》の（①　　　　　　）を見くらべたり、いくつか店を回ったりする。
- 食品《しょくひん》の（②　　　　　　）をたしかめて、それまでに食べ切れるかを考える。
- 家族《かぞく》の（③　　　　　　）や安全《あんぜん》を考えて、つくった人や場所《ばしょ》をたしかめる。
- 家族の人数に合わせて、買う（④　　　　　　）を考える。
- 牛にゅうパックや食品トレーなどを、（⑤　　　　　　）ボックスに入れる。
- （⑥　　　　　　）がたまるカードをりようして、おとくに買い物をする。

2 店のくふうをまとめよう

教科書　64～65ページ

	店のくふう ←つながり→	お客さんのねがい
ねだん	ねだんを見やすくする。	安く買いたい。
	お買いどく品を用意《ようい》する。	
品《しな》ぞろえ	小分けにして売る。	ひつような分だけ買いたい。
	世界《せかい》の各地《かくち》から商品《しょうひん》を取《と》りよせる。	外国の商品を食べたい。
新せんさ	新せんなものを用意する。	**消費期限《しょうひきげん》**をたしかめたい。
	（⑦　　　　　　）がわかるようにする。	つくられた場所をたしかめたい。
べんりさ	広い（⑧　　　　　　）をつくる。	自動車《じどうしゃ》に乗《の》って行きたい。
その他《た》	**リサイクルコーナー**を整《ととの》える。	ごみをへらしたい。
	リサイクルでもポイントがたまる取り組みをする。	ポイントをためたい。

えらんだ言葉に ✓

□産地《さんち》　□ポイント　□駐車場《ちゅうしゃじょう》　□リサイクル
□ちらし　□けんこう　□りょう　□消費期限

ぴたトリビア

入り口近くにきせつの果物《くだもの》や野菜《やさい》をおいて、きせつ感《かん》を出すことも、スーパーマーケットのくふうの１つです。

教科書　62～65ページ　答え　16ページ

1 次の絵は、お客さんが買い物をするときに気をつけていることのれいです。それぞれの絵が表《あらわ》していることを、㋐～㋓からえらびましょう。

①(　　　　)

②(　　　　)

③(　　　　)

④(　　　　)

㋐　野菜などは、どこでだれがつくったのか、わかるものがいい。

㋑　消費期限までに食べ切れるかを考えて、買い物をする。

㋒　おとくに買い物ができるカードを使って、ポイントをためたい。

㋓　少しでも安く買い物をするため、ちらしを見くらべて買い物をする。

2 次の４人のねがいをかなえるために、店が行っているくふうを㋐～㋔からえらびましょう。

ひつような分だけ買いたい。

①(　　　　)

外国の商品を食べたい。

②(　　　　)

牛にゅうパックや食品トレーなどを、リサイクルしたい。

③(　　　　)

つくられた場所をたしかめたい。

④(　　　　)

㋐　世界の各地から商品を取りよせる。

㋑　古くなった商品は取りのぞく。

㋒　産地がわかるようにする。

㋓　リサイクルボックスをおくなど、リサイクルコーナーを整える。

㋔　いろいろなりょうの商品をおいたり、このみのりょうにカットしたりする。

ヒント　**2**　③「リサイクル」とは、使《つか》い終《お》わったものを新しくして、もう一度《いちど》使うことです。たとえば、牛にゅうパックはトイレットペーパーなどに生まれかわります。

ぴったり1 じゅんび

はってん

2. はたらく人とわたしたちのくらし

1 店ではたらく人と仕事《しごと》⑤

学習日　　月　　日

◎めあて
スーパーマーケット以外《いがい》の店の仕事や、買い物《もの》のしかたをたしかめよう。

教科書 66～67ページ　答え 17ページ

次《つぎ》の(　　)に入る言葉《ことば》を、下からえらびましょう。

1 よりよい買い物をするために

教科書 66～67ページ

さまざまな買い物のしかた

- **八百屋《やおや》さん**

  お客《きゃく》さんは(①　　　　　　　　)の人が多く、店の人と顔を合わせて買い物ができる。野菜《やさい》のよさや料理《りょうり》のしかたを教えてもらうこともできる。

- **コンビニエンスストア**

  朝早くから夜おそくまで開《あ》いていて、毎日のくらしにかかわる商品がそろっている。つくりたてのべんとうなどを売るために、(②　　　　　　　　)が1日に何度もやってくる。コピーや宅配便《たくはいびん》などの(③　　　　　　　　)もある。

- **インターネットを使《つか》う**

  いつでも商品をさがして、買うことができる。(④　　　　　　　　)買い物ができてべんり。

- **個人《こじん》こうにゅう**

  決《き》まった曜日や時間に、商品を家までとどけてくれる。車の運転《うんてん》ができない(⑤　　　　　　　　)にとって、よいしくみである。

八百屋さん

コンビニエンスストア

インターネットを使う

個人こうにゅう

商店街《しょうてんがい》のくふう

- 雨がふっても買い物がしやすいように、(⑥　　　　　　　　)(歩道の屋根《やね》)がつくられている。
- さまざまな(⑦　　　　　　　　)が開《ひら》かれたり、買い物をすると(⑧　　　　　　　　)がたまるカードをつくったりしている。

えらんだ言葉に ✔

□アーケード　□イベント　□配送《はいそう》トラック　□店に行かずに
□サービス　□近所《きんじょ》　□お年寄《としよ》り　□ポイント

学習日　　月　　日

ぴたトリビア

コンビニエンスストアは、1927年にアメリカで生まれました。もとは、氷《こおり》を売る店でしたが、その後、牛にゅうやパンなどを売るようになりました。

教科書　66～67ページ　答え　17ページ

1 さまざまな買い物のしかたについて、問《と》いに答えましょう。

(1)　次の①～③にあてはまる買い物のしかたを、㋐～㋒からそれぞれえらびましょう。

①

②

③

㋐　仕事《しごと》がいそがしくて、店に行って買い物をする時間がないので、家でパソコンから注文《ちゅうもん》することが多いです。

㋑　お店の人と話しながら買い物ができるのが楽しいです。おすすめの料理を教えてくれて、ためになるのでよく行きます。

㋒　車が運転できないので、商品を家までとどけてもらっています。

①(　　　)　②(　　　)　③(　　　)

(2)　右の店にお客さんが行く理由を1つ考えて書きましょう。

(　　　　　　　　　　　　)

2 右の写真のような商店街が、お客さんを集《あつ》めるために行っているくふうについて、まちがっているものを㋐～㋓から1つえらびましょう。

㋐　雨の日でも買い物がしやすいように、アーケードをつくっている。

㋑　どの店も24時間開けるようにしている。

㋒　さまざまなイベントを開いている。

㋓　買い物をするとポイントがたまるカードをつくっている。

(　　　)

ヒント　1 (1)　①は決まった曜日や時間に、商品を家までとどけてくれるしくみで、②はインターネットを使って商品をさがすことができる買い物のしかたです。

2. はたらく人とわたしたちのくらし

1 店ではたらく人と仕事《しごと》

時間 30 分

／100

ごうかく 80 点

教科書 58〜67ページ　答え 18ページ

1 よく出る **スーパーマーケットの店長がはたらく人の様子《ようす》について話しています。①〜④にあてはまる言葉《ことば》を、㋐〜㋕からえらびましょう。** 1つ5点（20点）

スーパーマーケットでは、たくさんの人がはたらいています。新せんさを調《しら》べる人は、商品《しょうひん》がいたんでいないか、①（　　　）をたしかめます。そうざいをつくる人は、②（　　　）によって、何をどれだけつくるか決《き》めています。レジ係の人は、③（　　　）の受《う》けわたしをまちがえないように、気をつけています。また、お客《きゃく》さんが多くなる時間に合わせて、レジ係《かかり》の人を④（　　　）くふうもしています。

㋐ 味《あじ》　㋑ ふやす　㋒ 品質《ひんしつ》　㋓ へらす　㋔ お金　㋕ きせつや時間

2 よく出る **次《つぎ》のスーパーマーケットの仕入《しい》れ先の地図からわかることとして正しいものには○を、まちがっているものには×をつけましょう。**

技能　1つ5点（30点）

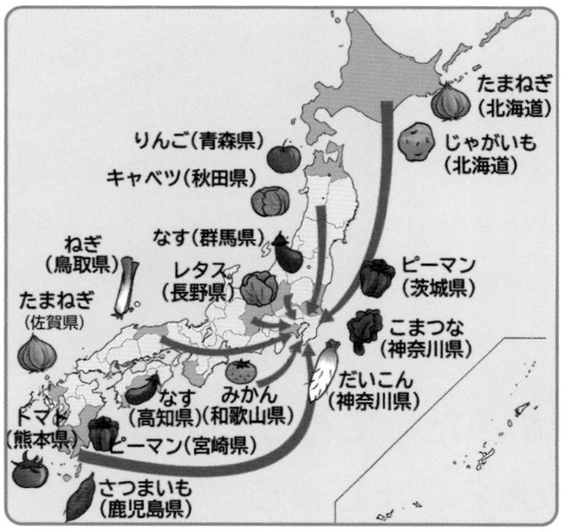

⬆ 国内から仕入れた野菜《やさい》の産地《さんち》

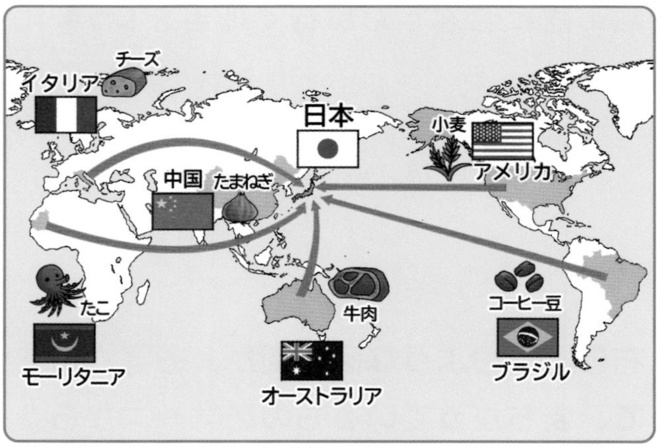

⬆ 外国から仕入れた食品《しょくひん》の産地

①（　　　）たまねぎやじゃがいもは、北海道《ほっかいどう》から仕入れている。

②（　　　）りんごは宮崎県《みやざきけん》から仕入れている。

③（　　　）チーズはイタリアから仕入れている。

④（　　　）たまねぎは、国内からも外国からも仕入れている。

⑤（　　　）野菜は日本国内から、果物《くだもの》は外国から仕入れている。

⑥（　　　）野菜や食品の仕入れ先は、近くの都道府県《とどうふけん》と国だけである。

学習日　　月　　日

3 スーパーマーケットが外国から食品を仕入れることについて、「スーパーマーケットにとってよい点」と「お客さんにとってよい点」を、それぞれ㋐〜㋓から１つずつえらびましょう。　1つ5点（10点）

㋐　スーパーマーケットを外国で開《ひら》くことができる。

㋑　日本にはないよい商品を、安く売ることができる。

㋒　外国に行かなくても、外国の有名な食材《しょくざい》を手に入れることができる。

㋓　日本の食材を買わなくてすむ。

スーパーマーケットにとってよい点（　　　）

お客さんにとってよい点（　　　）

4 次の２人が買い物《もの》で気をつけていることに対《たい》して、スーパーマーケットが行っているくふうを、それぞれ㋐〜㋒からえらびましょう。　1つ10点（20点）

買ってきた食材をあまらせるのがいやだから、ひつような分だけ買いたい。　①（　　　）

牛にゅうパックや食品トレーなどは、もう一度《いちど》使《つか》えるようにしてほしい。　②（　　　）

㋐

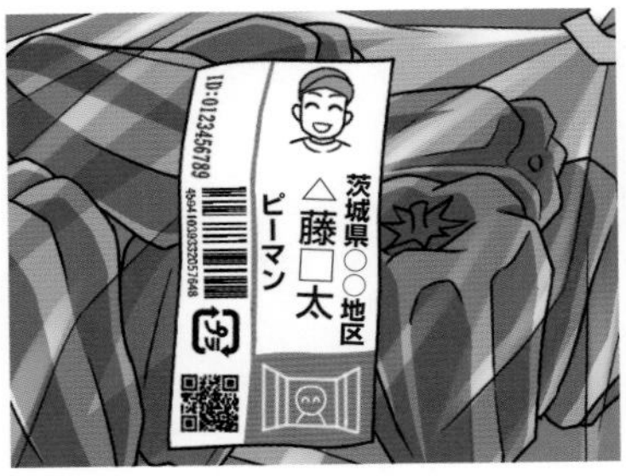

つくった人の名前がわかるシール

㋑

少ない人数分用にカットした野菜

㋒

リサイクルボックス

記述 **5** できたらスゴイ！ 右の絵は、スーパーマーケットにおかれている、お客さんの意見《いけん》を書いてもらうコーナーです。このコーナーがある理由《りゆう》を考えて、答えましょう。

思考・判断・表現　（20点）

（　　　　　　　　　　）

この本の終わりにある「夏のチャレンジテスト」をやってみよう！

ふりかえり　5がわからないときは、30ページの2にもどってかくにんしてみよう。

ぴったり1 じゅんび

3分でまとめ

せんたく

2. はたらく人とわたしたちのくらし

2 工場ではたらく人と仕事《しごと》①

学習日　　月　　日

めあて
工場の仕事についての学習問題をつくり、調《しら》べることと調べ方をたしかめよう。

教科書　68〜71ページ　答え　19ページ

次《つぎ》の（　　）に入る言葉《ことば》や数字を、下からえらびましょう。

1 まちで人気のしゅうまい 学習問題をつくり、学習の見通しを立てよう

教科書　68〜71ページ

まちで人気のしゅうまい

- 横浜市《よこはま》の人が 1 年間でしゅうまいに使《つか》うお金は（①　　　　）円で、全国《ぜんこく》へいきんの約《やく》（②　　　　）倍《ばい》である。
- しゅうまいは、横浜市の（③　　　　）となっている。

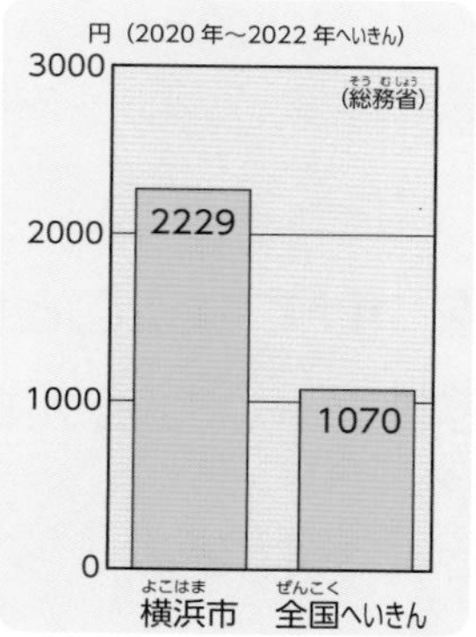

1 年間で、しゅうまいに使うお金

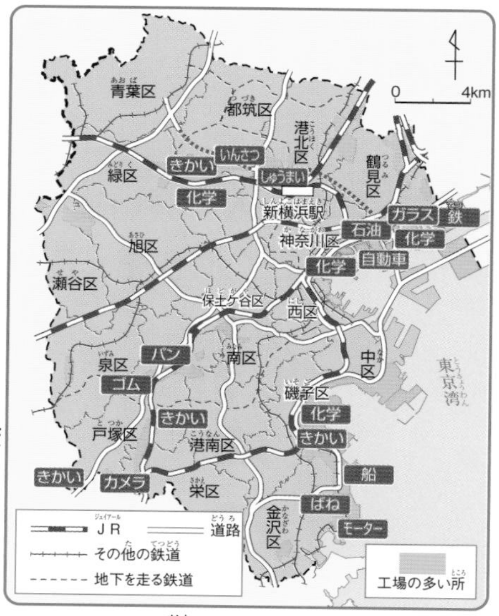

横浜市の主《おも》な工場

しゅうまい工場の場所《ばしょ》

- 横浜市の海の近くには、化学《かがく》、自動車《じどうしゃ》などの大きな（④　　　　）がある。
- 横浜市の海から少しはなれた場所には、（⑤　　　　）やきかいなどの工場がある。
- しゅうまい工場は、海から少しはなれた場所の、大きな（⑥　　　　）ぞいにある。

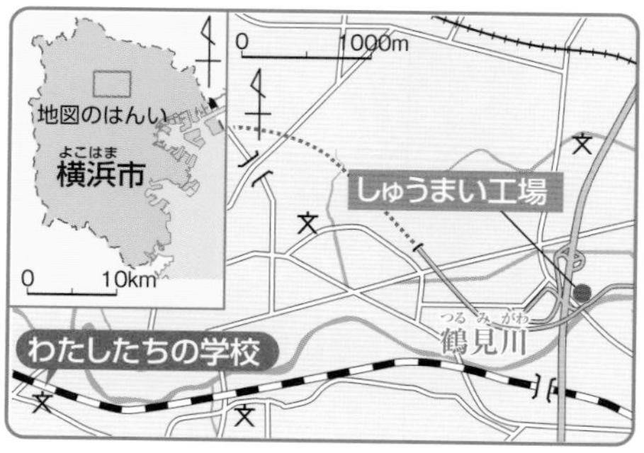

しゅうまい工場の場所

学習問題と学習計画

学習問題	工場の仕事にはどのようなくふうがあり、わたしたちのくらしとどのようなつながりがあるのだろう。
調べること	● しゅうまいのつくり方　● はたらく人の仕事　● わたしたちとのつながり
調べ方	● 工場に（⑦　　　　）に行く。 ● （⑧　　　　）を見たり、手紙できいたりする。 ● 見学してわかったことをもとに、わたしたちとのつながりを考える。
気をつけること	● きかいや商品《しょうひん》にはさわらない。　● 話をしずかにきく。 ● わかりやすくしつもんする。

えらんだ言葉に ✓

□見学　□いんさつ　□工場　□2
□道路《どうろ》　□地図　□名物《めいぶつ》　□2229

ぴったり2

練習

学習日　　月　　日

ぴたトリビア

しゅうまい工場のように、食品《しょくひん》をつくる工業《こうぎょう》を食料品《しょくりょうひん》工業とよびます。食料品工業には、パンやかんづめなど、さまざまな工場があります。

教科書　68～71ページ　　答え　19ページ

1 次の 2 つの地図からわかることとして、正しいものには○を、まちがったものには×をつけましょう。

①(　　　　)横浜市の石油や化学、自動車、船などの大きな工場は、海の近くに多い。

②(　　　　)横浜市のきかい工場は、海からはなれた場所にしかない。

③(　　　　)横浜市で工場の多い所は、海ぞいや道路ぞい、鉄道ぞいである。

④(　　　　)横浜市の工場の多い所は、市の西の方にかたよっている。

⑤(　　　　)しゅうまい工場は、海に面《めん》した所にある。

⑥(　　　　)しゅうまい工場は、大きな道路ぞいにある。

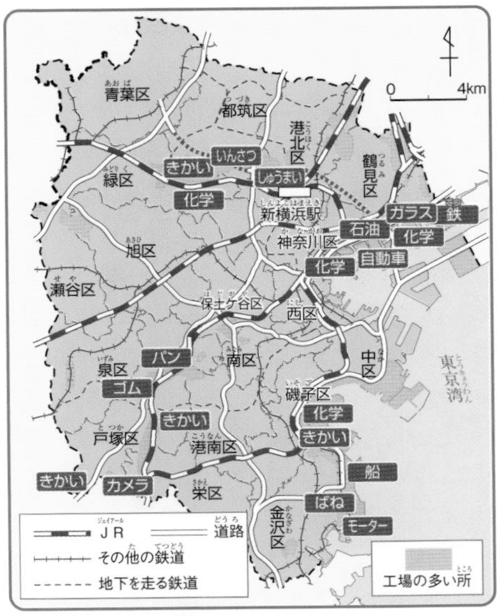

横浜市の主《おも》な工場

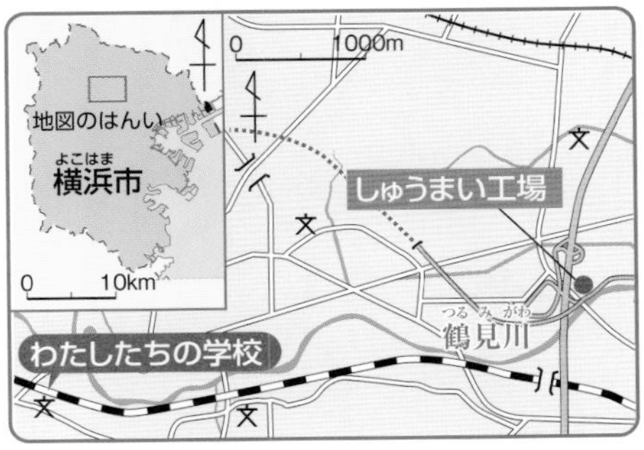

しゅうまい工場の場所

2 しゅうまい工場の見学で、次の 2 人のぎもんをかい決《けつ》するには、何を調べればよいですか。㋐～㋓から 1 つずつえらびましょう。

工場で、しゅうまいがどのようにしてつくられているのかを知りたい。　①(　　　　)

工場でつくられたしゅうまいは、わたしたちとどのようにつながっているのかな？　②(　　　　)

㋐　工場ではたらく人は、どのような服《ふく》そうをしているのか。

㋑　はたらく人は、どこから来ているのか。

㋒　工場では、どのような道具《どうぐ》やきかいを使うのか。

㋓　工場でつくられたしゅうまいは、どこで売られているか。

ヒント　1 ⑥しゅうまい工場の近くにある曲がりくねった道は、高速《こうそく》道路の出入口となるインターチェンジです。

ぴったり1 じゅんび

せんたく

2. はたらく人とわたしたちのくらし

2 工場ではたらく人と仕事《しごと》②

学習日　　月　　日

めあて

しゅうまいが、どのようにつくられているのかを、たしかめよう。

教科書 72~73ページ　答え 20ページ

次《つぎ》の(　　)に入る言葉《ことば》を、下からえらびましょう。

1 工場をたずねて

教科書 72~73ページ

しゅうまいができるまで

❶(①　　　　)をじゅんび

ぶた肉を(②　　　　)でさばく

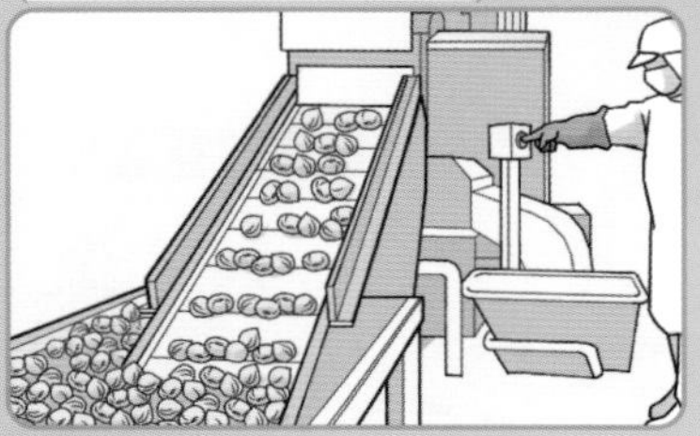

(③　　　　)でたまねぎをあらう

❷練《ね》り肉や(④　　　　)をつくる

原料《げんりょう》を(⑤　　　　)

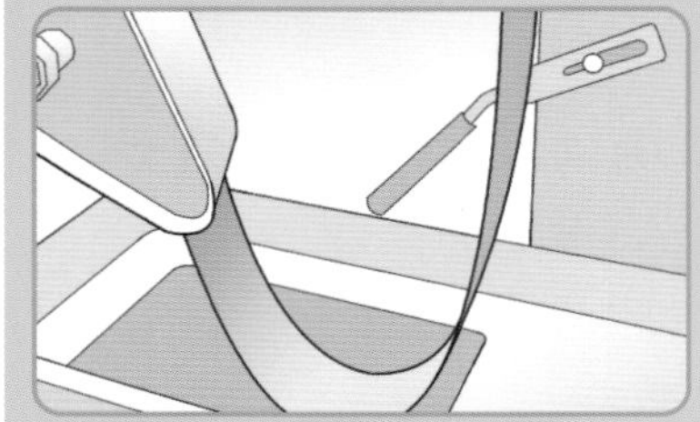

皮《かわ》をつくる

❸肉をつつみ、しゅうまいの(⑥　　　　)をつくる

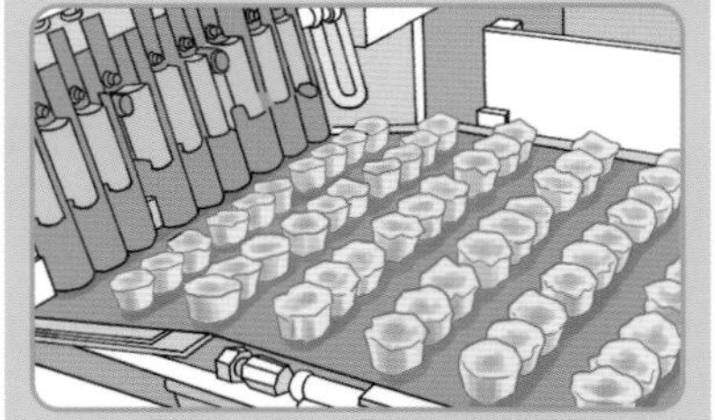

きかいで、しゅうまいの形をつくる

形がそろっていないものは、取《と》りのぞいて形を整《ととの》える

❹一気に(⑦　　　　)

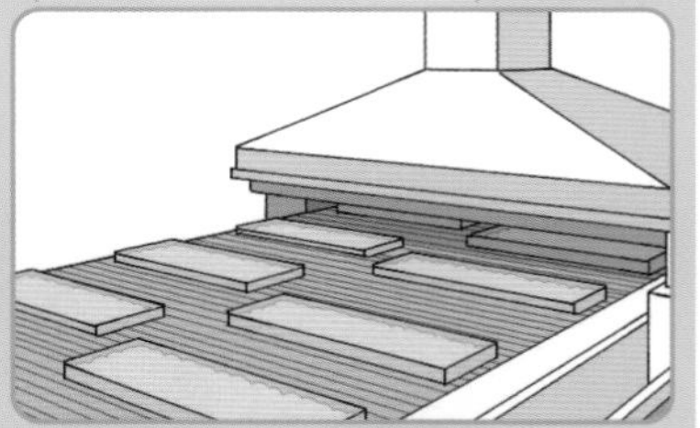

きかいでむす

❺しゅうまいを箱《はこ》につめる

きかいで箱につめる

❻(⑧　　　　)をつめる

人の手で、しょう油《ゆ》などを箱につめる

❼きかいでほうそうする

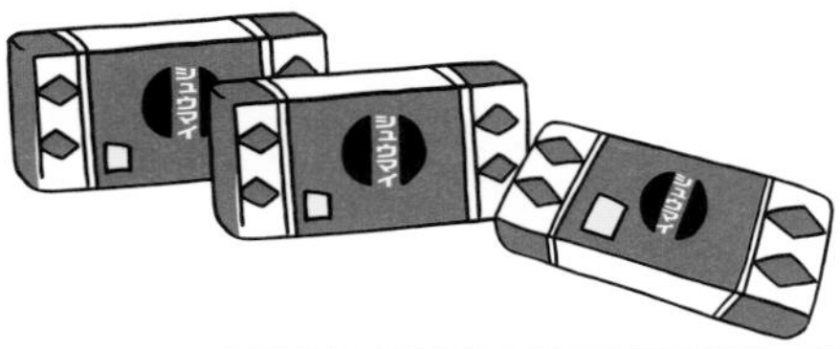

原料とは、ものをつくるときの、もとになるざいりょうのことだよ。

きかいだけではなく、手《て》作業《さぎょう》もしているんだね！

えらんだ言葉に✓				
	□人の手	□ふぞく品《ひん》	□きかい	□まぜる
	□原料	□むす	□形	□皮

学習日　　月　　日

ぴたトリビア

いろいろな品物《しなもの》をつくる工場では、きかいによるけんさが行われていますが、さい後は人によってけんさをする工場が多いです。

教科書 72～73ページ　答え 20ページ

1 **工場でしゅうまいができるまでの作業を、カードにしました。これらのカードを見て、問《と》いに答えましょう。**

㋐

しょう油などのふぞく品を、箱につめる。

㋑

一気にむす。

㋒

練り肉や皮をつくる。

㋓

ぶた肉、たまねぎ、ほたて貝の貝柱《かいばしら》などの原料をじゅんびする。

㋔

しゅうまいを箱につめる。

㋕

練り肉を皮でつつみ、しゅうまいの形をつくる。形がそろっていないものは整える。

(1)　次の絵が表《あらわ》す作業を、㋐～㋕からそれぞれえらびましょう。

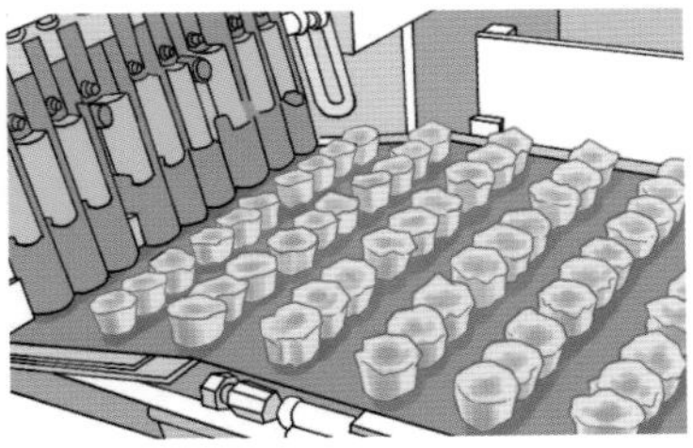

(　　　)

(　　　)

(2)　上の㋐～㋕を、しゅうまいができあがるまでの作業のじゅん番《ばん》にならべかえ、記号《きごう》で答えましょう。

(　　→　　→　　→　　→　　→　　)

(3)　上の㋐～㋕を、「きかいだけで行う作業」と「きかいと手作業、または、手作業だけで行う作業」にグループ分けして、記号で答えましょう。（記号は、(　　)の数だけ書きましょう。）

①きかいだけで行う作業　(　　)(　　)

②きかいと手作業、または、手作業だけで行う作業　(　　)(　　)(　　)(　　)

ヒント　**1** (3)　練り肉を皮でつつみ、しゅうまいの形をつくるのはきかいですが、形がそろっていないものは、人の手で形を整えます。

2 工場ではたらく人と仕事《しごと》③

学習日　月　日

めあて
工場ではたらく人について、気をつけていることと、仕事の内ようをたしかめよう。

教科書 74～77ページ　答え 21ページ

次《つぎ》の(　　)に入る言葉《ことば》を、下からえらびましょう。

1 はたらく人が気をつけていること

教科書 74～75ページ

ワンポイント しゅうまいづくりで気をつけていること

- 病気《びょうき》をふせいで、身《み》のまわりをきれいにすることを**えいせい**という。
  →食品《しょくひん》工場ではたらく人は、(①　　　　　)に気をくばり、しゅうまいを買った人が安心《あんしん》して食べられるようにしている。

- ローラーをあてて、(②　　　　　　　　)を取《と》る。
- 手をていねいにあらい、(③　　　　　　)する。
- (④　　　　　)を着《き》て、かべのあなから強い風が出る部屋《へや》に入り、服《ふく》についたかみの毛やほこりを取る。
- しゅうまいをつくるきかいを、ていねいにあらう。
- しゅうまいの中に、へんな物《もの》が入っていないか、きかいで(⑤　　　　　)する。

はたらく人たちが通る部屋 ➡

2 工場ではたらく人たち

教科書 76～77ページ

✪ 工場でしゅうまいづくり以外《いがい》の仕事をする人

- **新しい商品《しょうひん》を研究《けんきゅう》・開発《かいはつ》する人**…新しいしゅるいのしゅうまいなどを、(⑥　　　　　)している。
- **事務室《じむしつ》ではたらく人**…店の注文《ちゅうもん》をまとめて、(⑦　　　　　　　)を決《き》めて、決められた時間に店に運《はこ》ばれたかをかくにんする。
- **製品《せいひん》を運ぶ人**…工場でつくられた製品を、トラックで店に運ぶ。

✪ 工場ではたらく人たちの協力《きょうりょく》

- しゅうまいづくりは、午前4時から午後6時まできかいを止めずにつづけるため、(⑧　　　　　)で仕事をしている。
- みんなで協力して仕事をすすめることが、大切である。

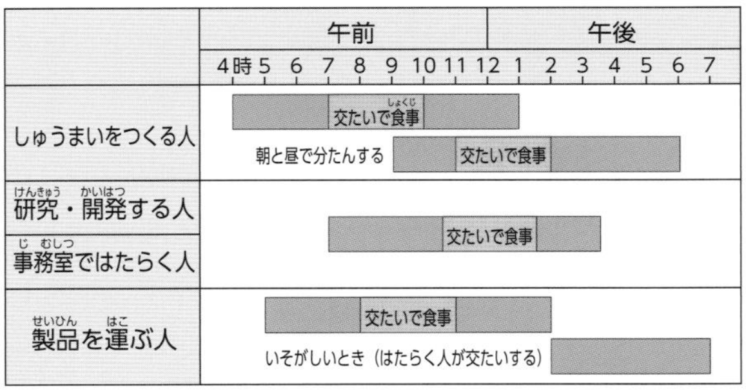

⬆ 仕事べつのはたらく時間のちがい

えらんだ言葉に ✔

□えいせい　□交たい　□研究・開発　□かみの毛やほこり
□消毒《しょうどく》　□けんさ　□白い服《ふく》　□つくる数

ぴたトリビア

食品をつくる工場ではたらく人が、白い服を着ているのは、服についたかみの毛やほこりを、見えやすくするためです。

教科書 74～77ページ　答え 21ページ

1 次の絵は、しゅうまい工場でえいせいを守《まも》るために、とくに気をつけていることを表《あらわ》しています。それぞれの正しい説明《せつめい》を、㋐～㋒からえらびましょう。

①

（　　　）

②

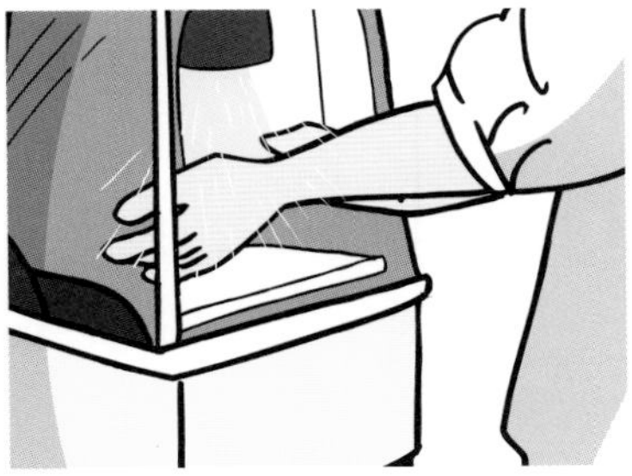

（　　　）

③

（　　　）

㋐ 手をていねいにあらったあと、アルコールでも消毒する。

㋑ しゅうまいの中に、へんな物が入っていないか、きかいを通してけんさする。

㋒ かみの毛やほこりなどを、風でふきとばして取りのぞく。

2 次の図は、工場ではたらいている人の、仕事べつのはたらく時間のちがいを表しています。この図を見て、問《と》いに答えましょう。

(1) しゅうまいは、何時から何時までつくられているか、答えましょう。

午前（　　　　）時から

午後（　　　　）時まで

(2) しゅうまいをつくる人と製品を運ぶ人には、２しゅるいのはたらく時間がある理由《りゆう》について、次の文の（　　）にあてはまる言葉を書きましょう。

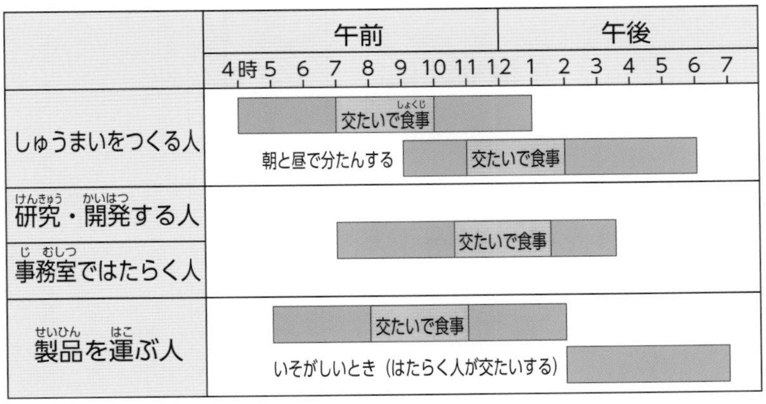

仕事べつのはたらく時間のちがい

朝早くからきかいを動かしているので、いそがしいときや休けいするときは、はたらく人が（　　　　　　　）で、仕事をしているから。

ヒント ❷ (2) しゅうまい工場のきかいを止めないために、しゅうまいをつくる人は、午前４時にはたらき始《はじ》める人たちと、午前９時にはたらき始める人たちがいます。

2 工場ではたらく人と仕事《しごと》④

学習日　　月　　日

めあて
工場でつくられた製品《せいひん》の出荷と、地いきとのつながりをたしかめよう。

教科書 78〜81ページ　答え 22ページ

次《つぎ》の（　　）に入る言葉《ことば》を、下からえらびましょう。

1 製品はどこへ、原料《げんりょう》はどこから

教科書 78〜79ページ

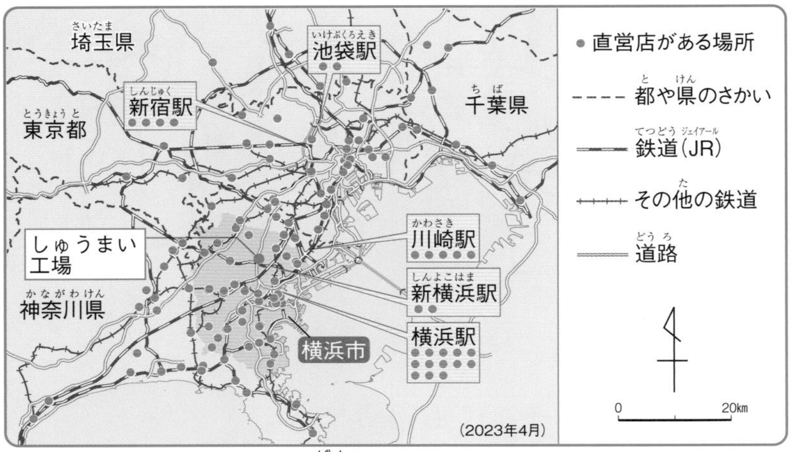

しゅうまいの店がある場所《ばしょ》

工場がある場所と高速道路《こうそくどうろ》

- 工場は、（①　　　　　）のインターチェンジ近くにあるので、製品は（②　　　　　）をりようして出荷《しゅっか》される。
- 製品は、横浜《よこはま》市内を中心に、神奈川県《かながわけん》や東京都《とうきょうと》にある（③　　　　　）に運ばれる。
- 原料は、日本や外国のさまざまな地いきから、船やトラックで運ばれてくる。できるだけ新せんで、（④　　　　　）なものをえらぶので、仕《し》入《い》れ先はかわることがある。

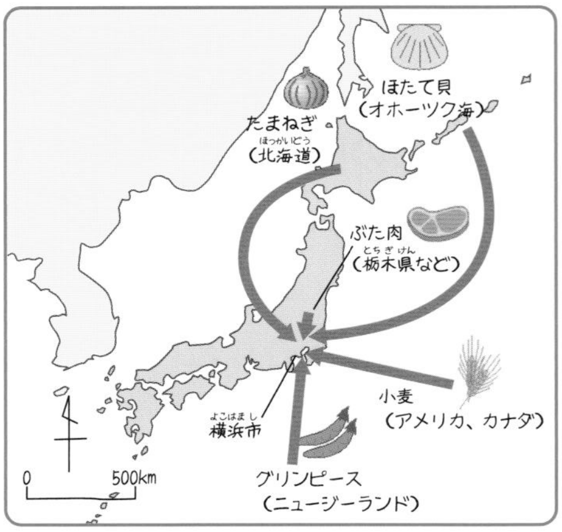

原料の仕入れ先

2 地いきとともに歩むものづくり

教科書 80〜81ページ

地いきのかんきょうへの取《と》りくみ

- あまった製品を（⑤　　　　　）などにりようする。
- 製品の箱《はこ》やつつみ紙を（⑥　　　　　）して、ごみをへらす。

地いきのれきしとしゅうまい

- 横浜市には多くの（⑦　　　　　）が住《す》み、（⑧　　　　　）の人たちが食べていたしゅうまいをもとに、工場で味《あじ》つけなどをくふうして、横浜駅で売り出したところ、人気が出て、横浜市の名物《めいぶつ》になった。

えらんだ言葉に ✓

□中華街《ちゅうかがい》	□安全《あんぜん》	□ひりょう	□トラック
□直営店《ちょくえいてん》	□リサイクル	□外国人	□高速道路《こうそくどうろ》

ぴったり2

練習

学習日　　月　　日

ぴたトリビア

しゅうまいは中国で生まれ、日本で広まった食べ物《もの》です。日本で生まれた食べ物では、「すし」も世界《せかい》中で食べられています。

教科書　78〜81ページ　答え　22ページ

1 次の２つの地図を見て、問《と》いに答えましょう。

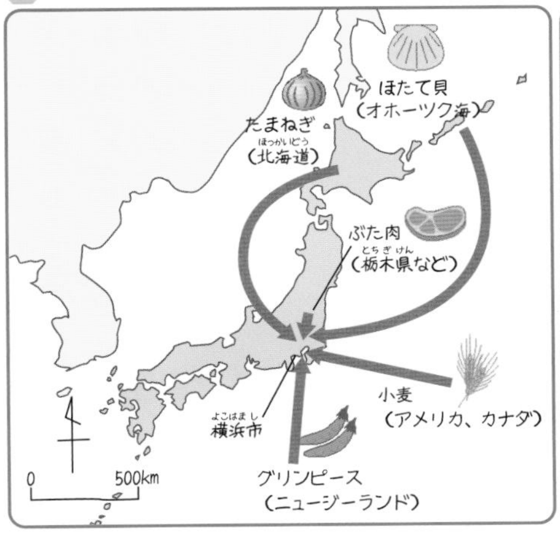

原料の仕入れ先

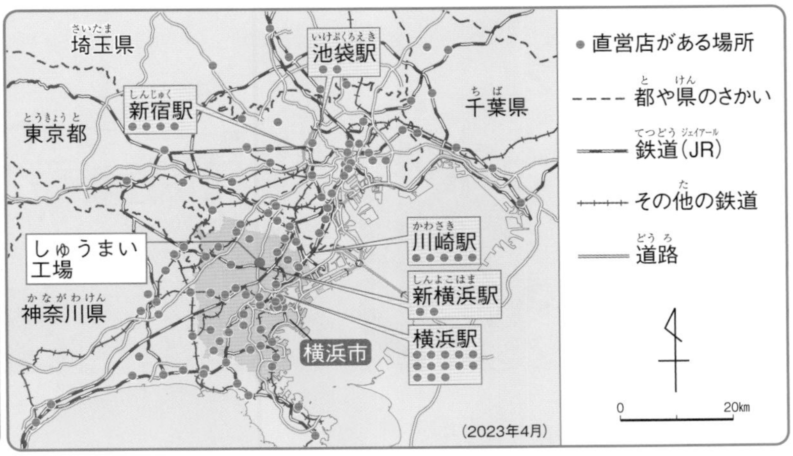

しゅうまいの店がある場所

(1)　しゅうまい工場の原料の仕入れ先について、次の文の①・②にあてはまる言葉を答えましょう。

しゅうまい工場の原料は、できるだけ新せんで安全なものをえらぶために、日本国内だけではなく、外国からも仕入れている。たとえば、たまねぎは①（　　　　）から、グリンピースは②（　　　　）から運ばれてくる。

(2)　直営店が多くある場所について、正しいものを次の㋐〜㋓からえらびましょう。

㋐　海のそば　　㋑　鉄道《てつどう》の駅《えき》　　㋒　都や県のさかい　　㋓　外国

（　　　）

2 しゅうまい工場が、地いきのかんきょうを守《まも》るために気をつけていることについて、正しいものには○を、まちがっているものには×をつけましょう。

①（　　　）あまった製品は、ひりょうなどにりようしている。

②（　　　）いらなくなった製品の箱やつつみ紙は、工場のねん料としてすべてもやしている。

③（　　　）中華街であまったしゅうまいを、直営店で売っている。

④（　　　）出荷には、かんきょうを守るため、自動車《じどうしゃ》を使《つか》わないようにしている。

ヒント　1 (2)　地図で、直営店をしめす●と鉄道のかん係《けい》を読み取《と》るようにしましょう。

ぴったり3 たしかめのテスト

せんたく

2. はたらく人とわたしたちのくらし

2 工場ではたらく人と仕事《しごと》

時間 30 分

/100

ごうかく 80 点

教科書 68～81ページ　答え 23ページ

1 次《つぎ》のしゅうまいができるまでの作業《さぎょう》を表《あらわ》した絵を見て、問《と》いに答えましょう。

⑴1つ5点、⑵⑶10点（50点）

㋐

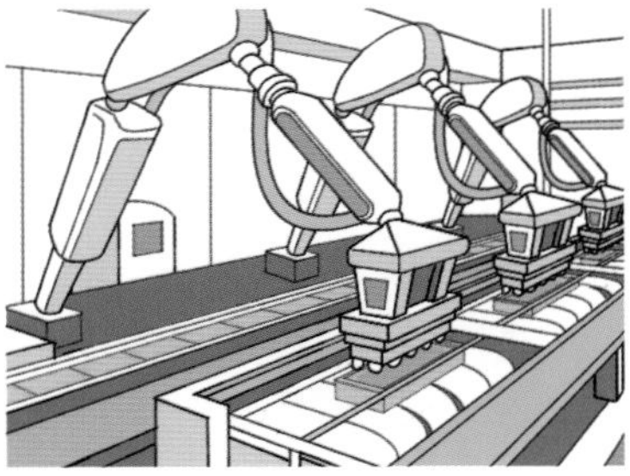

㋑

㋒

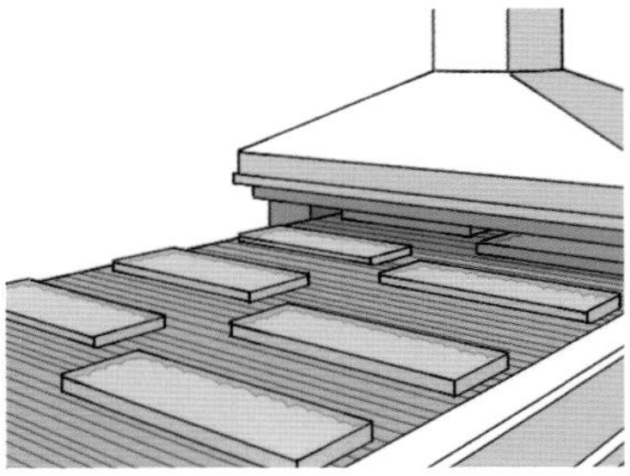

㋓

㋔

㋕

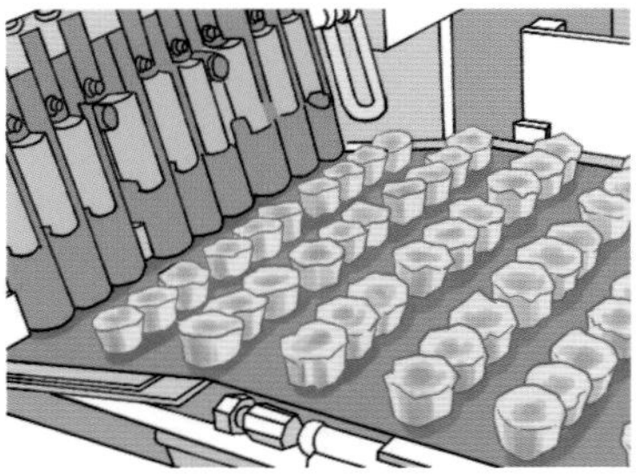

⑴ よく出る 次の①～⑥にあてはまる絵を、上の㋐～㋕からえらんで、記号《きごう》で答えましょう。 技能

①（　　　）原料《げんりょう》をまぜて、練《ね》り肉をつくる。

②（　　　）形のそろっていないしゅうまいを整《ととの》える。

③（　　　）きかいを使《つか》って、しゅうまいを箱《ばこ》につめる。

④（　　　）一気にむす。

⑤（　　　）きかいで、しゅうまいの形をつくる。

⑥（　　　）ぶた肉をさばく。

⑵ 上の㋐～㋕を、つくるじゅんにならべかえて、記号で答えましょう。 技能

（　　→　　→　　→　　→　　→　　）

記述 ⑶ 上の㋐と㋓の作業で、大きくちがうところを、「人の手」「きかい」の2つの言葉《ことば》を使って、かんたんに書きましょう。 思考・判断・表現

（　　　　　　　　　　　　　　　　　　）

② 次の絵は、しゅうまい工場ではたらく人が気をつけていることを表しています。これらの絵を見て、問いに答えましょう。

⑴1つ5点、⑵15点（30点）

㋐

㋑

㋒

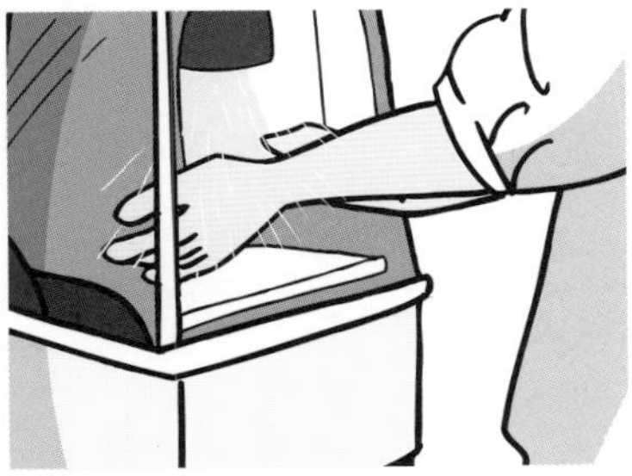

⑴ 次の①～③にあてはまる絵を、上の㋐～㋒からえらんで、記号で答えましょう。

技能

①（　　　　）服《ふく》にローラーをあてて、かみの毛やほこりを取《と》る。

②（　　　　）手をていねいにあらい、消毒《しょうどく》する。

③（　　　　）かべのあなから強い風が出る部屋《へや》に入り、服についたかみの毛やほこりを取る。

記述 ⑵ できたらスゴイ！ 工場ではたらく人が、とくに気をつけていることを話しています。「えいせい」「食べ物《もの》」の２つの言葉を使って、話をかんせいさせましょう。

思考・判断・表現

わたしたちは、

（　　　　　　　　　　　　　　　　　　　　　　　　　　）

とくに気をつけています。

③ 右の図を見て、次の文の下線部《ぶ》①～④について、正しいものには○を、まちがっているものには×をつけましょう。

技能 1つ5点（20点）

しゅうまい工場では、午前４時から①<u>午後７時まで</u>、きかいが動《うご》いているので、しゅうまいをつくる人は、②<u>朝と昼</u>で③<u>交たいではたらいている</u>。また、研究《けんきゅう》・開発《かいはつ》する人と製品《せいひん》を運《はこ》ぶ人の仕事の時間は、④<u>同じである</u>。

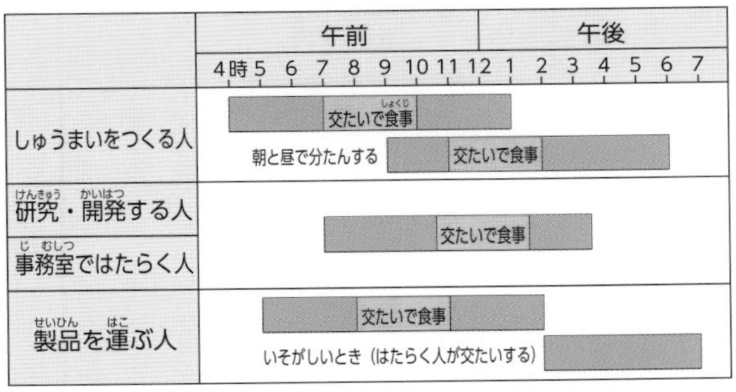
午前
午後
4時 5 6 7 8 9 10 11 12 1 2 3 4 5 6 7
しゅうまいをつくる人
交たいで食事《しょくじ》
朝と昼で分たんする
交たいで食事
研究《けんきゅう》・開発《かいはつ》する人
事務室《じむしつ》ではたらく人
交たいで食事
製品《せいひん》を運《はこ》ぶ人
交たいで食事
いそがしいとき（はたらく人が交たいする）

⬆ 仕事べつのはたらく時間のちがい

①（　　　　）②（　　　　）③（　　　　）④（　　　　）

ふりかえり ②⑵がわからないときは、40ページの１にもどってかくにんしてみよう。

ぴったり1 じゅんび

せんたく

3分でまとめ

2. はたらく人とわたしたちのくらし

2 農家《のうか》の仕事《しごと》①

学習日　　月　　日

めあて
農家の仕事についての学習《がくしゅう》問題をつくり、調《しら》べることと調べ方をたしかめよう。

教科書 82～85ページ　答え 24ページ

次《つぎ》の（　　）に入る言葉《ことば》を、下からえらびましょう。

1 地いきでつくられる野菜《やさい》

教科書 82～83ページ

ワンポイント　地産地消《ちさんちしょう》

- 地いきで生産《せいさん》されたものを、地いきの人が消費《しょうひ》することを**地産地消**という。
- 給食《きゅうしょく》で使う野菜は、農家の人や（①　　　　　　　　）（**農業協同組合**《のうぎょうきょうどうくみあい》*）からちょくせつ買うことで、野菜を運《はこ》ぶ時間や手間《てま》をへらすことができる。また、つくった人がわかるので、（②　　　　　　　）して食べられる。

＊ＪＡ《ジェイエー》ともよばれている。

2 学習問題をつくり、学習の見通しを立てよう

教科書 84～85ページ

横浜《よこはま》市の野菜づくり

- 横浜市では、いろいろな野菜がつくられている。北部《ほくぶ》の青葉区《あおばく》や都筑《つづき》区、緑《みどり》区では、なしや（③　　　　　　　）などの果物《くだもの》がつくられ、南部の磯子《いそご》区や金沢《かなざわ》区では（④　　　　　　　）がつくられている。

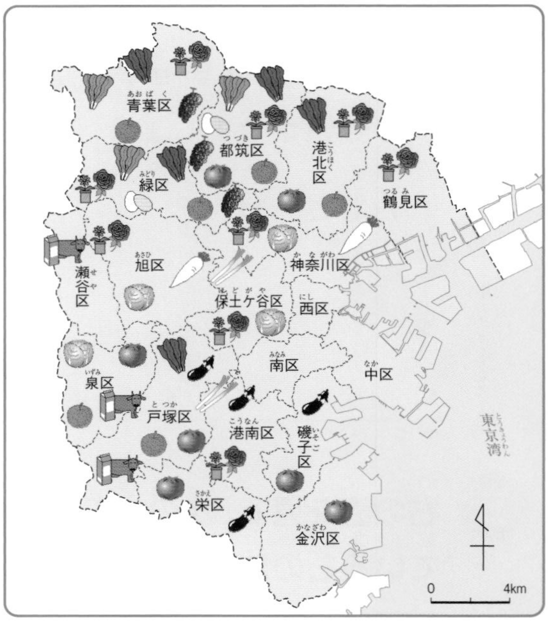

横浜市でつくられている主《おも》な作物《さくもつ》➡

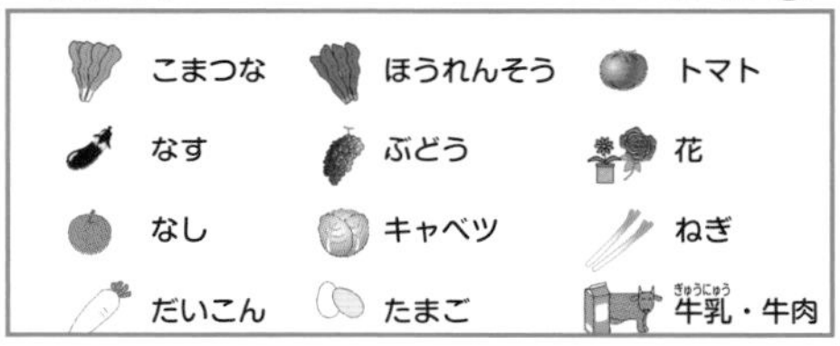

学習問題と学習計画

学習問題	農家の仕事にはどのようなくふうがあり、わたしたちのくらしとどのようなつながりがあるのだろう。
調べること	●野菜の（⑤　　　　　　）　●はたらく人の仕事 ●わたしたちとの（⑥　　　　　　）
調べ方	●（⑦　　　　　　）に見学に行く。 ●（⑧　　　　　　）を見たり、手紙できいたりする。 ●見学してわかったことをもとに、わたしたちとのつながりを考える。

えらんだ言葉に✓
□安心《あんしん》　□トマト　□農家　□育《そだ》て方
□農協《のうきょう》　□つながり　□地図　□ぶどう

ぴったり2
練習

学習日　　月　　日

ぴたトリビア

野菜や果物をつくったり、牛やぶたなどをかって、牛乳《ぎゅうにゅう》やチーズ、肉をつくったりする仕事を、農業《のうぎょう》とよびます。

教科書　82～85ページ　　答え　24ページ

1 右の地図を見て、問《と》いに答えましょう。

(1)　横浜市の野菜づくりについて、正しいものには○を、まちがっているものには×をつけましょう。

①（　　　　）横浜市では、キャベツはつくられているが、ねぎはつくられていない。

②（　　　　）北部の青葉区では、花がつくられている。

③（　　　　）横浜市の多くの区で、農家が仕事をしている。

④（　　　　）市の西部では、牛乳や牛肉をつくる農家がある。

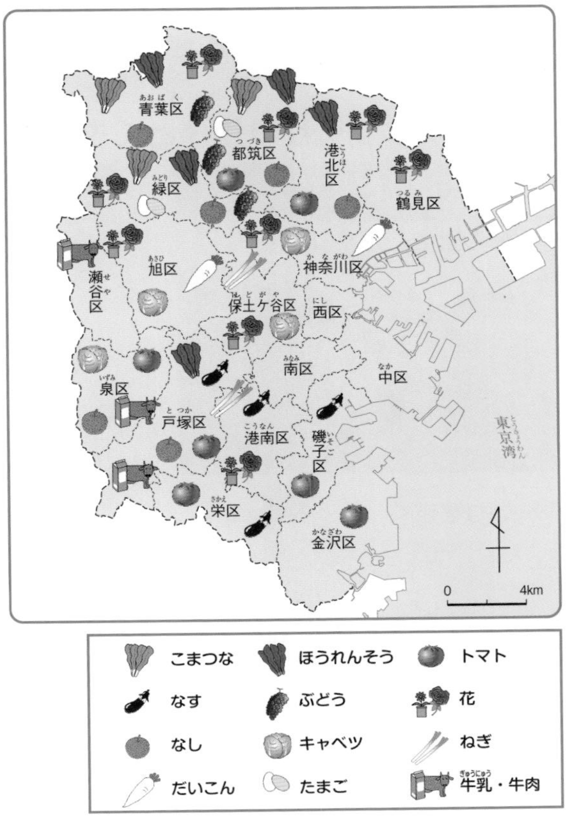

横浜市でつくられている主な作物

(2)　地産地消について、まちがった説明《せつめい》を1つえらびましょう。

㋐　つくっているのが近くの地いきの人なので、安心できる。

㋑　近くの地いきから作物がとどくので、運ぶための自動車《じどうしゃ》から出るはい気ガスのりょうも少なく、かんきょうにやさしい取《と》り組みである。

㋒　遠くの有名《ゆうめい》な産地から運ばれるので、地元の作物よりもおいしい。

（　　　　）

2 けいこさんが、農家の仕事を調べようとしています。もっともてきした調べ方を㋐～㋒からえらびましょう。

作物を育てるのに、どんなきかいを使うのかな。
農家の人の、くふうやくろうなども、知りたいな。

（　　　　）

㋐　地図で農家の場所《ばしょ》を調べる。

㋑　市役所《しやくしょ》のしりょうで、市でつくられている野菜のしゅるいを調べる。

㋒　農家に見学にいって、インタビューする。

ヒント　❶ (2)　地産地消とは、地いきで生産されたものを地いきの人が消費することをいいます。

2. はたらく人とわたしたちのくらし

2　農家《のうか》の仕事《しごと》②

◎めあて
こまつなが、どのようにしてつくられているのかを、たしかめよう。

教科書　86～89ページ　答え　25ページ

次《つぎ》の（　　）に入る言葉《ことば》を、下からえらびましょう。

1　加藤《かとう》さんの畑《はたけ》をたずねて／こまつなづくりのくふう

教科書　86～89ページ

こまつなづくりの仕事とくふう

主《おも》な仕事　／　**仕事のくふう**

① 畑の土をたがやす

こううんきで土をやわらかくし、（①　　　　）とよばれるひりょうをまぜて、（②　　　　）にする。

② たねをまく

日をあけて何回かに分けて（③　　　　）をまく。まく時期《じき》をずらすことで、つづけて（④　　　　）できる。

③ 育《そだ》てる

シートをかぶせると、土があたたまり、野菜《やさい》が（⑤　　　　）育つ。また、シートは害虫《がいちゅう》から野菜を守《まも》ることができるため、（⑥　　　　）をへらすことができる。

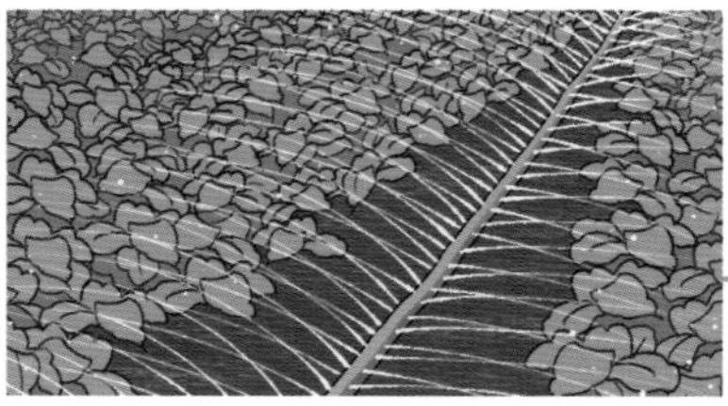

雨が少ないときは水をやる。

④ しゅうかくする

（⑦　　　　）で、しゅうかくする。

こまつなづくりの１年

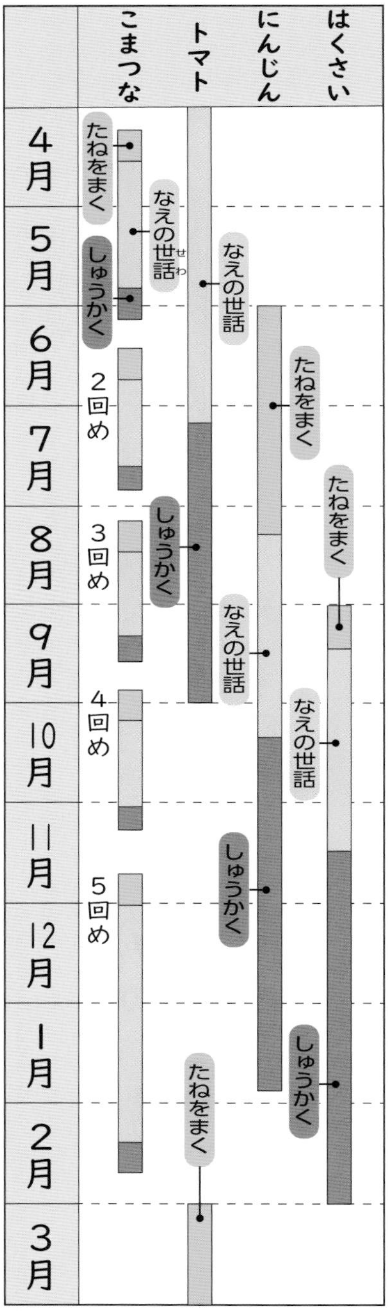

↑ こまつな農家の（⑧　　　　）

えらんだ言葉に ✓				
	□農薬《のうやく》	□たね	□手作業《てさぎょう》	□作物《さくもつ》カレンダー
	□早く	□たいひ	□しゅうかく	□土を平《たい》ら

ぴったり2

練習

学習日　　月　　日

ぴたトリビア

たいひとは、馬や牛などのふん、木の葉《は》やえだなどをまぜてつくります。たいひの温度《おんど》は高く、ときには70〜80度《ど》にもなります。

教科書　86〜89ページ　答え　25ページ

1 次の絵は、こまつなづくりの仕事の様子を表《あらわ》しています。これらの仕事に見られるくふうを、４人で話し合いました。それぞれが話している仕事を㋐～㋓からえびましょう。

㋐

㋑

㋒

㋓

シートをかけることで、土があたたかくなって、野菜が早く育つし、害虫がつきにくいから農薬のりょうも少なくてすむね。　①(　　　)

たねは、たねまききを使《つか》って等《ひと》しいかんかくにまいていくんだね。　②(　　　)

こまつなは、葉《は》の野菜でいたみやすいから、しゅうかくは手で行うんだね。　③(　　　)

たいひと土をまぜることで、よい土になって、おいしい野菜ができるんだね。　④(　　　)

ヒント **1** 絵にかいてある道具《どうぐ》やきかい、人の動《うご》きを見て、答えるようにしましょう。

ぴったり1 じゅんび

せんたく

2. はたらく人とわたしたちのくらし

2 農家《のうか》の仕事《しごと》③

学習日　　月　　日

めあて
こまつなは、どのようにしてわたしたちのところへ運《はこ》ばれるのかをたしかめよう。

教科書 90〜93ページ　答え 26ページ

次《つぎ》の（　　）に入る言葉《ことば》を、下からえらびましょう。

1 こまつなはどこへ

教科書 90〜91ページ

こまつなの出荷先《しゅっかさき》

農家の出荷のじゅんび

しゅうかくしたこまつなは、テープを使《つか》ってたばねて、水であらう。そのあと、トラックで（①　　　　）する。

出荷

農協《のうきょう》の（②　　　　）で売る。

出荷

出荷

市の（③　　　　）…神奈川県《かながわけん》の他《ほか》の市や東《とう》京都《きょうと》などの店から、青《せい》果物《かぶつ》を買いに来る。

各地《かくち》の（④　　　　）などの店で売る。

駅《えき》の近くの（⑤　　　　）はんばい所で売る。

2 地いきとつながる野菜《やさい》づくり

教科書 92〜93ページ

地いきとのむすびつき

- 地元の人に、しゅうかくしたばかりの野菜を売っている。
- 地いきの人が野菜のしゅうかくを（⑥　　　　）できる。
- 地元の作物《さくもつ》を使った（⑦　　　　）や学校の給食《きゅうしょく》にも協力《きょうりょく》している。
- （⑧　　　　）によって、地いきの人は野菜をつくった人がわかるので、安心《あんしん》して、新せんなものを食べることができる。

えらんだ言葉に✓				
	□直売所《ちょくばいじょ》	□出荷	□むじん	□スーパーマーケット
	□青果市場《せいかいちば》	□地産地消《ちさんちしょう》	□料理教室《りょうりきょうしつ》	□体けん

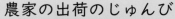

ぴったり2

練習

学習日　　月　　日

ぴたトリビア

大きな道路《どうろ》ぞいなどに「道の駅」とよばれるしせつがあります。そこでは、地いきの作物が売られ、いろいろなお客《きゃく》さんが買い物におとずれます。

教科書　90～93ページ　答え　26ページ

1 右の地図は、こまつな農家からの出荷の様子《ようす》を表《あらわ》しています。この地図を見て、問《と》いに答えましょう。

(1) 地図の■は、加藤《かとう》さんがつくったこまつなのちょくせつの出荷先の１つです。■にあてはまる出荷先を㋐～㋒からえらびましょう。

㋐ 県外《けんがい》のスーパーマーケット
㋑ 市の青果市場
㋒ 農協の直売所

(　　　)

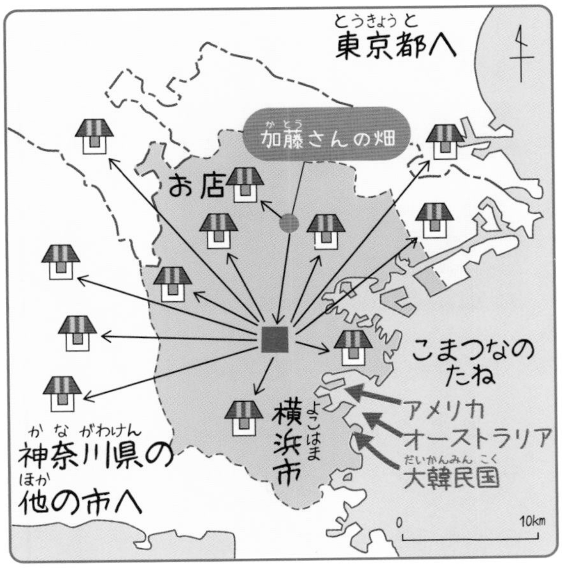

こまつなの行き先

(2) 地図からわかることを、２つえらびましょう。

㋐ 加藤さんは、こまつなをちょくせつ、すべての店に出荷している。
㋑ こまつなのたねは、外国から仕入《しい》れている。
㋒ 加藤さんのつくるこまつなは、東京都や県内の他の市でも売られている。
㋓ 加藤さんのつくるこまつなは、横浜市だけにとどけられている。

(　　　)(　　　)

2 次の２人は、何にさんかしたでしょう。㋐～㋒からえらびましょう。

おうちの人と公民館《こうみんかん》で、野菜いためをつくったよ。近くの農家でとれた野菜がいっぱい入っていて、おいしかったよ。

①(　　　)

近くの農家に行って、とうもろこしのしゅうかくを手つだってきたよ。野菜づくりを身近《みぢか》に感《かん》じたよ。

②(　　　)

㋐ 野菜を売るイベント　㋑ しゅうかく体けん　㋒ 料理教室

ヒント 1 (2) 地図のやじるしは、こまつなの出荷先を表しています。加藤さんの畑から、どこに出荷されているかを読み取《と》りましょう。

2 農家《のうか》の仕事《しごと》

時間 30 分

／100

ごうかく 80 点

教科書 82〜93ページ　答え 27ページ

1 次《つぎ》の絵と説明《せつめい》は、こまつなづくりのくふうを表《あらわ》しています。それぞれの説明の①〜⑥にあてはまる言葉《ことば》を㋐〜㋕からえらびましょう。　技能　1つ5点（30点）

（①）とよばれるひりょうを土とまぜることで、土がよくなり、おいしい野菜《やさい》ができる。

日をあけて、何回かに分けて（②）をまくことで、育《そだ》つ（③）がずれるので、つづけてしゅうかくできる。

シートをかけることで、土が（④）なって、野菜が早く育つ。また、（⑤）をふせぐので、（⑥）を使《つか》うりょうもへらせる。

㋐ 害虫《がいちゅう》　㋑ たいひ　㋒ あたたかく
㋓ 時期《じき》　㋔ たね　㋕ 農薬《のうやく》

①（　　）　②（　　）　③（　　）
④（　　）　⑤（　　）　⑥（　　）

2 次の作物《さくもつ》カレンダーを見て、右のページの問《と》いに答えましょう。　1つ5点（30点）

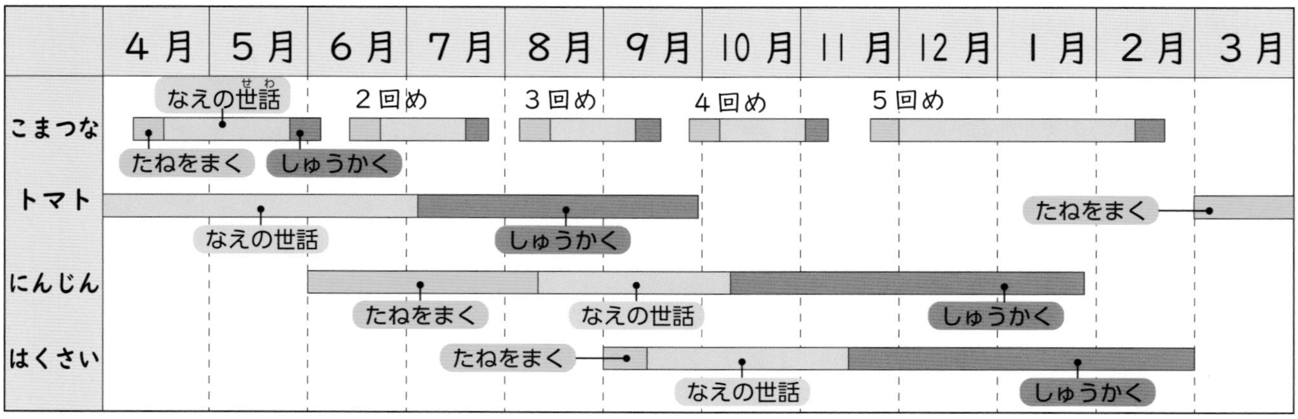

(1)　作物カレンダーからわかることとして、正しいものには○を、まちがっているものには×をつけましょう。　技能

①(　　　)こまつなは、しゅうかくするりょうが、他《ほか》の作物よりも多い。

②(　　　)トマトは、早春にたねをまき、夏ごろにしゅうかくする。

③(　　　)こまつなの他には、冬にしゅうかくできる作物はない。

④(　　　)３つの作物を、同時にしゅうかくする月がある。

(2)　こまつなのしゅうかくが５回できることで、農家にとってよい点を、次の㋐～㋓から２つえらびましょう。　思考・判断・表現

㋐　１年を通して、売ることができる。

㋑　一度《いちど》にたくさんのこまつなをつくることができる。

㋒　つづけてしゅうかくすることができる。

㋓　いつでも、こまつなづくりをやめることができる。

(　　　)(　　　)

3　次のこまつなの出荷《しゅっか》についての絵を見て、問いに答えましょう。

(1)1つ5点、(2)20点(40点)

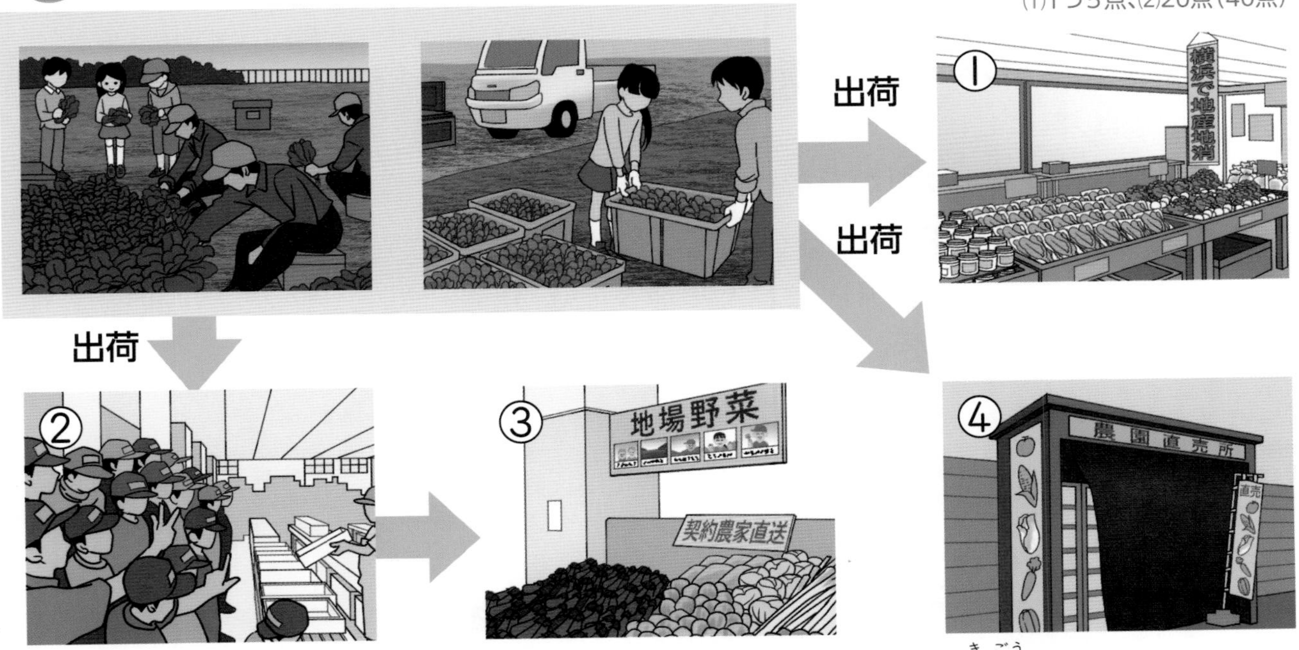

(1)　①～④にあてはまる説明を、次の㋐～㋓からえらんで、記号《きごう》で答えましょう。

㋐　市の青果市場《せいかいちば》　　㋑　農協《のうきょう》の直売所《ちょくばいじょ》

㋒　スーパーマーケット　　㋓　むじんはんばい所

①(　　　)　②(　　　)　③(　　　)　④(　　　)

記述 (2)　できたらスゴイ!　「地産地消《ちさんちしょう》」が、農家の作物を食べるわたしたちにとってよい点をかんたんに書きましょう。　思考・判断・表現

(　　　　　　　　　　　　　　　　　　　　　　)

ふりかえり　3(2)がわからないときは、50ページの2にもどってかくにんしてみよう。

ぴったり1 じゅんび

3分でまとめ

3. 地いきの安全《あんぜん》を守《まも》る

1 火事《かじ》からまちを守る①

学習日　　月　　日

めあて
消防《しょうぼう》しょについての学習問《がくしゅうもん》題《だい》をつくり、調《しら》べることと調べ方をたしかめよう。

教科書 94〜99ページ　答え 28ページ

次《つぎ》の(　　)に入る言葉《ことば》を、下からえらびましょう。

1 火事が起《お》きたらどうなる

教科書 96〜97ページ

学校でのくんれん

- もしも、学校で火事が起きたとき、あわてず、自分の身《み》を守れるように、定期的《ていきてき》に(①　　　　　)くんれんが行われている。
- 学校で火事が起こると(②　　　　　)が鳴る。
- 火事に気づいたら(③　　　　　)に電話する。

消防しょや消防しゅっちょう所《じょ》のある場所《ばしょ》

- 市内には、区ごとに(④　　　　　)や消防しゅっちょう所がおかれている。
- 市内には、消防局《きょく》の他《ほか》に、(⑤　　　　　)センターや消防くんれんセンターがある。

横浜《よこはま》市の消防しょ・消防しゅっちょう所のある場所

2 学習問題をつくり、学習の見通しを立てよう

教科書 98〜99ページ

学習問題と学習計画

学習問題	消防しょは、どのようにして火事からまちを守っているのだろう。
調べること	●消防しょではたらく人の仕事《しごと》　●消火の活動《かつどう》のしくみ ●火事を(⑥　　　　　)ための取《と》り組み ●地いきの人たちの取り組み
調べ方	●消防しょに行って、はたらいている人に(⑦　　　　　)する。 ●学校の中にある消防せつびや、学校のまわりにある(⑧　　　　　)をさがして、調べる。 ●図書館《としょかん》の本や、インターネットを使《つか》って調べる。

えらんだ言葉に✓

□非常《ひじょう》ベル　□ふせぐ　□インタビュー　□119番
□消防しょ　□消防しせつ　□ひなん　□市民防災《しみんぼうさい》

ぴたトリビア

消防しょでは、消防自動車《じどうしゃ》や救急車《きゅうきゅうしゃ》は、いつでも、すぐに出動《しゅつどう》できるようにするために、前向《む》きにとめてあります。

教科書 94〜99ページ　答え 28ページ

1 右の地図を見て、問《と》いに答えましょう。

(1) 右の地図からわかることとして、正しいものには○を、まちがっているものには×をつけましょう。

① (　　　) 市には、消防しょがある区とない区がある。

② (　　　) 市の東部《ぶ》には市民防災センターがある。

③ (　　　) 市内には、消防しゅっちょう所よりも消防しょのほうが、多くある。

④ (　　　) 市の海に面《めん》した場所には、ヘリポートがある。

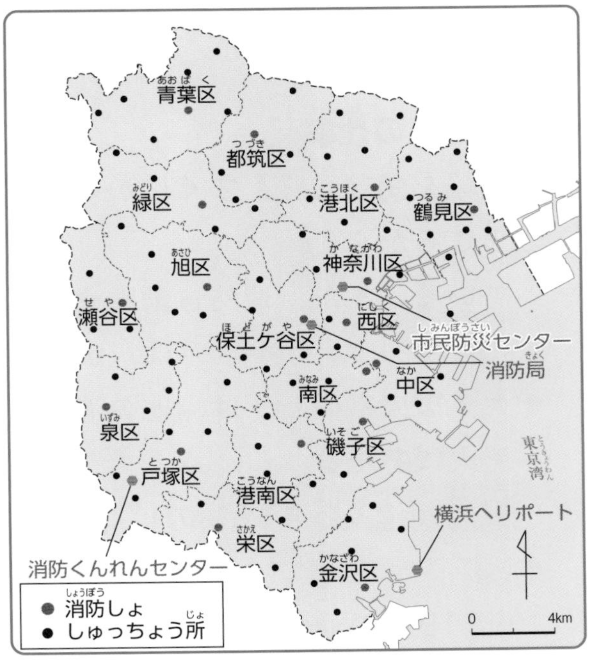

横浜市の消防しょ・消防しゅっちょう所のある場所

(2) それぞれの区に消防しょと消防しゅっちょう所が、まんべんなくおかれている理由《りゆう》を、次の㋐～㋓から1つえらびましょう。

㋐ 消防しょではたらく人が、どこに住《す》んでいても、通いやすくするため。

㋑ いつ、どこで火事が起きても、すばやくかけつけるため。

㋒ 市外で火事が起きたときに、すぐにかけつけるため。

㋓ 消防しょは、鉄道《てつどう》にそって、おかれることが多いため。

(　　　)

2 消防しょの様子《ようす》や、消防しょではたらく人のくふうを調べるには、どのような調べ方がいちばんふさわしいか、次の㋐～㋓から1つえらびましょう。

㋐ 学校のまわりにある消防しせつをさがして、調べる。

㋑ 地図で消防しょの場所をさがす。

㋒ 市役所《しやくしょ》に行って、パンフレットをもらう。

㋓ 消防しょに行って、見学したり、インタビューしたりする。

(　　　)

ヒント 1 (2) 消防しょと消防しゅっちょう所が、市全体《ぜんたい》にまんべんなくおかれていると、どのようなよいことがあるのか、考えてみましょう。

学習日　　月　　日

3. 地いきの安全《あんぜん》を守《まも》る

1 火事《かじ》からまちを守る②

めあて
消防《しょうぼう》しょの仕事と119番の電話のしくみを、たしかめよう。

教科書 100～105ページ　答え 29ページ

次《つぎ》の（　　）に入る言葉《ことば》を、下からえらびましょう。

1 消防しょをたずねて／消防しょとさまざまな人のはたらき

教科書 100～103ページ

消防しょの仕事《しごと》

- 通報《つうほう》を受《う》けたら、すぐにかけつけられるように、日ごろから（①　　　　）やそなえをしている。また、消防自動車《じどうしゃ》や道具《どうぐ》の（②　　　　）は、かかせない。
- 大きな火事のときは、他《ほか》の消防しょと協力《きょうりょく》して、消火《しょうか》にあたる。

消防士《し》は、体を守る防火服《ぼうかふく》を着《き》て出動《しゅつどう》するよ。防火服やヘルメットなどのそうびの重《おも》さは、およそ10kgもあるんだ。

ワンポイント 119番のしくみ

- （③　　　　）…**119番**の通報《つうほう》を受《う》けると、現《げん》場《ば》に近い（④　　　　）にれんらくをする。
- れんらくを受けた消防しょの消防自動車や救急車《きゅうきゅうしゃ》は、1秒《びょう》でも早く現場に行く。
- 通信指令室《つうしんしれいしつ》は、火事が広がらないように、電気や（⑤　　　　）を止めてもらうなど、関係《かんけい》する所《ところ》にれんらくをする。

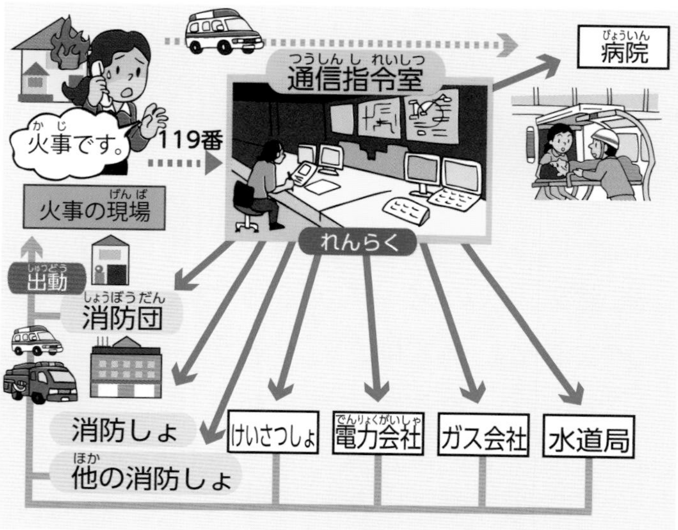

119番のれんらくのしくみ

- けが人がいるときは、（⑥　　　　）にもれんらくをする。

2 消防しょの1日

教科書 104～105ページ

消防しょの人の仕事

- 消防しょの人は、（⑦　　　　）で、1日交たいではたらいている。
- 出動がないときは、小学校での防火しどうや、地いきの（⑧　　　　）活動などを行っている。

えらんだ言葉に✓				
	□通信指令室	□消防しょ	□病院《びょういん》	□24時間きんむ
	□点けん	□パトロール	□くんれん	□ガス

ぴったり2

練習

学習日　　月　　日

ぴたトリビア

消防自動車が赤いのは、はじめて日本で走った消防自動車が、赤かったためです。今では、ほうりつで赤と、決《き》められています。

教科書 100〜105ページ　答え 29ページ

1 右のしくみ図を見て、問《と》いに答えましょう。

(1) 119番の電話は、どこにつながるのか、答えましょう。

（　　　　）

(2) れんらくを受けた消防士の様子《ようす》について、正しいものを、次の㋐〜㋓から２つえらびましょう。

㋐ １秒でも早く、出動する。

㋑ 火事の現場には、30分以内には着《つ》くように、出動する。

㋒ 動《うご》きやすいように、身軽《みがる》な服そうで出動する。

㋓ 当番の人は、ねていても、すぐに起《お》きて出動する。

（　　　　）（　　　　）

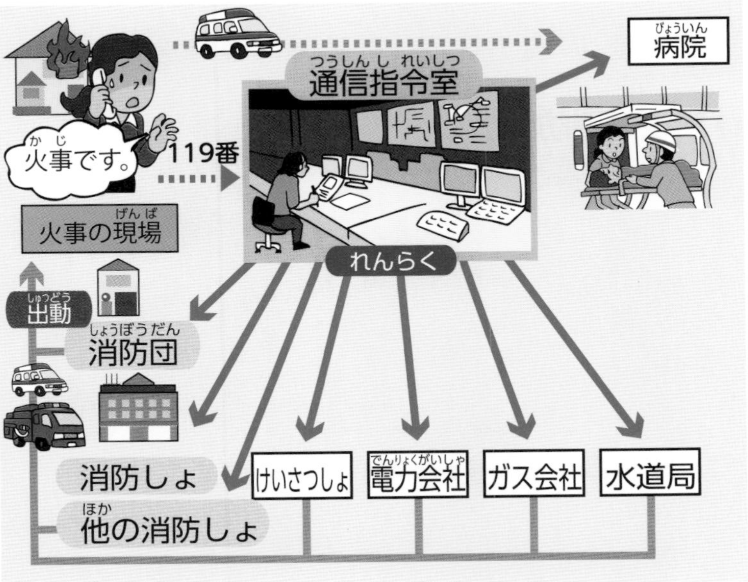

119番のれんらくのしくみ

(3) 通信指令室は次のれんらくをどこにしますか。しくみ図の中の言葉《ことば》で答えましょう。

① 火事の現場で、消防自動車に送《おく》る水圧《すいあつ》を上げてほしいとき。

（　　　　）

② 火事で、電線が切れてあぶないとき。

（　　　　）

③ 大きな火事で、おうえんがひつようなとき。

（　　　　）

2 消防しょではたらく人が、右の表《ひょう》のような時間わりではたらく理由《りゆう》を、次の㋐〜㋓から１つえらびましょう。

㋐ 出動があるときに、休まないため。

㋑ 24時間、消火や救助《きゅうじょ》にそなえるため。

㋒ はたらく人が、いっしょに休むため。

㋓ 出動する人が、かたよらないため。

（　　　　）

8：30　8：30　8：30　8：30　8：30　8：30　8：30　8：30

		1日め	2日め	3日め	4日め	5日め	6日め	7日め
〔一ぱん〕	堤《つつみ》さん	当番	非番《ひばん》	当番	非番	休み	休み	当番
〔一ぱん〕	長島《ながしま》さん	当番	非番	休み	休み	当番	非番	当番
〔一ぱん〕	大場《おおば》さん	休み	休み	当番	非番	当番	非番	当番
〔二はん〕	山本《やまもと》さん	非番	当番	非番	休み	休み	当番	非番
〔二はん〕	中村《なかむら》さん	非番	休み	休み	当番	非番	当番	非番
〔二はん〕	宮内《みやうち》さん	非番	当番	非番	当番	非番	休み	休み

ヒント ② 表から、消防しょには、毎日かならずはたらいている人がいることがわかります。なぜ、かならず人がいるようにしているのかを考えましょう。

3. 地いきの安全《あんぜん》を守《まも》る

1 火事《かじ》からまちを守る③

学習日　　月　　日

◎めあて
地いきでは、火事に対《たい》してどのようなそなえをしているのか、たしかめよう。

教科書 106～113ページ　答え 30ページ

次《つぎ》の(　　)に入る言葉《ことば》を、下からえらびましょう。

1 学校の消防《しょうぼう》せつびを調《しら》べよう　教科書 106～107ページ

✪ 学校の消防せつび

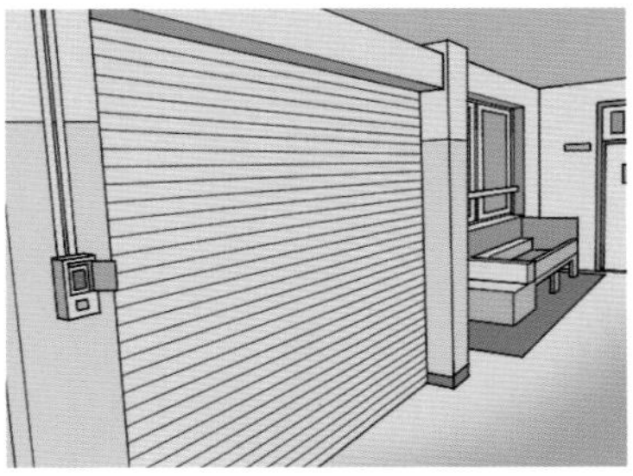

火を広げないための
(①　　　　)

小さな火を消《け》すための
(②　　　　)

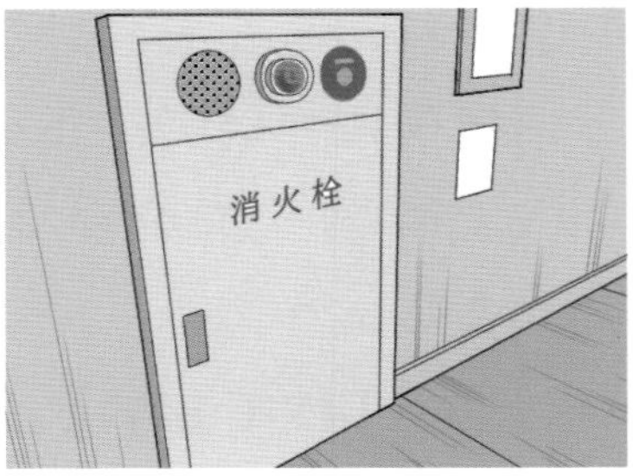

大きな火を消すための
(③　　　　)

まどからひなんするための
(④　　　　)

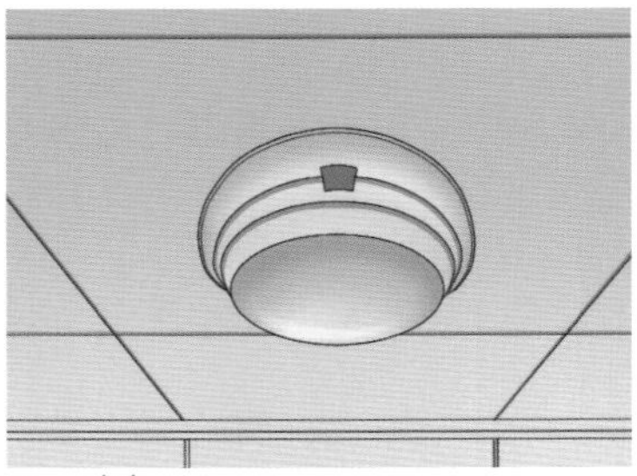

熱《ねつ》を感《かん》じて火事を知らせる
(⑤　　　　)

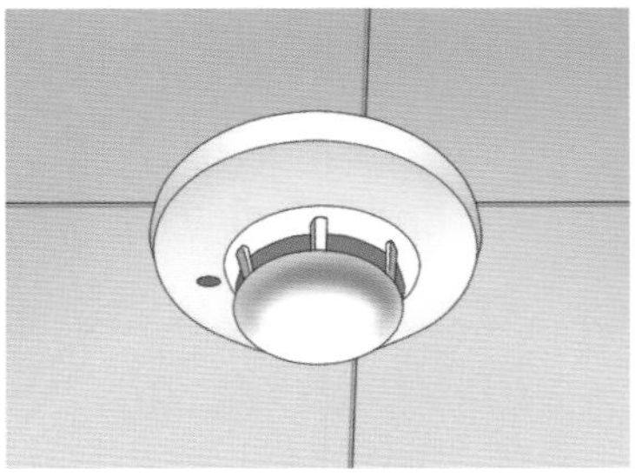

けむりを感じて火事を知らせる
(⑥　　　　)

2 地いきの人々の協力《きょうりょく》／火事からまちを守るはたらき　教科書 108～111ページ

✪ 地いきとのつながり

- 地いきには、火事や洪水《こうずい》などのときに、消防しょと協力して消火《しょうか》や救助《きゅうじょ》にあたる(⑦　　　　)がある。
- 地いきには消火栓《しょうかせん》や(⑧　　　　)があり、火事のとき、消火活動に使うことができるしせつが整《ととの》っている。
- 地いきには(⑨　　　　)が中心となって、けいさつしょや地いきの人たちが協力して、火事からまちを守るしくみがある。

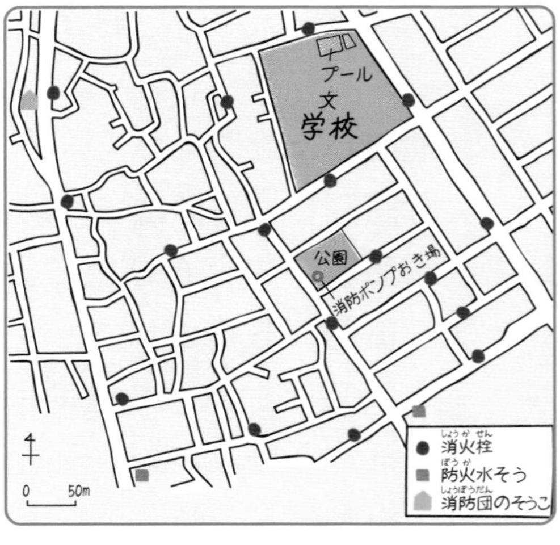

⬆ まちの消防しせつ

えらんだ言葉に✔
□熱感知器《ねつかんちき》　□消火栓　□防火《ぼうか》水そう　□救助ぶくろ　□消防団《だん》
□消火器　□消防しょ　□けむり感知器　□防火シャッター

学習日　　月　　日

ぴたトリビア

学校に消防せつびをおくことは、消防法《ほう》という法りつで決《き》められていて、定期的《ていきてき》に点けんをすることまで定《さだ》められています。

教科書　106～113ページ　答え　30ページ

1 次の２人が話している学校の消防せつびの絵を、㋐～㋒からえらびましょう。また、それぞれの消防せつびの名前をあ～うからえらびましょう。

①　火事のときに、２階《かい》や３階から ひなんするときに、使《つか》うせつびだよ。

絵（　　　）　名前（　　　）

②　火事が広がらないようにする ためのせつびだよ。

（　　　）（　　　）

㋐

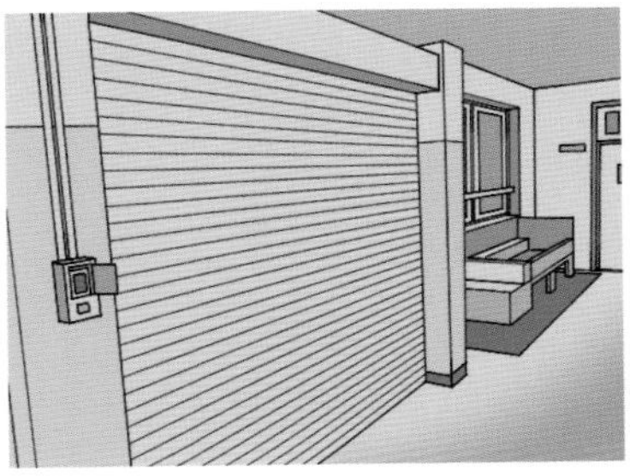

㋑

㋒

あ　消火栓　　い　防火シャッター　　う　救助ぶくろ

2 右の地図を見て、問《と》いに答えましょう。

(1)　この地いきで、いちばん数が多い消防しせつの名前を答えましょう。

（　　　　）

(2)　防火水そうがおかれている場所《ばしょ》について書かれた次の文の（　　）にあてはまる言葉を書きましょう。

防火水そうは、大きな（　　　　）にそった場所にある。

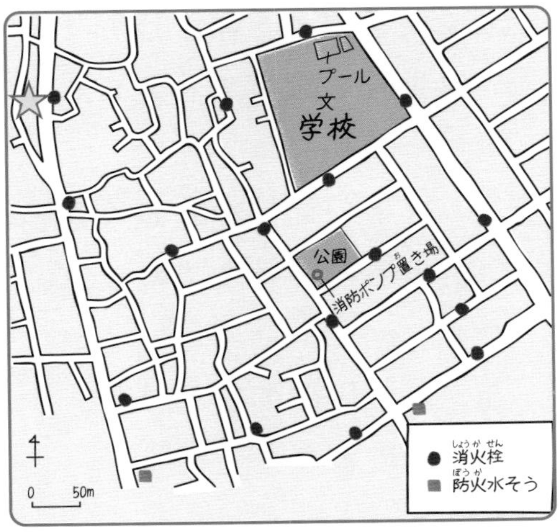

まちの消防しせつ

(3)　地図の☆は、ふだんは会社や商店《しょうてん》、農業《のうぎょう》など、自分の仕事《しごと》をもっているが、火事や洪水などのときに、消防しょと協力《きょうりょく》して消火や救助にあたる人たちが使うそうこです。このような人たちの組しきを何とよぶか答えましょう。

（　　　　）

ヒント　1　㋒の絵は、箱《はこ》の中に太いホースが入っていて、いきおいよく水が出るせつびです。実《じっ》さいの火事では、消防士《しょうぼうし》が使うこともあります。

3. 地いきの安全《あんぜん》を守《まも》る

1 火《か》事《じ》からまちを守る

時間 30 分

／100

ごうかく 80 点

教科書 94〜113ページ　答え 31ページ

1 **右の地図を見て、横浜《よこはま》市の消防《しょうぼう》しょ・消防しゅっちょう所《じょ》について、わかることを 2 つえらびましょう。**

技能　1つ10点（20点）

㋐　それぞれの区《く》には、消防しゅっちょう所のまわりに、消防しょがおかれている。

㋑　どこで火事が起《お》きてもかけつけられるように、市全体《ぜんたい》に消防しょと消防しゅっちょう所がおかれている。

㋒　火事がとくに多く起こる地いきに集《しゅう》中《ちゅう》して、消防しょと消防しゅっちょう所がおかれている。

㋓　市内にはヘリポートがあり、きん急《きゅう》のときに、いつでも消防のヘリコプターが出動《しゅつどう》できるようにしている。

（　　　　）（　　　　）

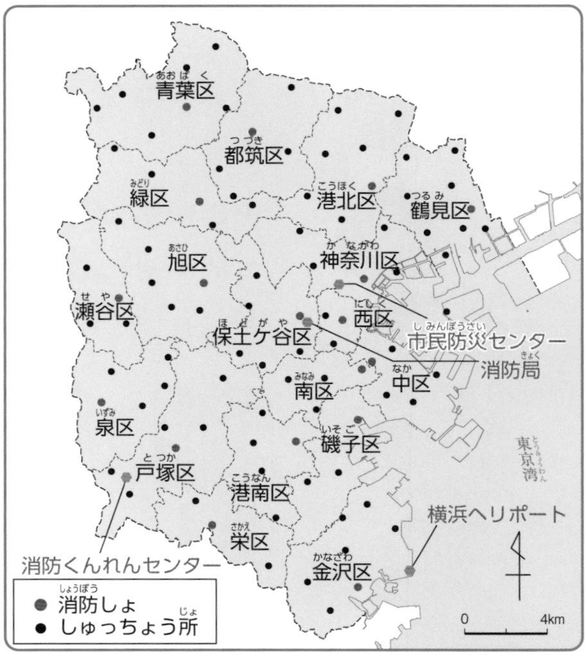

横浜市の消防しょ・消防しゅっちょう所のある場所《ばしょ》

2 よく出る **右のしくみ図は、火事のときのれんらくのしくみを表《あらわ》しています。この図を見て、問《と》いに答えましょう。**

1つ 5 点（40点）

(1)　火事のときに、通報《つうほう》する電話番号《ばんごう》を数字で答えましょう。

（　　　　）番

(2)　火事の通報がとどく㋐の場所の名前を答えましょう。

（　　　　）

記述　(3)　㋐の場所の役わりを、かんたんに書きましょう。

（　　　　）

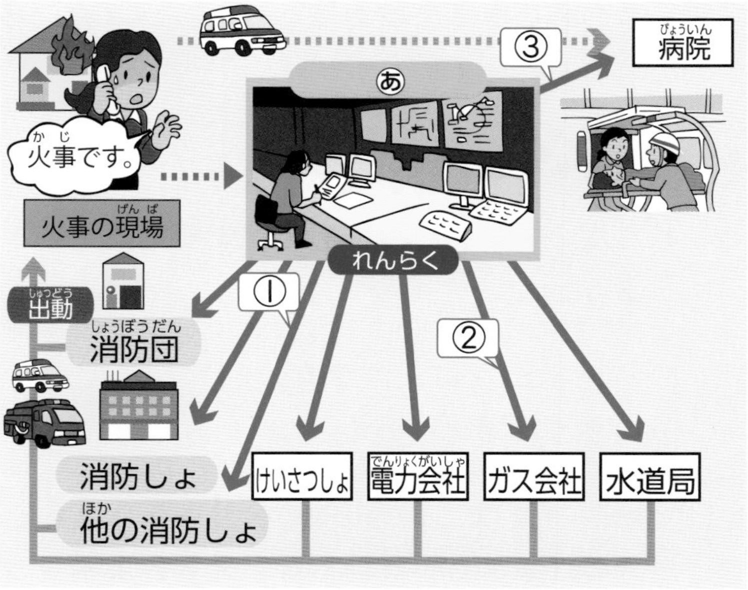

(4)　図の①～③にあてはまるれんらくの内ようを、㋐～㋓からえらびましょう。

㋐　現場《げんば》のガスを止めてください。

㋑　けが人がいます。受《う》け入れをおねがいします。

㋒　大きな火事です。おうえんをおねがいします。

㋓　交通整理《せいり》をおねがいします。

①(　　　)　②(　　　)　③(　　　)

(5)　消防しょでは、消防士《し》がいつでも出動できるように、右の表のような時間わりではたらいています。この表からわかることを㋐～㋓から２つえらびましょう。

㋐　当番の日が、２日つづくことがある。

㋑　当番の日は、24時間きんむである。

㋒　かならず、消防しょには２人以上《いじょう》の当番の人がいる。

㋓　消防しょではたらく人は、週に休みが１日である。

(　　　)(　　　)

		1日め	2日め	3日め	4日め	5日め	6日め	7日め
		8:30～8:30	8:30～8:30	8:30～8:30	8:30～8:30	8:30～8:30	8:30～8:30	8:30～8:30
〔一ぱん〕	堤《つつみ》さん	当番	非番《ひばん》	当番	非番	休み	休み	当番
〔一ぱん〕	長島《ながしま》さん	当番	非番	休み	休み	当番	非番	当番
〔一ぱん〕	大場《おおば》さん	休み	休み	当番	非番	当番	非番	当番
〔二はん〕	山本《やまもと》さん	非番	当番	非番	休み	休み	当番	非番
〔二はん〕	中村《なかむら》さん	非番	休み	休み	当番	非番	当番	非番
〔二はん〕	宮内《みやうち》さん	非番	当番	非番	当番	非番	休み	休み

⬆ 消防しょではたらく人の仕事の時間わり

3　右の図は、学校にある消防せつびを表しています。この図の説明《せつめい》として、正しいものには○を、まちがっているものには×をつけましょう。

技能　1つ5点（20点）

①(　　　)どこの教室にも、かならず熱感知器《ねつかんちき》がある。

②(　　　)救助《きゅうじょ》ぶくろは、３階《かい》にだけおかれている。

③(　　　)給食室《きゅうしょくしつ》には、校長室よりも多くの消火器《しょうかき》がおかれている。

④(　　　)消火栓《しょうかせん》は、１階にだけおかれている。

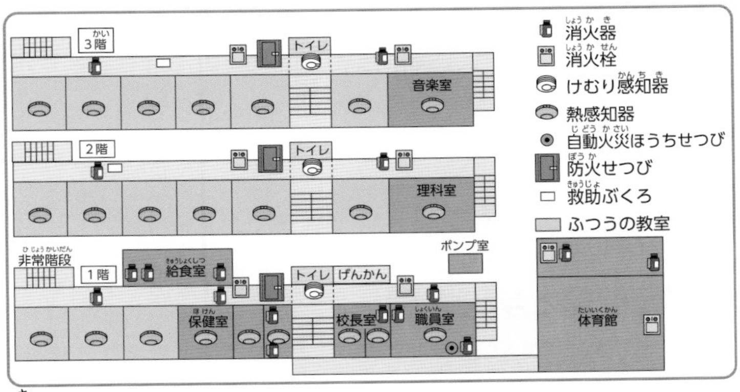

記述　## 4　できたらスゴイ!　右の写真《しゃしん》は、冬の学校のプールです。プールのじゅ業《ぎょう》がない時期《じき》に、プールに水がためてある理由《りゆう》を考えて、かんたんに書きましょう。

思考・判断・表現（20点）

(　　　　　　　　　　)

ふりかえり　②(3)がわからないときは、56ページの1にもどってかくにんしてみよう。

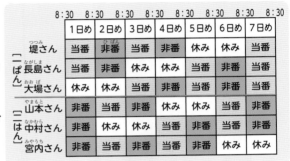

ぴったり1 じゅんび

3分でまとめ

3. 地いきの安全《あんぜん》を守《まも》る

2 事故《じこ》や事件《じけん》からまちを守る①

学習日　月　日

めあて
けいさつについての学習問題をつくり、調《しら》べることと調べ方をたしかめよう。

教科書 114〜117ページ　答え 32ページ

次《つぎ》の(　　)に入る言葉《ことば》や数字を、下からえらびましょう。

1 事故が起《お》きたら　教科書 114〜115ページ

ワンポイント グラフの読み取《と》り方

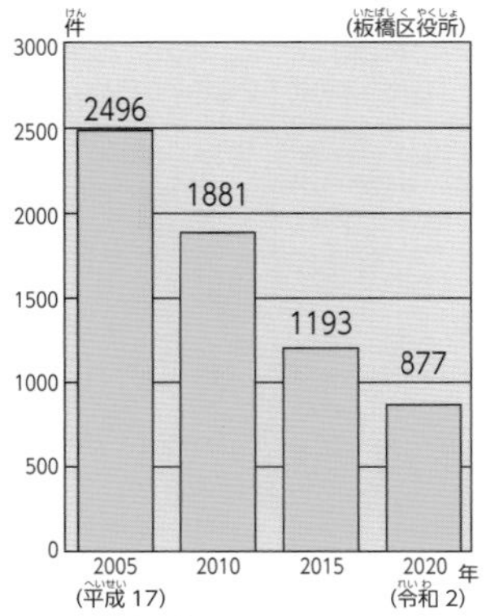

板橋区《いたばしく》の交通事故の件数《けんすう》のうつりかわり

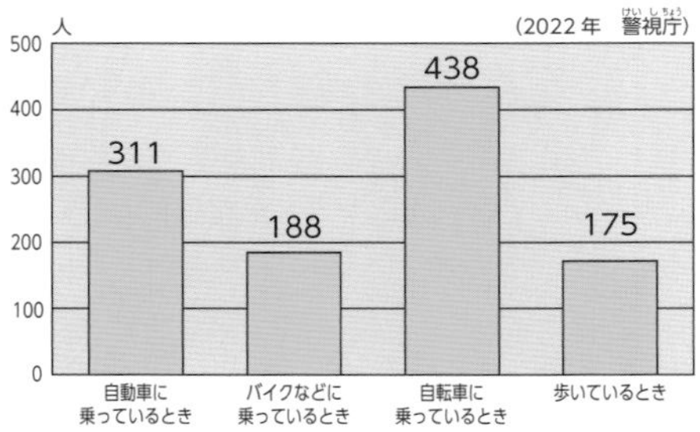

板橋《いたばし》区で起きた交通事故で、けがをした人の数

グラフのタイトルを見れば、おおよその内ようがわかるね。

・(①　　　　　)を読んで、何を表《あらわ》したグラフなのかを見る。
・たてじくと横《よこ》じくが、それぞれ何を表しているのかをたしかめる。
・グラフが表す(②　　　　　)を読んで、どのようにうつりかわっているのかを読み取る。

● 板橋《いたばし》区の交通事故の件数は、だんだんと(③　　　　　)いる。
● 交通事故でけがをした人の数は、(④　　　　　)に乗《の》っているときがもっとも多く、1年間で(⑤　　　　　)人である。

2 学習問題をつくり、学習の見通しを立てよう　教科書 116〜117ページ

学習問題と学習計画

学習問題	けいさつしょや地いきの人々は、どのようにして事故や事件からまちを守っているのだろう。
調べること	●事故や事件が起きたときの、けいさつの仕事《しごと》 ●地いきの(⑥　　　　　)を守る、けいさつのそなえ ●事故や事件をふせぐための、地いきの取り組み
調べ方	●近くの(⑦　　　　　)に行って、見学やインタビューをする。 ●学校のまわりを歩いて、安全《あんぜん》のための(⑧　　　　　)をさがす。 ●地いきの人たちにインタビューする。 ●本や、インターネットを使《つか》って調べる。

えらんだ言葉に✓

□安全　□数字　□しせつ　□438
□自転車《じてんしゃ》　□へって　□交番　□タイトル

ぴたトリビア

交通事故でなくなった人を年れいべつに見ると、もっとも多いのは65才以上《いじょう》のお年寄《としよ》りです。そのうちの約《やく》半数が、歩行中に事故にあっています。

教科書　114～117ページ　答え　32ページ

1 次のグラフを見て、問《と》いに答えましょう。

あ

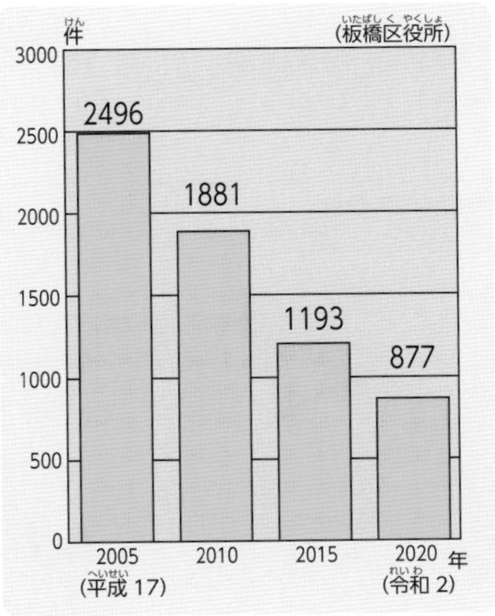

板橋区の交通事故の件数《けんすう》のうつりかわり

い

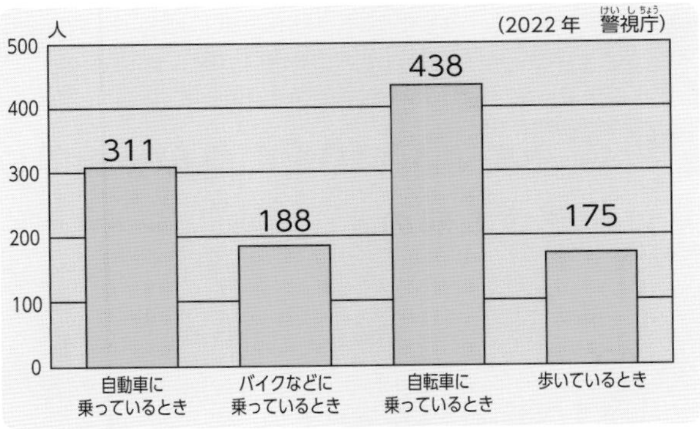

板橋区で起きた交通事故で、けがをした人の数

(1)　2つのグラフについて、正しいものには○を、まちがっているものには×をつけましょう。

①(　　　)あのグラフのたてじくは交通事故の件数、横じくは年をしめしている。

②(　　　)2020年に板橋区内で起《お》こった交通事故は、1193件《けん》である。

③(　　　)いのグラフからは、交通事故がどのようなときに起きたのかがわかる。

④(　　　)バイクに乗っているときのほうが、自転車に乗っているときよりも交通事故の件数が多い。

(2)　いのグラフを見ると、自転車に乗っているときにけがをした人は約440人、歩いているときにけがをした人は約180人だとわかります。自転車に乗っているときにけがをした人の数は、歩いているときにけがをした人の数の何倍以上《ばいいじょう》か、次のア～エから1つえらびましょう。

ア　2倍以上　　イ　3倍以上　　ウ　4倍以上　　エ　5倍以上　(　　　)

2 地いきの安全を守るけいさつのそなえを調べるときに、もっともふさわしい調べ方を、次のア～ウから1つえらびましょう。

ア　近くの交番に行って、見学やインタビューをする。

イ　学校のまわりを歩いて、安全のためのしせつをさがす。

ウ　地いきの人たちにインタビューする。　(　　　)

ヒント　1 (2)　自転車に乗っているときにけがをした人の数と、歩いているときにけがをした人の数から、わり算をして答えましょう。

ぴったり1 じゅんび

3. 地いきの安全《あんぜん》を守《まも》る

2 事故《じこ》や事件《じけん》から まちを守る②

学習日　　月　　日

めあて
110番のれんらくのしくみについて、たしかめよう。

教科書 118〜121ページ　答え 33ページ

次《つぎ》の(　　)に入る言葉《ことば》を、下からえらびましょう。

1 交通事故のしょり

教科書 118〜119ページ

ワンポイント 110番のれんらくのしくみ

- けいさつ本部《ほんぶ》の(①　　　　　)センター…110番通報《つうほう》を受《う》けると、どこで、何が起《お》きたかなどをきき取《と》り、現場《げんば》に近い交番やけいさつかんに(②　　　　　)する。
- けが人がいるときは、消防しょから(③　　　　　)が出動《しゅつどう》する。

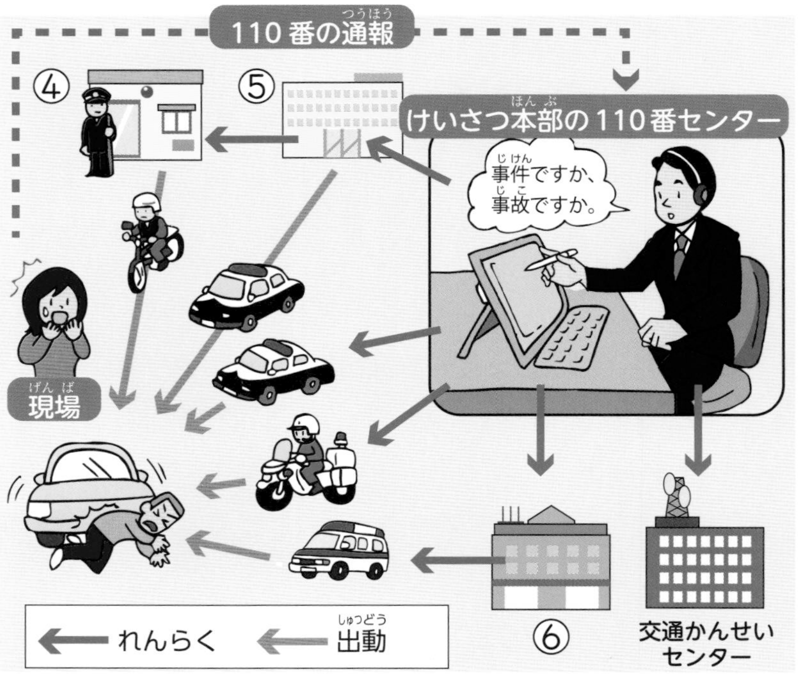

110番のれんらくのしくみ

- 上の図の④〜⑥は、それぞれ、(④　　　　　)、(⑤　　　　　)、(⑥　　　　　)を、しめしている。

2 けいさつの仕事《しごと》

教科書 120〜121ページ

けいさつしょの仕事	交番の仕事
・登校《とうこう》の見守り ・小学校での(⑦　　　　　) ・白バイを使《つか》った交通しどう	・(⑧　　　　　)や道あんない ・交通しどう ・とうなんにあった自転車《じてんしゃ》をさがす ・地いきの家をたずねて、事故や事件をふせぐための協力《きょうりょく》をよびかける

えらんだ言葉に✓

□交番　□けいさつしょ　□れんらく　□交通安全《あんぜん》教室
□消防《しょうぼう》しょ　□救急車《きゅうきゅうしゃ》　□パトロール　□110番

ぴたトリビア

けいさつかんは、自分の身《み》を守りながら、はん人だと思われる人をかくほするために、柔道《じゅうどう》やたいほ術《じゅつ》などのくんれんも、日ごろから行っています。

学習日　　月　　日

教科書 118〜121ページ　答え 33ページ

1 右のしくみ図を見て、問《と》いに答えましょう。

(1) ①にあてはまる数字を書きましょう。
(　　　)

(2) 交通事故の通報がさいしょに行く②の名前を答えましょう。
(　　　)

(3) ③・④にあてはまる言葉を(　)からえらんで、○でかこみましょう。
③(れんらく・出動)
④(れんらく・出動)

①番のれんらくのしくみ

(4) けいさつ本部の②からの「けが人がいます。すぐに出動してください」という指示《しじ》は、図の㋐〜㋓のどこに向《む》けたものか、記号《きごう》で答えましょう。
(　　　)

2 次の3つの絵は、けいさつの仕事を表《あらわ》しています。それぞれの絵にあてはまる内ようを㋐〜㋓からえらびましょう。

①(　　　)

②(　　　)

③(　　　)

㋐ 交通しどう　　㋑ とうなんにあった自転車をさがす
㋒ パトロール　　㋓ 小学校での交通安全教室

ヒント 1 (4) けが人を運《はこ》ぶためには、救急車がひつようです。救急車はどこから出動するのかを読み取りましょう。

ぴったり1 じゅんび

3. 地いきの安全《あんぜん》を守《まも》る

2 事《じ》故《こ》や事《じ》件《けん》からまちを守る③

学習日　月　日

めあて
交通事故をふせぐしせつや、地いきの人とのつながりをたしかめよう。

教科書 122〜127ページ　答え 34ページ

次《つぎ》の(　)に入る言葉《ことば》を、下からえらびましょう。

1 学校のまわりを調《しら》べよう　教科書 122〜123ページ

交通事故をふせぐくふう

(①　　)
…歩道と車道を分けて、歩行者を守る。

道路《どうろ》ひょうしき
…注意をよびかける。

(②　　)
…見通しの悪《わる》い場所《ばしょ》で、左右を見わたせる。

(③　　)
…目の不自由《ふじゆう》な人が、安心《あんしん》して歩くことができる。

2 地いきの人の協力《きょうりょく》／事故や事件からまちを守るはたらき　教科書 124〜127ページ

地いきの取《と》り組み

- 地いきには、「(④　　)」の人がいる。また、事件にまきこまれそうになったときに、にげこむことのできる(⑤　　)の家がある。
- 地いきでは、いろいろな立場の人が協力して、まちの(⑥　　)を守っている。

安全マップからわかること

- 子どもの多い道路《どうろ》には、注意《ちゅうい》をよびかけるまくなどがおかれている。
- 学校の北西の交差点《こうさてん》には、(⑦　　)のついた信号《しんごう》きがある。
- 学校が面している大きな道には、(⑧　　)も通れる歩道がある。

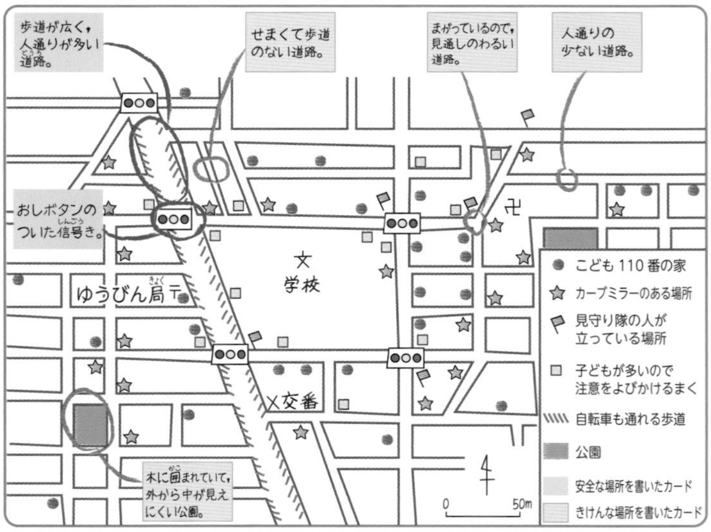

安全マップ

えらんだ言葉に ✓

□おしボタン	□カーブミラー	□自転車《じてんしゃ》	□ガードレール
□点字ブロック	□子ども見守り隊《たい》	□安全	□こども110番

学習日　　月　　日

ぴたトリビア

けいさつしょは、たくさんの課《か》に分かれています。交通安全をたん当するのは交通課《こうつうか》です。他《ほか》にも、警務課《けいむか》、地域課《ちいきか》、刑事課《けいじか》などがあります。

教科書　122～127ページ　答え　34ページ

1 **次の写真《しゃしん》は、交通事故をふせぐためのしせつを表《あらわ》しています。これらの写真を見て、問《と》いに答えましょう。**

ⓐ

ⓘ

ⓤ

(1)　交通量《りょう》が多い大きな道路を、車を止めずに安全に横断《おうだん》するしせつを、上のあ～うからえらびましょう。　（　　　）

(2)　これらのしせつについて書かれた次《つぎ》の文の①・②にあてはまる言葉を、ア～エからえらびましょう。

> これらは、①（　　　　）を交通事故から守るしせつで、道路の様子《ようす》や②（　　　　）に合わせて、しせつをくふうしていることがわかる。

ア　交通量　　イ　歩行者　　ウ　自動車　　エ　交通ルール

2 **地いきの安全を守るための取り組みについて、問いに答えましょう。**

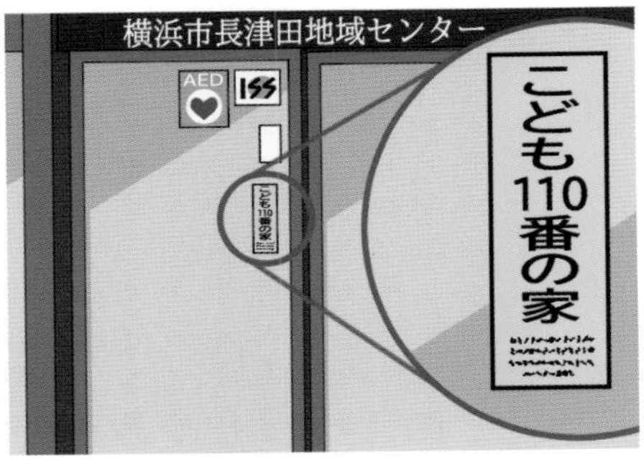

(1)　右の絵のような場所《ばしょ》が、地いきにおかれている理由《りゆう》を、ア～ウから１つえらびましょう。

ア　地いきのけいさつではたらく人が足りないため。

イ　地いきの店などが、たくさんのお客《きゃく》さんをよびよせるため。

ウ　地いきの人たちが、協力して子どもの安全を守るため。　（　　　）

(2)　次のア～ウを、安全マップの正しい作り方のじゅんにならびかえましょう。

ア　それぞれの場所を、白地図《はくちず》にかき入れる。

イ　きけんな場所や安全のためのしせつなどをふり返《かえ》る。

ウ　気づいたことをカードに書いて、白地図にはる。

（　　　　）→（　　　　）→（　　　　）

ヒント　2 (1)　絵にある「こども110番の家」は、登下校《とうげこう》の道ぞいや、子どもが遊《あそ》ぶ公園などの近くにもあります。

3. 地いきの安全《あんぜん》を守《まも》る

2 事《じ》故《こ》や事《じ》件《けん》からまちを守る

時間 30 分　／100　ごうかく 80 点

教科書 114〜127ページ　答え 35ページ

1 交通事故についてのしりょうを見て、問《と》いに答えましょう。(1)10点、(2)1つ５点（25点）

(1) 作図 次《つぎ》の表《ひょう》をもとに、右のグラフをかんせいさせましょう。　技能

年	件数《けんすう》
2005	2496
2010	1881
2015	1193
2020	877

板橋区《いたばしく》の交通事故の件数のうつりかわり

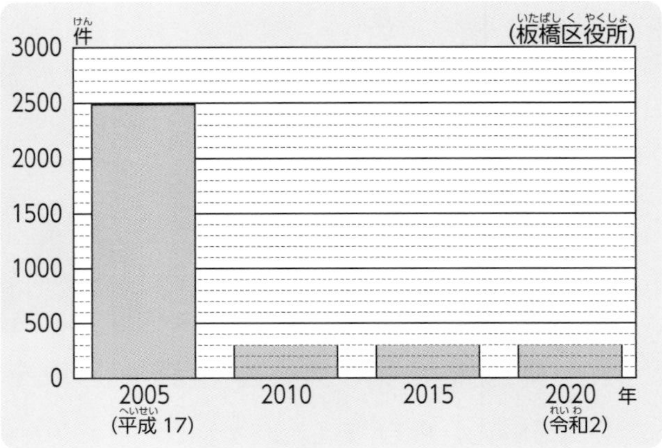

(2) 次の文の①・②にあてはまる数字と③にあてはまる言葉を答えましょう。

2005 年の板橋区内の交通事故の件数は ①（　　　　）件で、2020 年は ②（　　　　）件である。交通事故の件数は 2005 年から 2020 年にかけて、③（　　　　　　）きていることがわかる。

2 よく出る 右のしくみ図を見て、問いに答えましょう。　1つ５点（30点）

(1) 事故現場《げんば》から通報《つうほう》するには、何番に電話をすればよいか、数字で答えましょう。

（　　　　　）番

(2) 図の①〜④にあてはまる言葉《ことば》を答えましょう。

①（　　　　　）②（　　　　　）
③（　　　　　）④（　　　　　）

(3) このようなしくみが整《ととの》っている理由《りゆう》を、㋐〜㋓から１つえらびましょう。

㋐ 現場に、なるべく多くの人がかけつけないといけないため。

㋑ 現場に、かん係《けい》する人たちが、すぐにかけつけるひつようがあるため。

㋒ 現場には、できるだけ遠くからかけつけるルールがあるため。

㋓ 現場では、地いきの人たちの協力《きょうりょく》がひつようなため。　（　　　）

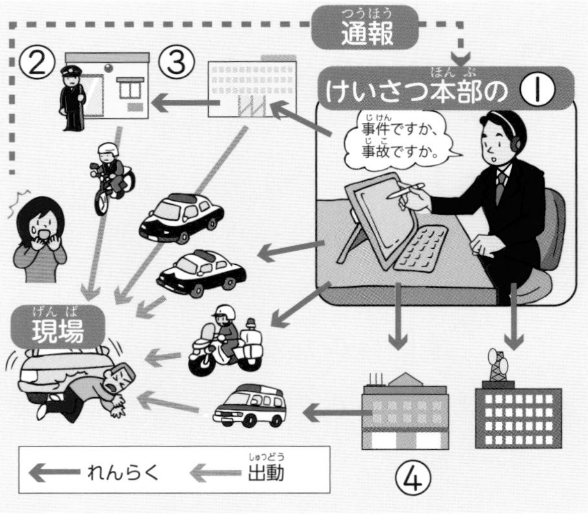

交通事故のれんらくのしくみ

3 学校のまわりの道路《どうろ》の様子《ようす》について、問いに答えましょう。

1つ5点（25点）

(1) よく出る 次のしせつがある場所《ばしょ》を、㋐～㋓からえらびましょう。 技能

①(　　　)　②(　　　)　③(　　　)　④(　　　)

㋐ 交通量《こうつうりょう》の多い所《ところ》
㋑ 通学路《ろ》などで、見通しの悪《わる》い所
㋒ 目の不自由《ふじゆう》な人が通る歩道
㋓ 自動車《じどうしゃ》が通る道にある歩道

(2) 学校のまわりにある交通事故をふせぐためのしせつについて、正しいものを１つえらびましょう。

㋐ 道路の様子や車や人の多さに合わせて、しせつをくふうしている。
㋑ すべて、車を運転《うんてん》している人に向《む》けたしせつである。
㋒ 通学路以外《いがい》には、おかれていない。

(　　　)

4 右の安全マップで、子ども見守り隊《たい》の人たちが立っている場所を、次の㋐～㋓から２つえらびましょう。 技能

1つ5点(10点)

㋐ 見通しのわるい曲《ま》がり角
㋑ 見通しのよい大きな道
㋒ 自転車《じてんしゃ》せんよう道路ぞい
㋓ 信号《しんごう》きのある大きな交差点《こうさてん》

(　　　)(　　　)

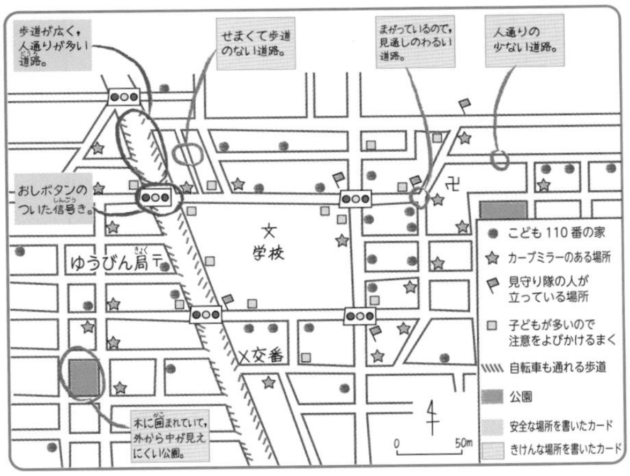

安全マップ

記述 5 できたらスゴイ! 右の絵は、地いきの安全会議《かいぎ》の様子を表《あらわ》しています。このような会議を行う目てきを、かんたんに書きましょう。

思考・判断・表現 (10点)

(　　　　　　　　　　)

この本の終わりにある「冬のチャレンジテスト」をやってみよう！

ふりかえり ５がわからないときは、66ページの２にもどってかくにんしてみよう。

4. わたしたちの市の歩み

1 かわる道具《どうぐ》とくらし①

めあて
道具とくらしのうつりかわりについての学習問題《がくしゅうもんだい》と学習計画をたしかめよう。

教科書 128～135ページ　答え 36ページ

次《つぎ》の（　　）に入る言葉《ことば》を、下からえらびましょう。

1 昔《むかし》の道具／学習問題をつくり、学習の見通しを立てよう

教科書 130～133ページ

昔の道具

↑（①　　　　）
…ごはんをたく道具。

↑（②　　　　）
…魚などをやく道具。

↑（③　　　　）
…せんたくに使《つか》う道具。

学習問題と学習計画

学習問題	道具がかわることで、人々のくらしはどのようにかわってきたのだろう。
調《しら》べること	●（④　　　　）の名前　●道具が使われていた時期《じき》 ●道具の使われ方　●人々のくらし
調べ方	●（⑤　　　　）を見学する。 ●家の人に（⑥　　　　）する。 ●調べたことを道具調べカードに記録《きろく》する。

2 郷土資料館《きょうどしりょうかん》をたずねて

教科書 134～135ページ

調べてわかったこと

- 千歯《せんば》こきは鉄《てつ》と（⑦　　　　）でできていて、（⑧　　　　）のころまで使われていた。
- なべやかまをあたためる（⑨　　　　）は、昭和《しょうわ》30年ごろから、ガスコンロにかわっていった。

ワンポイント　年号《ねんごう》

- ある年代《ねんだい》の期間《きかん》をさす言葉《ことば》。

明治《めいじ》（1868年から1912年）
大正《たいしょう》（1912年から1926年）
昭和（1926年から1989年）
平成《へいせい》（1989年から2019年）
令和《れいわ》（2019年から）

えらんだ言葉に✔
□七輪《しちりん》　□郷土資料館　□かまど　□道具　□明治時代
□かま　□インタビュー　□木　□せんたく板《いた》

ぴったり2
練習

学習日　　月　　日

ぴたトリビア

かまのふたは、たいているときのふきこぼれをふせぐために、重《おも》い木でできています。これも、昔の人のくふうの１つです。

教科書　128～135ページ　答え　36ページ

1 次の３つの道具調べカードを見て、問《と》いに答えましょう。

㋐ 千歯こき

〈使われていた時期〉
おじいさんが生まれる前
〈使われ方〉
①

㋑ かまど

〈使われていた時期〉
おばあさんが生まれる前
〈使われ方〉
②

㋒ かま

〈使われていた時期〉
おじいさんが生まれる前
〈使われ方〉
③

(1) 上のカードの①～③にあてはまるせつ明を、㋐～㋒からえらびましょう。

㋐ お米と水を入れて、かまどでごはんをたく。

㋑ まきをもやした火で、なべやかまをあたためる。

㋒ いねを鉄《てつ》の歯《は》にかけ、引っぱってもみをとる。

①(　　　)　②(　　　)　③(　　　)

(2) 次のせつ明にあてはまる道具を上のカードからそれぞれえらんで、㋐～㋒の記号《きごう》で答えましょう。

①鉄と木でできた道具(　　　)(　　　)

②石でできた道具(　　　)

(3) 昔は、ごはんをたくには、上の㋑の道具を使っていました。この道具について、正しいものを１つえらびましょう。

㋐ ガスで火を起《お》こして、なべを温めていた。

㋑ 自分で火を起こして、まきをもやして使った。

㋒ ごはんを、今より少ない時間でたくことができた。　(　　　)

2 郷土資料館に行って調べられることとして、まちがっているものを、㋐～㋓から１つえらびましょう。

㋐ 道具が、どのように使われていたのかがわかる。

㋑ 道具が、いくらで売られているのかがわかる。

㋒ 道具が、いつごろ使われていたのかがわかる。

㋓ 道具の名前がわかる。　(　　　)

ヒント　1 (3) かまどの写真《しゃしん》を見ると、下の方にまどのような部分《ぶぶん》があります。ここに、まきを入れて火をつけました。

ぴったり1 じゅんび

4．わたしたちの市の歩み

1 かわる道具《どうぐ》とくらし②

学習日　月　日

めあて
道具とくらしのうつりかわりについて、年表《ねんぴょう》にまとめよう。

教科書 136～141ページ　答え 37ページ

次《つぎ》の（　）に入る言葉《ことば》を、下からえらびましょう。

1 昔《むかし》のくらしをインタビューする／かわってきたくらし

教科書 136～139ページ

くらしのうつりかわり

- 昔のせんたくは、（①　　　）を使って、多くの（②　　　）がかかった。
- せんたく板《いた》を使《つか》うと、よごれた部分《ぶぶん》を見ながらあらえて、きれいに落《お》とせる。
- 今のせんたくきは、せんたくからかんそうまで（③　　　）で行う。
- 今は、電気が使えて、他《ほか》のことができる時間がふえるなど、くらしが（④　　　）になった。

せんたく板とたらいを使う

自動《じどう》せんたくきを使う

2 道具とくらしのうつりかわり

教科書 140～141ページ

年代《ねんだい》		100年前 大正《たいしょう》の年代	50年前 昭和《しょうわ》の年代	30年前 平成《へいせい》の年代	今 令和《れいわ》の年代
道具	せんたく	・せんたく板とたらい	・二そう式《しき》せんたくき	・かんそうきのついたせんたくき	
	調理《ちょうり》	・かまど	・ガスこんろ	・IH《アイエイチ》クッキングヒーター	
	音楽		・レコードプレーヤー	・CD《シーディー》プレーヤー ・けいたい音楽プレーヤー	
くらしの様子《ようす》		・関東大震災《かんとうだいしんさい》が起《お》きる。	・戦争《せんそう》の空襲《くうしゅう》で大きなひがいを受《う》ける。 ・家の外で、めんこなどをして遊《あそ》んでいた。 ・水道や（⑤　　　）が使われ始《はじ》める。 ・（⑥　　　）から水をくみ上げて、使う家も多かった。 ・（⑦　　　）が出回り始め、テレビやせんたくきを持《も》つ家がふえてきた。	・電化せい品を使うのが、あたりまえのようになった。 ・家の中で、テレビゲームなどで遊ぶようになった。 ・持《も》ち運《はこ》びできるゲームきで遊ぶ。 ・（⑧　　　）やスマートフォンで、インターネットをりようしている。	

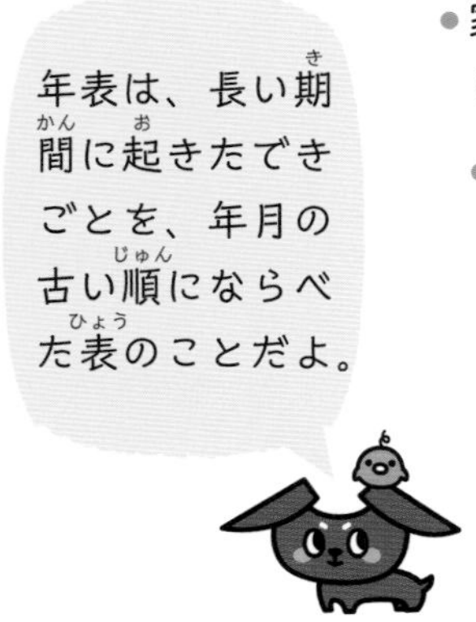

みんなでまとめた年表《ねんぴょう》

えらんだ言葉に ✓

- □自動《じどう》
- □ガス
- □べんり
- □パソコン
- □人の力
- □手間《てま》と時間
- □電化《でんか》せい品《ひん》
- □井戸《いど》

学習日　月　日

ぴたトリビア

1960年代、団地《だんち》がたてられるようになると、ほうきで外にごみをはき出すことができなくなり、電気そうじきを買う人がふえていきました。

教科書 136～141ページ　答え 37ページ

1 次の年表を見て、問《と》いに答えましょう。

年代		100年前 大正の年代	50年前 昭和の年代	30年前 平成の年代	今 令和《れいわ》の年代
道具	せんたく	・①（　　　）	・②（　　　）	・③（　　　）	
	調理	・かまど	・ガスこんろ	・IHクッキングヒーター	
	音楽		・レコードプレーヤー	・CDプレーヤー　・けいたい音楽プレーヤー	
くらしの様子		・関東大震災が起きる。	・戦争の空襲で大きなひがいを受ける。 ・家の外で、めんこなどをして遊んでいた。 ・④（　　　）やガスが使われ始める。 ・⑤（　　　）から水をくみ上げて、使う家も多かった。 ・⑥（　　　）が出回り始め、テレビやせんたくきを持つ家がふえてきた。	・電化せい品を使うのが、あたりまえのようになった。 ・家の中で、テレビゲームなどで遊ぶようになった。 ・持ち運びできるゲームきで遊ぶ。 ・パソコンやスマートフォンで、⑦（　　　）をりようしている。	

みんなでまとめた年表

(1) 年表の①～⑦にあてはまる言葉を、㋐～㋖からえらびましょう。

㋐ 井戸《いど》　㋑ せんたく板とたらい　㋒ 電化せい品　㋓ 二そう式せんたくき
㋔ 水道　㋕ かんそうきのついたせんたくき　㋖ インターネット

(2) 年表からわかる、わたしたちのくらしのうつりかわりについて、正しいものを1つえらびましょう。

㋐ 50年くらい前に、インターネットが広まった。
㋑ 今は昔にくらべて、外で遊ぶことが多くなった。
㋒ 電気やガスが使えるようになり、くらしがべんりになった。
㋓ 家事《かじ》にかかる時間は、昔も今もかわりはない。　（　　　）

(3) 年表からわかることを2つえらびましょう。

㋐ できごとが起きた時こくがわかる。
㋑ できごとが起きた順番《じゅんばん》がわかる。
㋒ 調《しら》べたいできごとが、いつ起きたのかがわかる。
㋓ できごとひとつひとつについての、くわしい内ようがわかる。

（　　　）（　　　）

ヒント
1 (2) ガスこんろやIHクッキングヒーターなどが使われるようになって、くらしがどのようになっていったかを考えましょう。

1 かわる道具《どうぐ》とくらし

時間 30 分
／100
ごうかく 80 点

教科書 128～141ページ　答え 38ページ

1 よく出る 次《つぎ》の 3 つの道具の名前をあ～えからえらび、使《つか》い道をア～エからえらびましょう。　技能 1つ5点（30点）

①  ②  ③ 

〈名　前〉 あ 七輪《しちりん》　い かまど　う かま　え 千歯《せんば》こき

〈使い道〉 ア 魚などをやく道具。
イ いねを鉄《てつ》の歯《は》にかけ、引っぱってもみをとる道具。
ウ なべやかまを温《あたた》める道具。
エ ごはんをたく道具。

名前①（　　）②（　　）③（　　）
使い道①（　　）②（　　）③（　　）

2 次の年表《ねんぴょう》を見て、右のページの問《と》いに答えましょう。　1つ5点（45点）

年代《ねんだい》	100年前 大正《たいしょう》の年代	50年前 昭和《しょうわ》の年代	30年前 平成《へいせい》の年代	今 令和《れいわ》の年代
調理《ちょうり》の道具	①	②	③	
くらしの様子《ようす》	・関東大震災《かんとうだいしんさい》が起《お》きる。	④ ・水道やガスが使われ始《はじ》める。 ・井戸《いど》から水をくみ上げて、使う家も多かった。 ⑤	・家の中で、テレビゲームなどで遊《あそ》ぶようになった。 ・持《も》ち運《はこ》びできるゲームきで遊ぶ。 ⑥	

(1) 年表の①～③にあてはまる道具を、次の㋐～㋒からえらびましょう。 技能

㋐ 

㋑ 

㋒ 

①(　　　) ②(　　　) ③(　　　)

(2) 年表の④～⑥にあてはまるくらしの様子を、次の㋐～㋒からえらびましょう。

㋐ パソコンやスマートフォンで、インターネットを利用《りよう》している。

㋑ 戦争《せんそう》の空襲《くうしゅう》で大きなひがいを受《う》ける。

㋒ 電化《でんか》せい品《ひん》が出回り始め、テレビやせんたくきを持つ家がふえてきた。

④(　　　) ⑤(　　　) ⑥(　　　)

(3) 次の①～③のできごとが起こった時期を、㋐～㋓からえらびましょう。

① 家の中で、テレビゲームなどで遊ぶようになった。

② 関東大震災が起きる。

③ 水道やガスが使われ始める。

㋐ 大正《たいしょう》の年代　㋑ 昭和《しょうわ》の年代　㋒ 平成《へいせい》の年代　㋓ 令和《れいわ》の年代

①(　　　) ②(　　　) ③(　　　)

3 次の 2 つの絵を見て、問いに答えましょう。

(1)10点、(2)15点（25点）

昔のせんたくの様子

今のせんたくの様子

(1) 昔のせんたくについて、まちがっているものを 1 つえらびましょう。

㋐ 水を自動《じどう》でしぼってくれる。

㋑ よごれた部分《ぶぶん》を見ながらあらえて、きれいに落《お》とせる。

㋒ 家の外で、しゃがみながら手であらっている。

㋓ せんたくきを使うよりも、時間がかかる。

(　　　)

記述 (2) できたらスゴイ！ せんたくの道具がかわることで、家事《かじ》がどのようになっていきましたか。「他《ほか》のこと」という言葉《ことば》を使って、書きましょう。 思考・判断・表現

(　　　　　　　　　　)

ふりかえり 3(2)がわからないときは、72ページの1にもどってかくにんしてみよう。

2 市のうつりかわり①

学習日　　月　　日

めあて
市のうつりかわりについての学習問題《がくしゅうもんだい》をつくり、調《しら》べることをたしかめよう。

教科書 142～149ページ　答え 39ページ

次《つぎ》の（　　）に入る言葉《ことば》を、下からえらびましょう。

1 かわるまちの様子《ようす》／学習問題をつくり、学習の見通しを立てよう

教科書 142～145ページ

学習問題と学習計画

学習問題	市の様子は、どのようにかわってきたのだろう。
調べること	●交通、土地の使《つか》われ方、（①　　　　　　）、公共《こうきょう》しせつのうつりかわり
調べ方	●昔《むかし》から住《す》んでいる人に、インタビューをする。 ●市のうつりかわりが書かれた（②　　　　　　）を調べる。 ●写真《しゃしん》や（③　　　　　　）などを調べる。

2 交通・土地の使われ方はどのようにかわったのかな

教科書 146～149ページ

交通のうつりかわり

- 昔は、鉄道《てつどう》も道路《どうろ》も（④　　　　　　）。
- 昔は、横浜駅《よこはまえき》のまわりに（⑤　　　　　　）が通っていた。
- 今は、市の北部《ほくぶ》に東名《とうめい》（⑥　　　　　　）ができて、車でのいどうがべんりになった。

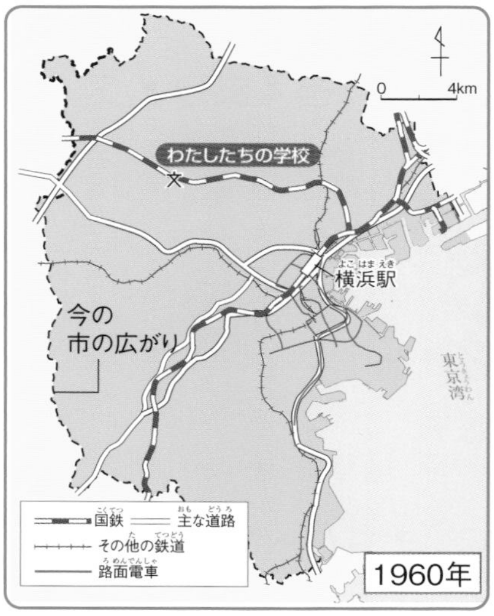

↑ 昔と今の横浜市の主な鉄道と道路

土地のうつりかわり

- 1960年ごろ、海ぞいの地いきでは、（⑦　　　　　　）が進《すす》められ、自然《しぜん》の砂浜《すなはま》や干潟《ひがた》がほとんど消《き》えてしまった。
- 昔は、市の大部分に（⑧　　　　　　）が広がっていた。
- 今は昔とくらべると、緑《みどり》がへり、（⑨　　　　　　）がふえた。

えらんだ言葉に✓				
□地図	□少ない	□人口《じんこう》	□高速道路《こうそくどうろ》	□緑
□住《じゅう》たく地	□年表《ねんぴょう》	□路面《ろめん》電車	□うめ立て	

ぴたトリビア

1960年代《ねんだい》は、大きな都市《とし》では、道路にレールがしかれた路面電車がたくさん走っていました。今でも、岡山《おかやま》市や広島《ひろしま》市などで、残《のこ》されています。

教科書　142〜149ページ　答え　39ページ

1 右の地図を見て、問《と》いに答えましょう。

(1)　1960年にはなかったが、市の北部につくられた高速道路の名前を答えましょう。

(　　　　　　)

(2)　横浜市にある新幹線の駅の名前を答えましょう。

(　　　　　　)駅

(3)　右下の地図の[点線の枠]の地いきの今の様子《ようす》について、正しいものを１つえらびましょう。

㋐　今も昔も緑が多く、自然がゆたかな場所《ばしょ》。

㋑　うめ立てが進められ、自然の砂浜や干潟がへった場所。

㋒　新幹線や高速道路など、交通が集《あつ》まった場所。

(　　　　)

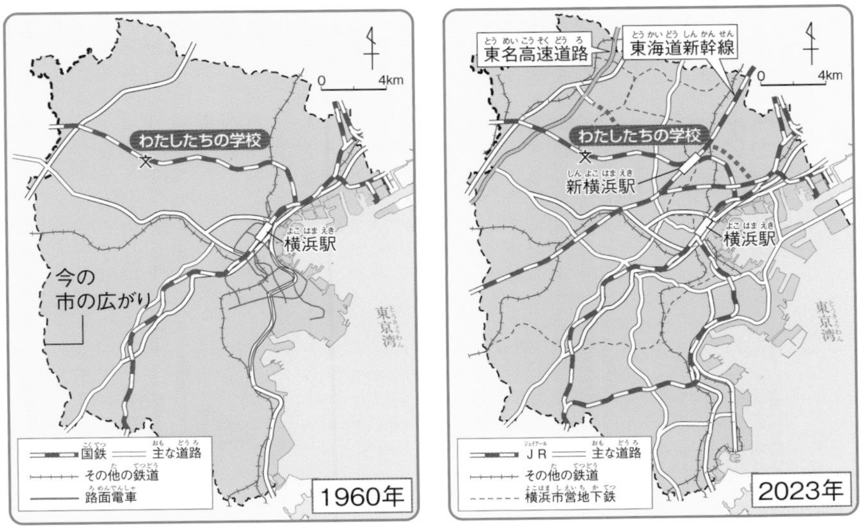

昔と今の横浜市の主な鉄道と道路

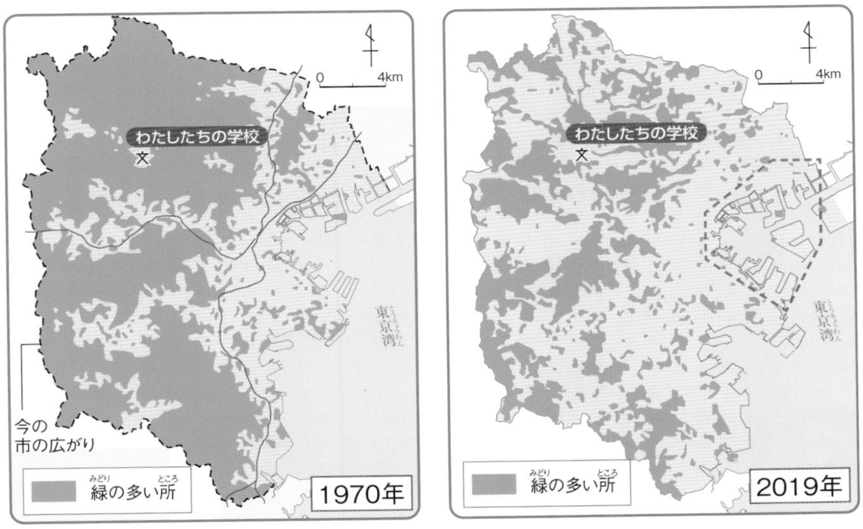

昔と今の緑の広がり

(4)　横浜市のうつりかわりについて、読み取《と》れることを、㋐〜㋔から２つえらびましょう。

㋐　市の西部を中心に、鉄道と道路がふえていった。

㋑　今は、東京湾《とうきょうわん》ぞいに路面電車がたくさん通っている。

㋒　学校は、昔も今も森林の中にある。

㋓　緑の多い所《ところ》は、昔にくらべてへってきている。

㋔　市の東部は、昔も今も緑が少ない。

(　　　　)(　　　　)

ヒント　1 (4)　地図から、鉄道と道路、緑の多い所がふえているかどうかを読み取りましょう。また、市のどこの地いきのうつりかわりが大きいのかにも注目《ちゅうもく》して考えましょう。

2 市のうつりかわり②

学習日　　月　　日

めあて
市の人口《じんこう》と公共《こうきょう》しせつのうつりかわりを、たしかめよう。

教科書 150～157ページ　答え 40ページ

次《つぎ》の（　　）に入る言葉《ことば》と数字を、下からえらびましょう。

1 人口・公共しせつはどのようにかわったのかな

教科書 150～153ページ

人口のうつりかわり

- 2020年の横浜《よこはま》市の人口は、約《やく》（①　　　　）人である。
- 市の人口が300万人をこえたのは、（②　　　　）年である。

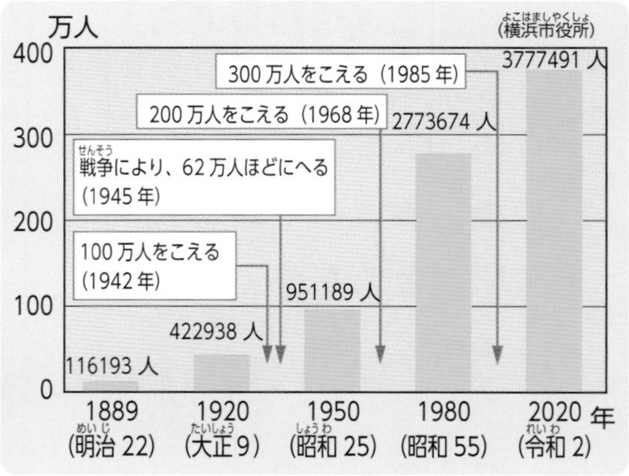

横浜《よこはま》市の人口のうつりかわり

公共しせつのうつりかわり

- お年《とし》寄《よ》りが（③　　　　）こともあり、お年寄りやしょうがいのある人が安心《あんしん》してくらせる「地いきケアプラザ」がふえてきた。
- 「地いきケアプラザ」は、市役所《しやくしょ》が中心となって、市民《しみん》がしはらう（④　　　　）を使《つか》ってつくられている。

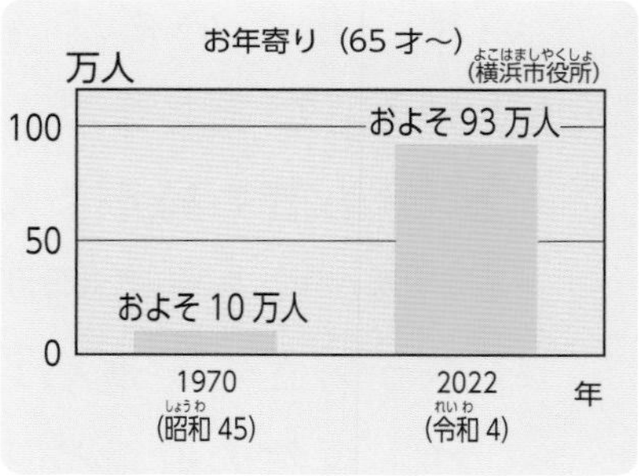

お年寄りの人口のうつりかわり

2 年表《ねんぴょう》を書き足そう／年表を見て話し合おう

教科書 154～157ページ

年代《ねんだい》	1920年 大正《たいしょう》の年代／1970年 昭和《しょうわ》の年代／1990年 平成《へいせい》の年代／2020年 これから 令和《れいわ》の年代
交通	●路面《ろめん》電車が市内を走る。 ●東名高速道路《とうめいこうそくどうろ》が開通《かいつう》。 ●横浜港《よこはまこう》が開《ひら》かれて150年となる。 ●新幹線《しんかんせん》の（⑤　　　　）ができる。
土地の使《つか》われ方	●田や山林などの緑《みどり》が広い。 ●港北《こうほく》（⑥　　　　）の開発《かいはつ》が始《はじ》まる。 ●海ぞいの地いきで（⑦　　　　）が進《すす》む。 ●みなとみらい地区《ちく》の開発が進む。
人口	●人口はおよそ42万人。 ●人口が（⑧　　　　）人をこえる。 ●戦争で人口が62万人ほどにへる。 ●外国人はおよそ９万人（2018年）。
公共しせつ	●山下《やました》公園がつくられる。 ●小学校や中学校が多くつくられる。 ●地いきケアプラザがつくられるようになる。 ●よこはま動物園《どうぶつえん》ズーラシアが開園《かいえん》する。

えらんだ言葉に ✓

□ぜいきん　□ふえた　□1985　□200万
□新横浜駅《しんよこはまえき》　□ニュータウン　□うめ立て　□377万

学習日　　月　　日

ぴたトリビア

1 km《キロメートル》四方あたりに住《す》んでいる人口を，人口密度《みつど》とよびます。東京都《とうきょうと》は約《やく》6386人で北海道《ほっかいどう》は約66人と、都道府県《ふけん》によってちがいます（2021年)。

教科書　150〜157ページ　答え　40ページ

1 右のグラフを見て、問《と》いに答えましょう。

(1) グラフの見方について、正しいものを２つえらびましょう。

㋐ グラフのたてじくは、人口を表《あらわ》す。

㋑ グラフから、10年ごとの市の人口が読み取れる。

㋒ グラフのぼうの長さは、人口を表す。

㋓ グラフから、男女べつの人口がわかる。

(　　　)(　　　)

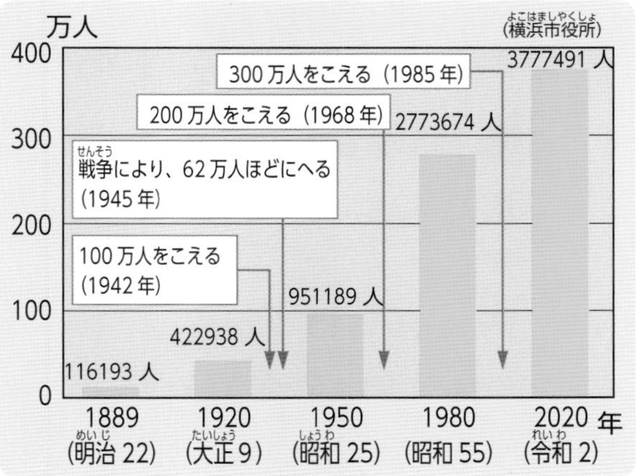

横浜市の人口のうつりかわり

(2) グラフからわかることとして、正しいものには○を、まちがっているものには×をつけましょう。

①(　　　)2020年の横浜市の人口は、1980年の２倍以上である。

②(　　　)1980年の横浜市の人口は、約200万人である。

③(　　　)横浜市の人口は、戦争の時期《じき》をのぞけば、ふえつづけている。

④(　　　)横浜市の人口が200万人をこえたのは、1968年である。

2 右の２つの地図は、横浜市の地いきケアプラザの昔《むかし》と今の場所《ばしょ》を表しています。これらを見て、次の問いに答えましょう。

(1) 次の文にあてはまるほうの言葉を、○でかこみましょう。

昔も今も、地いきケアプラザは、(市内全体《ぜんたい》・東京湾《とうきょうわん》ぞい)にある。

㋐

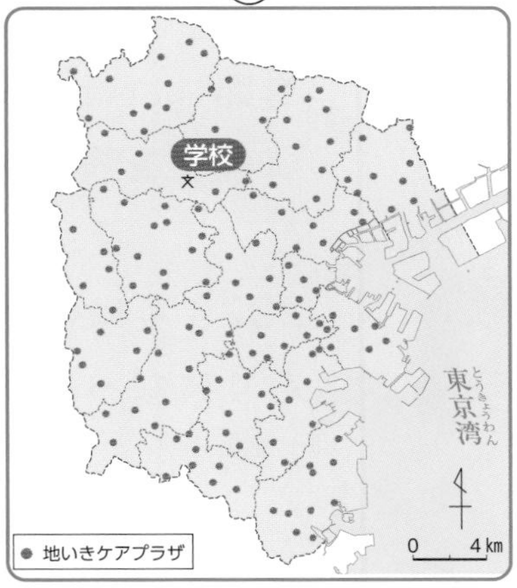

㋑

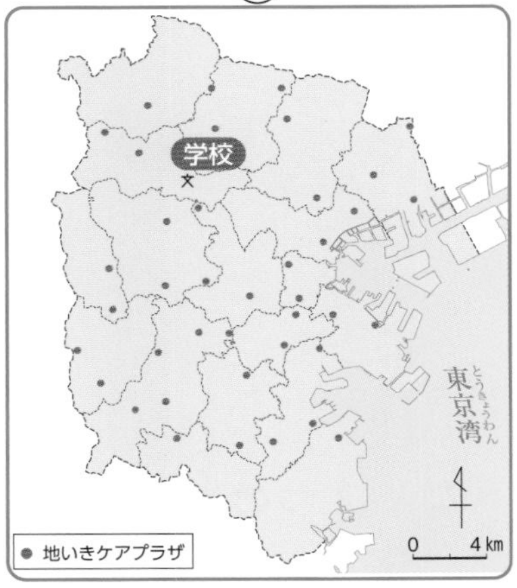

(2) ２つの地図のうち、昔の地いきケアプラザの場所を表しているほうを、㋐・㋑の記号《きごう》で答えましょう。(　　　)

(3) 市役所《しやくしょ》が中心となってつくっている地いきケアプラザをつくるためのお金は、何をもとにしているか、答えましょう。(　　　)

ヒント ❷ (2) 横浜市では、お年寄りの人口がふえたため、地いきケアプラザの数がふえました。

2 市のうつりかわり

時間 30 分

／100

ごうかく 80 点

教科書 142～157ページ　答え 41ページ

1 右の 2 つの地図を見て、問《と》いに答えましょう。

1つ 5 点（40点）

(1) 1960年にはなかった、市の北の方を通る高速道路《こうそくどうろ》の名前を答えましょう。 技能

（　　　　　　　　）

(2) 1960年にはなかった、新横浜駅《しんよこはまえき》を通る鉄《てつ》道《どう》の名前を答えましょう。 技能

（　　　　　　　　）

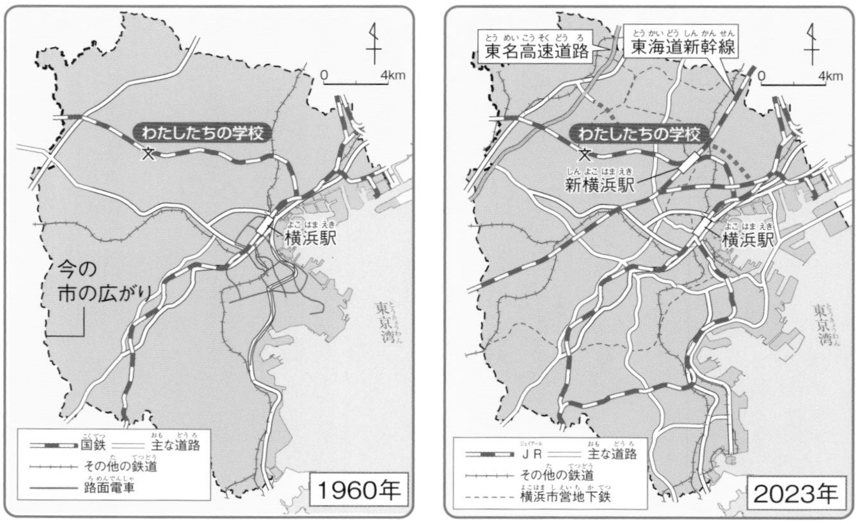

昔《むかし》と今の横浜《よこはま》市の主《おも》な鉄道《てつどう》と道路

(3) よく出る 2 つの地図について４人が話しています。正しいことを話している人には○を、まちがったことを話している人には×をつけましょう。 技能

①（　　　　）

1960 年は、市の全体《ぜんたい》に路面《ろめん》電車が走っていたけれど、2023 年は横浜駅のまわりにしかないね。

②（　　　　）

1960 年より 2023 年のほうが、鉄道がふえて、べんりになったね。

③（　　　　）

道路は、ほとんどかわっていないから、みんなは鉄道を多く利用《りよう》しているんだね。

④（　　　　）

2023 年には地下鉄が通っていて、ますますべんりになっているね。

(4) 2 つの地図からわかることを 2 つえらびましょう。 技能

㋐ 市の交通について、どの地いきの人が多く利用するのかがわかる。

㋑ 市の交通について、うつりかわりの様子《ようす》がわかる。

㋒ 市の土地の使《つか》われ方について、うつりかわりの様子がわかる。

㋓ 市のどこに、鉄道や道路が通っているかがわかる。　（　　　　）（　　　　）

2 次《つぎ》の年表《ねんぴょう》を見て、問いに答えましょう。

1つ10点（60点）

年代	1920年 大正《たいしょう》の年代 ／ 1970年 昭和《しょうわ》の年代 ／ 1990年 平成《へいせい》の年代 ／ 2020年 これから 令和《れいわ》の年代
①	●田や山林などの緑《みどり》が広い。●港北《こうほく》ニュータウンの開発《かいはつ》が始《はじ》まる。●海ぞいの地いきでうめ立てが進《すす》む。●みなとみらい地区《ちく》の開発が進む。
②	●人口《じんこう》はおよそ42万人。●人口が200万人をこえる。●戦争《せんそう》で人口が62万人ほどにへる。●外国人はおよそ９万人(2018年)。
③	●山下《やました》公園がつくられる。●地いきケアプラザがつくられるようになる。●小学校や中学校が多くつくられる。●よこはま動物園《どうぶつえん》ズーラシアが開園《かいえん》する。

横浜市の年表

(1) 年表の①～③にあてはまる言葉《ことば》を、㋐～㋓からえらびましょう。　技能

㋐ 人口　㋑ 公共《こうきょう》しせつ　㋒ 交通　㋓ 土地の使われ方

①(　　　)　②(　　　)　③(　　　)

(2) 海ぞいの地いきで、うめ立てが進んだ年代を、次の㋐～㋓からえらびましょう。　技能

㋐ 令和　㋑ 平成　㋒ 昭和　㋓ 大正

(　　　)

(3) 次の表《ひょう》は、横浜市の人口のうつりかわりを表《あらわ》しています。この表の1980年と2020年のグラフをかんせいさせましょう。　技能

年	人口（人）
1889年	116193
1920年	422938
1950年	951189
1980年	2773674
2020年	3777491

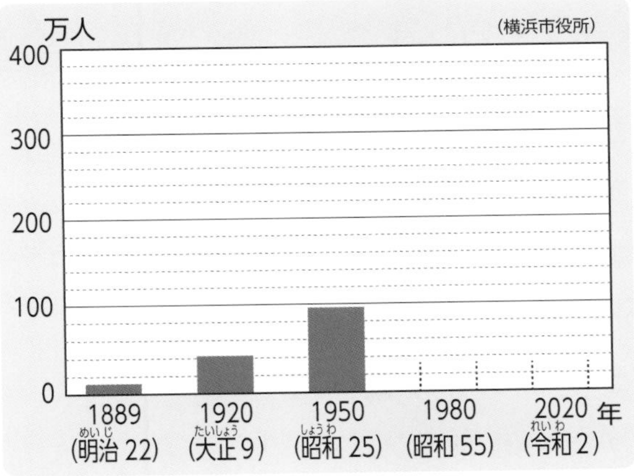

記述 (4) できたらスゴイ！ 年表から、地いきケアプラザが、平成の年代につくられるようになったことがわかります。その後、地いきケアプラザはふえていきました。ふえた理由《りゆう》を、右のグラフをもとに考え、かんたんに書きましょう。

技能　思考・判断・表現

(　　　　　　　　　　)

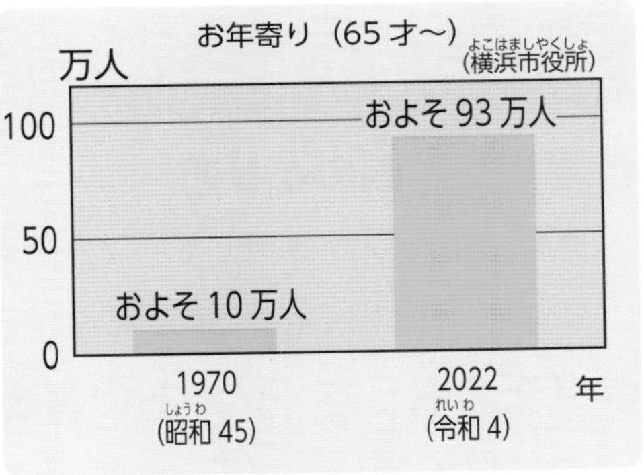

お年寄《としよ》りの人口のうつりかわり

この本の終わりにある「春のチャレンジテスト」をやってみよう！

この本の終わりにある「学力しんだんテスト」をやってみよう！

ふりかえり　2(4)がわからないときは、78ページの1にもどってかくにんしてみよう。

わくわく！　社会科ガイド

じょうほうを集《あつ》める

めあて
調《しら》べるための、じょうほうの集《あつ》め方をたしかめよう。

教科書 164～169ページ　答え 42ページ

次《つぎ》の（　　）に入る言葉《ことば》を、下からえらびましょう。

1 人にたずねて調べよう

教科書 164～165ページ

インタビューのしかた

- はじめに（①　　　　　　　）をする。そのあとに、学校名と自分の名前、聞きたい内ようを言う。
- **インタビュー**が終《お》わったら、お礼《れい》を言う。

注意点《ちゅういてん》！
- 質問《しつもん》は、前もって決《き》めておく。
- 録画《ろくが》や録音は、きょかをもらってから行う。

電話のかけ方

- （②　　　　　　　）を言ってから、話し出す。

注意点《ちゅういてん》！
- つたえたいことを、ノートに書き出しておく。
- 電話をかける前に、電話番号《ばんごう》をたしかめる。

手紙の送《おく》り方

- あてさきが正しく書かれているか、たしかめてから送る。
- 返事《へんじ》を送ってもらうときは、そのためのふうとうに切手をはり、自分たちの学校の（③　　　　　　　）を書いておく。

2 本やインターネットで調べよう

教科書 166～167ページ

本の調べ方

- 言葉の意味《いみ》を調べるときは（④　　　　　　　）、一つのテーマについてくわしく調べるときは（⑤　　　　　　　）、さまざまなことを広く調べるときは（⑥　　　　　　　）を使《つか》う。

インターネットの調べ方

- 知りたい言葉を入れて「（⑦　　　　　　　）」ボタンをおす。
- 電子メールを使うと、手紙や写真《しゃしん》をすぐに送ったり、受《う》け取《と》ったりできる。

3 調べたことを記録しよう

教科書 168～169ページ

写真や動画《どうが》のとり方

- デジタルカメラ、スマートフォン、タブレットがたコンピューターで、写真や動画をとる。

注意点《ちゅういてん》！
- 人の顔やたてものの中の写真《しゃしん》をとるときは、さつえいしてもよいか、たずねる。

メモの取り方・ノートの書き方

- 日付《ひづけ》や場所《ばしょ》、（⑧　　　　　　　）をつける。
- 気づいたことや、新しいぎもんなども書いておく。

えらんだ言葉に ☑

□ずかん	□見出し	□あいさつ	□けんさく
□国語辞典《こくごじてん》	□自分の名前	□百科事典《ひゃっかじてん》	□住所《じゅうしょ》

ぴったり2

練習

ぴたトリビア

日本でインターネットが広まり始《はじ》めたのは、30年ほど前です。利用者《りようしゃ》は2000年には3人に1人ほどでしたが、今は5人に4人となりました。

教科書　164～169ページ　　答え　42ページ

1 次の㋐～㋒を、じょうほうを集めるときの電話の正しいかけ方となるように、ならべかえましょう。

㋐

しゅうまい工場の見学について、教えていただきたいことがあります。

㋑

おいそがしいなか、どうもありがとうございました。

㋒

こんにちは。○○小学校の△△といいます。

（　　　）→（　　　）→（　　　）

2 インターネットでじょうほうを集めるときに、気をつけなくてはならないことについて、話し合っています。2人の話を読んで、問《と》いに答えましょう。

たかしさん：友だちの名前、住所、電話番号などのじょうほうは、電子メールなどに書かないほうがいいね。

ひろみさん：インターネットには、正しくないじょうほうもあるから、見たじょうほうを、そのまま信《しん》じてはいけないと思う。

(1)　たかしさんの話のように、友だちの名前などを電子メールに書いてはいけない理由《りゆう》を、㋐～㋓から2つえらびましょう。

㋐　知らない人から、友だちにれんらくがいったりすることがあるから。

㋑　他《ほか》の友だちに、名前などをのせてほしいと、おねがいされることがあるから。

㋒　知らない人に、友だちの名前を教えて、友だちがよろこんでしまうから。

㋓　知らない人が、友だちの名前をかってに使って、悪《わる》いことをするかもしれないから。

（　　　）（　　　）

(2)　ひろみさんの話のように、1つのウェブサイトだけを見て、まちがったじょうほうを信じてしまうことがないようにするために、インターネットを使うときに、どのような調べ方をすればよいか、かんたんに書きましょう。

（　　　　　　　　　　　　　　　　　　　　）

ヒント

2 (1)　電子メールで発信《はっしん》された名前や住所などのじょうほうは、知らない人へ流《なが》れていくことがあります。悪い考えを持《も》った人のところへ流れたらたいへんです。

わくわく！　社会科ガイド

じょうほうを読み取る

学習日　　月　　日

めあて
地図帳や地図からじょうほうを読み取る方法をたしかめよう。

教科書 170～175ページ　答え 43ページ

次《つぎ》の（　　）に入る言葉《ことば》を、下からえらびましょう。

1 地図帳を使《つか》って調《しら》べよう

教科書 170～171ページ

ワンポイント さくいんの使い方

● **さくいん**のページは、地名をあいうえお順《じゅん》にならべてある。

よこてし　横手市［秋田］………26 オ2
よこはまし［神奈川］……………24 ウ3
よしおかまち　吉岡町［群馬］…22 カ5

地名　都道府県名《とどうふけんめい》　ページ　たての列《れつ》　横《よこ》の行《ぎょう》

さくいんの例《れい》*1

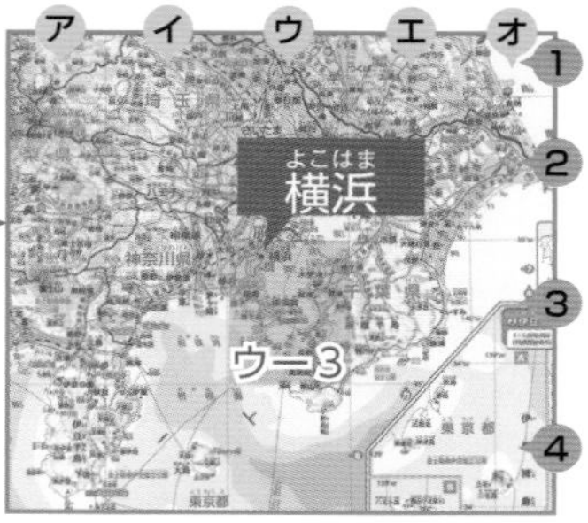

地図の24ページ*2

1. さくいんに書かれたページを開《ひら》く。
2. （①　　　　　）に書かれたかたかなをさがす。
3. （②　　　　　）に書かれた数字をさがす。
4. 地図のページで、列と行が重《かさ》なるところで地名をさがす。

2 地図を見て調べよう

教科書 172～173ページ

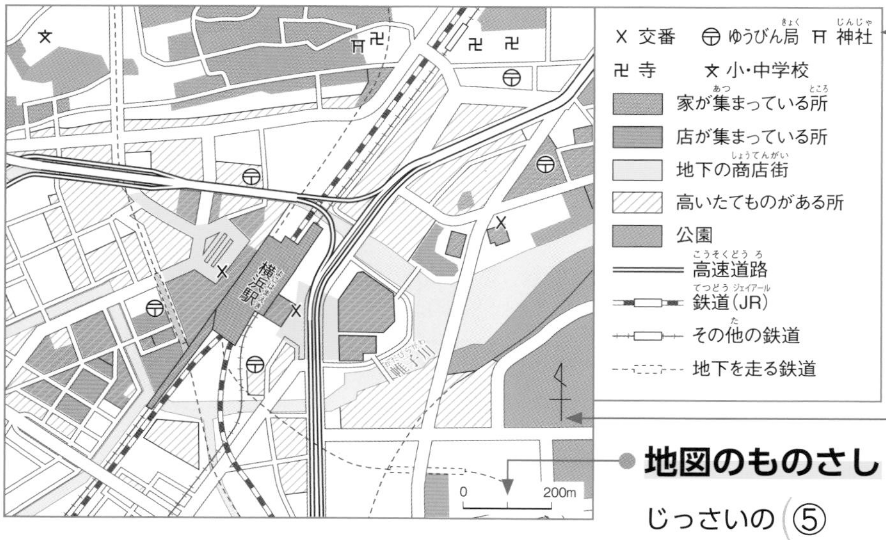

● **はんれい**
地図の中の（③　　　　　）や色分けの意味《いみ》がわかる。

● **方位《ほうい》を表《あらわ》す記号**
矢印《やじるし》のさす方が（④　　　　　）になる。

● **地図のものさし**
じっさいの（⑤　　　　　）を計算できる。

3 調べたことを表現《ひょうげん》しよう

教科書 174～175ページ

● **地図**…土地の様子《ようす》や土地の使われ方を、色えんぴつなどでぬり分け、主《おも》なたてものは（⑥　　　　　）を使って表す。

● **年表**…できごとについて、「（⑦　　　　　）、何があったか」をまとめる。

● **かんけい図**…調べたことをカードに書き出し、かんけいがありそうなカードを線でつないで「（⑧　　　　　）」や「かかわり」を考える。

えらんだ言葉に✔				
	□地図記号《きごう》	□横《よこ》の行《ぎょう》	□つながり	□いつ
	□たての列	□北	□記号	□きょり

*1 さくいんの例と地図帳のページ表記はオリジナルで作成しており、じっさいの地図帳とはことなります。
*2 関東地方の地図：平成31年検定済　帝国書院　小社地図より

ぴたトリビア

1991年までは、１、２年生も社会科のじゅ業《ぎょう》がありました。1992年になると、１、２年生の社会科がなくなり、かわりに生活科が始《はじ》まりました。

教科書　170～175ページ　答え　43ページ

1 次のさくいん*から、地図帳の「八王子《はちおうじ》市」がある場所《ばしょ》を㋐～㋞からえらびましょう。

はしもとし　橋本市［和歌山］………30カ4
はだのし　秦野市［神奈川］…………36エ5
はちおうじし　八王子市［東京］……36エ4
はちじょうまち　八丈町［東京］……18ア2
はちのへし　八戸市［青森］…………44オ3
はちまんたいし　八幡平市［岩手］…44オ5

さくいんのれい

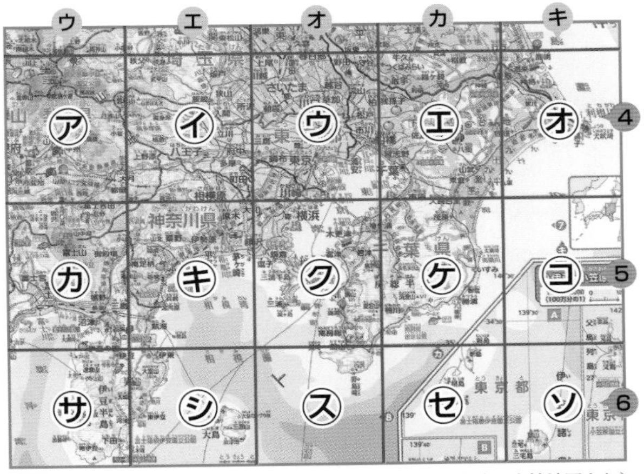

（関東地方の地図：平成31年検定済　帝国書院　小社地図より）

地図帳の36ページ

（　　　　）

*さくいんの例と地図帳のページ表記は、オリジナルで作成しており、じっさいの地図帳とはことなります。

2 次のじっさいのきょりを表すものさしがかかれた地図で、ゆうびん局から駅《えき》までが８㎝ありました。ゆうびん局から駅までのじっさいのきょりは何mか答えましょう。

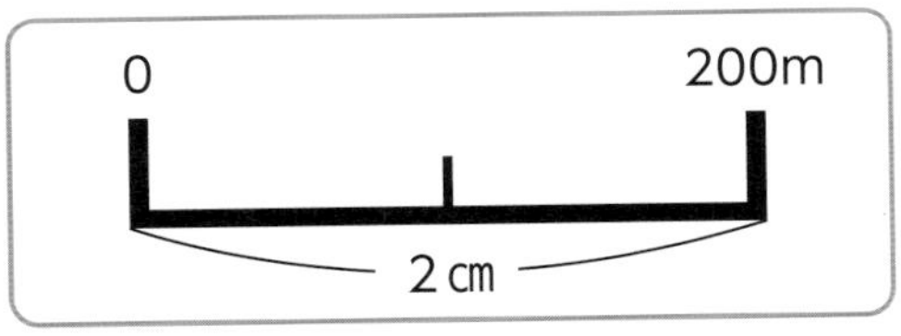

（　　　　）m

3 次の横浜市の人口《じんこう》のうつりかわりについて書かれた文章をもとに、年表を完成《かんせい》させましょう。

1889年に横浜市ができたときの人口は、およそ12万人でした。1920年になると人口はおよそ42万人となり、1942年には100万人をこえました。しかし、戦争《せんそう》により、1945年にはおよそ62万人にへってしまいました。戦争が終《お》わると、ふたたび人口がふえていき、1951年にはもう一《いち》度《ど》100万人をこえ、1968年には200万人、1985年には300万人をこえ、2020年にはおよそ377万人となりました。

1889年	市の始まり。人口はおよそ12万人。
1920年	人口はおよそ42万人。
1942年	人口が100万人をこえる。
（　　）	（　　　　　　）
（　　）	（　　　　　　）
（　　）	（　　　　　　）
（　　）	（　　　　　　）
2020年	（　　　　　　）

ヒント　**2**　この地図は、２㎝が200mを表します。地図上の８㎝は、じっさいのきょりを表すものさしが４つ分の長さとなります。

わくわく！　社会科ガイド

時間 30 分

／100

ごうかく 80 点

教科書　164〜175ページ　答え　44ページ

1 国語辞典《こくごじてん》、ずかん、百科事典《ひゃっかじてん》のとくちょうについて、次《つぎ》のように書きだしてみました。それぞれ何のとくちょうか、あてはまるものを 2 つずつえらびましょう。

技能　1つ５点（30点）

㋐　言葉《ことば》の意味《いみ》を、短《みじか》い文でまとめている。

㋑　さまざまなことを広く取《と》りあげていて、じょうほうが多いので、何さつかに分かれているものもある。

㋒　さまざまなことについて、写真《しゃしん》やイラストなどを使《つか》って説明《せつめい》している。

㋓　言葉の使い方のれいをしょうかいしている。

㋔　１つのテーマについて、写真やイラストを見ながら、調《しら》べたいものをさがすことができる。

㋕　１さつで、同じしゅるいのことがらを、まとめて取り上げているので、調べやすい。

国語辞典（　　　）（　　　）　ずかん（　　　）（　　　）
百科事典（　　　）（　　　）

2 よく出る　次の地図を見て、右のページの問《と》いに答えましょう。

(1)(2)1つ５点、(3)10点（35点）

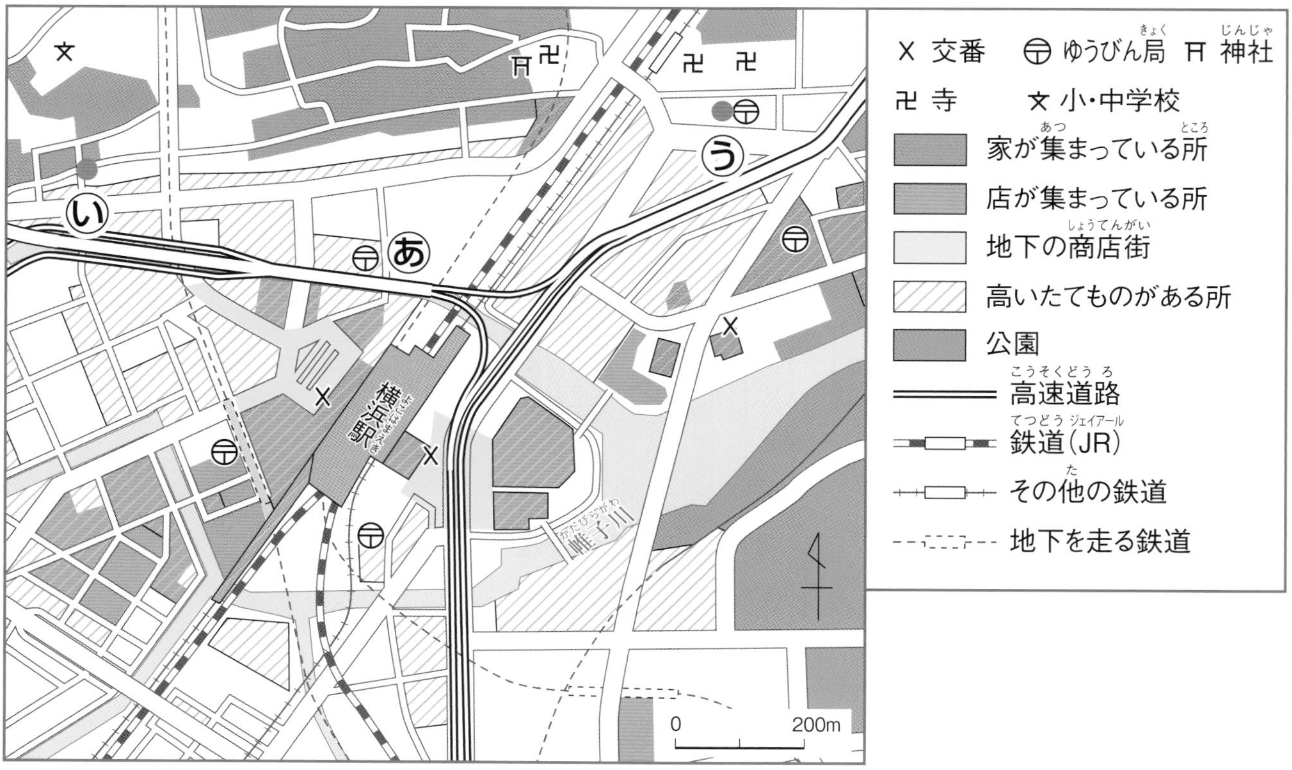

(1) 地図のあのゆうびん局《きょく》は、横浜駅《よこはまえき》から見てどの方位《ほうい》にあるか四方位《しほうい》で答えましょう。 技能 (　　　　)

(2) 地図からわかることとして、正しいものには○を、まちがっているものには×をつけましょう。 技能

①(　　　)ゆうびん局は、多くの人が使うしせつなので、すべて店が集《あつ》まっている所《ところ》にある。

②(　　　)横浜駅の南がわには、家が集まっている所が広がり、寺や公園もいくつか見られる。

③(　　　)地下を走る鉄道の上は、かならず道路になっている。

④(　　　)横浜駅のまわりの店の多くは、高いたてものの中にある。

(3) 地図のい●からう●のゆうびん局まで、いちばん近い道を通っていくときの、およそのきょりを１つえらびましょう。 技能

ア 600m　イ 1000m　ウ 1800m　エ 2400m

(　　　)

3 インターネットでのじょうほうの集め方について、問いに答えましょう。

(1)1つ5点、(2)20点(35点)

(1) できたらスゴイ! インターネットで、横浜市のこまつなづくりについて調べるときは、右のように調べたい言葉をいくつか入れて、「けんさく」ボタンをおします。では、たかしさんのぎもんを調べるときには、どのような言葉を入れればよいか、答えましょう。ただし、言葉は３つならべて書くようにしましょう。 技能 思考・判断・表現

横浜市　こまつな	けんさく

たかしさん

日本には47の都道府県《とどうふけん》があるけれど、人口《じんこう》の多い順《じゅん》に１位から５位まで知りたいな。

(　　　　)(　　　　)(　　　　)

記述 (2) できたらスゴイ! たかしさんは、２つのウェブサイトで、人口の多い５位までの都道府県を調べましたが、順位《じゅんい》にちがいがありました。正しい順位を知るには、何をしたらよいでしょう。自分の考えを書きましょう。 思考・判断・表現

(　　　　　　　　)

ふりかえり ❶がわからないときは、82ページの❷にもどってかくにんしてみよう。

学習日　　月　　日

3年のふく習

わたしの家はどこかな？

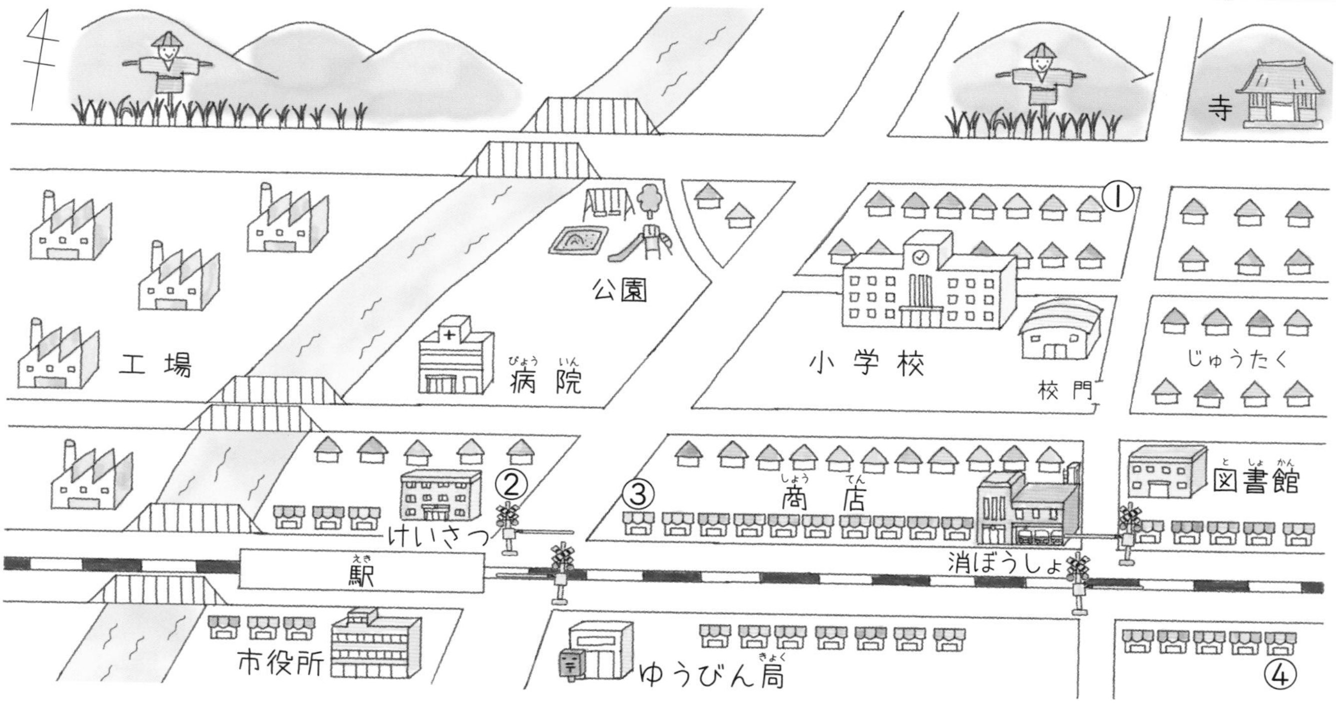

わたしは、学校の近くの様子《ようす》を上の絵地図に表《あらわ》しました。

右のせつ明の□に言葉《ことば》を入れながら、わたしの家が①～④のどれか、見つけましょう。

また、学校の近くの様子について、4人が話しています。1人だけまちがったせつ明をしている人がいますが、それはだれでしょう。

［　　　　］

わたしの家は、お店をしています。

わたしは毎朝、線路《せんろ》ぞいの道を通り、あ［　　　］があるこうさ点を右に曲《ま》がってふみきりをこえ、まっすぐい［　　　］の方角に進《すす》んで小学校に行きます。だから、わたしの家は、う［　　　］番です。

わたし

れん「お寺の南がわに川が流《なが》れているよ。」

エマ「小学校の北がわには、住《じゅう》たく地があり、そのむこうには山が見えるよ。」

ジミー「駅から東に歩いていくと、右手にゆうびん局《きょく》が見えるよ。」

らん「川の西がわには、たくさんの工場があるよ。」

答え　あ消ぼうしょ　い北　う④
れん（お寺の西がわに川が流れている。）

夏のチャレンジテスト

教科書　8〜67ページ

月　日	名前

時間　40分

知識・技能	思考・判断・表現	ごうかく80点
／70	／30	／100

答え45ページ

知識・技能　70点

1 次《つぎ》の問《と》いに答えましょう。

1つ2点(4点)

(1)　右の絵のような道具《どうぐ》を何といいますか。名前を書きましょう。

(　　　　)

(2)　地図はふつう、どの方位《ほうい》を上にして表《あらわ》されていますか。□からえらびましょう。

東　西　南　北

(　　　)

2 まちをたんけんするときは、どのように調《しら》べるとよいですか。正しいものには○を、まちがっているものには×をつけましょう。

1つ2点(10点)

4 次の地図を見て、問いに答えましょう。

1つ5点(20点)

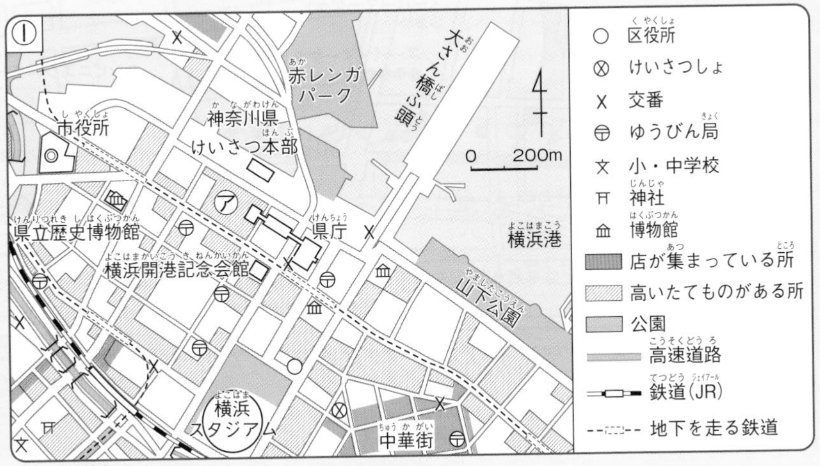

横浜《よこはま》市役所のまわりの地図

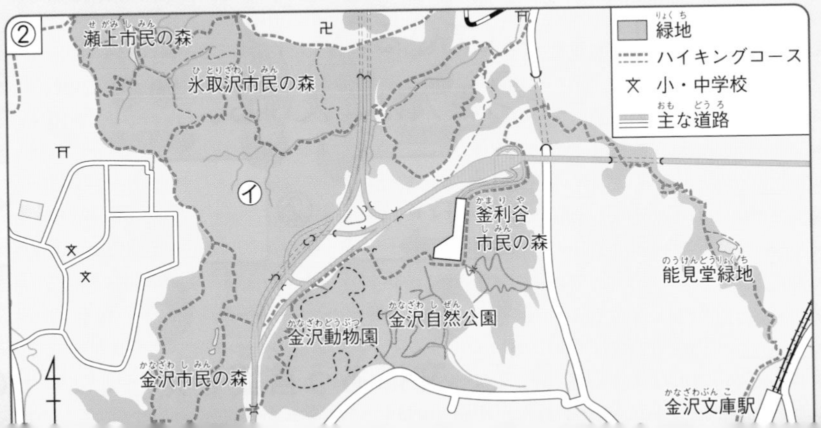

① たんけんの前にコースを決めておく。

② 田や工場《こうじょう》など、土地の使《つか》われ方を調べる。

③ 新しいたてものだけを、くわしく調べる。

④ 坂《さか》のある場所《ばしょ》には行かないようにする。

⑤ 気づいたことは白地図《はくちず》やカードにかき入れる。

① ［　　］ ② ［　　］ ③ ［　　］

④ ［　　］ ⑤ ［　　］

3 次の①～④にあう方位を書きましょう。

1つ3点(12点)

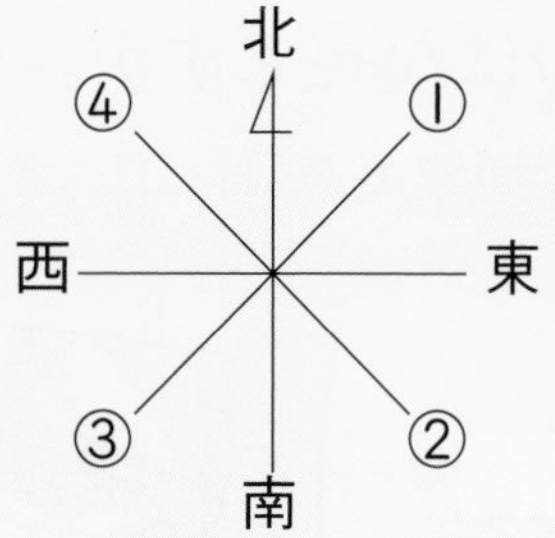

①(　　) ②(　　)

③(　　) ④(　　)

↑「金沢市民《かなざわしみん》の森」のあたりの地図

(1) 右の絵は、地図中の㋐、㋑のどちらの場所を表していますか。記号を書きましょう。

［　　］

(2) ②の地図で、金沢動物園の北にあるたてものを［　］からえらびましょう。

小・中学校　寺

(　　)

(3) ①の地図で、市役所から見て山下公園はどの位置にありますか。八方位《はちほうい》で答えましょう。

(　　)

(4) ①の地図にある小・中学校や市役所のような、みんながりようできるたてものや場所を何といいますか。(　)にあう言葉《ことば》を書きましょう。

(　　)しせつ

うらにも問題があります。

2 次の年表を見て、問いに答えましょう。

(1)1つ3点、(2)6点(15点)

年代《ねんだい》	昭和《しょうわ》	平成《へいせい》	令和《れいわ》
道具	 		
くらしの様子《ようす》	・① ・井戸《いど》から水をくみ上げて、使《つか》う家も多かった。 ・②	・電化《でんか》せい品《ひん》を使うのがあたりまえになった。	・③

(1) 年表の①～③にあう説明《せつめい》を、㋐～㋒からえらびましょう。それぞれ㋐か㋑を書きましょう。

① せんたくからかんそうまで自動《じどう》で行う。

② 板《いた》のみぞに、あらう物《もの》を水や石《せっ》けんといっしょにこすりつけて使う。

③ 手であらってしぼるので、冬は水がつめたくて手がいたくなる人もいる。

① [ ] ② [ ] ③ [ ]

(2) ㋐、㋑はおもに何の力でせんたくをしますか。[ ]からえらびましょう。

電気　人の手　風

㋐( ) ㋑( )

(3) 道具がかわることで、人々のくらしはどのようにかわりましたか。( )にあう言葉《ことば》を書きましょう。

・せんたくが自動でできるようになったので、くらしがべんりになり、家事にかかる時間が( )。

( )

うらにも問題があります。

春のチャレンジテスト

教科書 128〜157ページ

名前　　　　　　　月　　日

時間	知識・技能	思考・判断・表現	ごうかく80点
40分	／70	／30	／100

答え49ページ

知識・技能　70点

1 次《つぎ》の絵を見て、問《と》いに答えましょう。

(1)1つ3点、(2)2点(8点)

(1) ①、②の道具《どうぐ》の名前を□からえらびましょう。

① 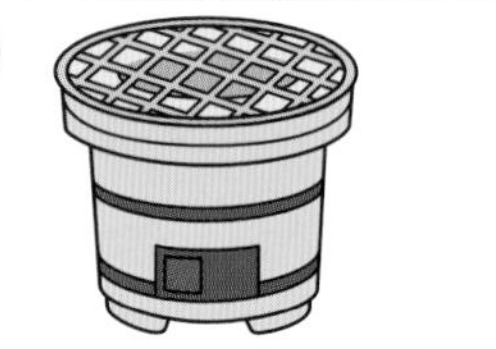

② 

千歯《せんば》こき　七輪《しちりん》　石うす　かま

①(　　　　)　②(　　　　)

(2) ①の道具は、何をするためのものですか。㋐、㋑からえらびましょう。

㋐ 魚などをやくための道具

㋑ 音楽をきくための道具

□

㋐ スマートフォンなどでインターネットをりようしている。

㋑ 家の外で、めんこなどをして遊《あそ》んでいた。

㋒ テレビやせんたくきを持《も》つ家がふえてきた。

①□　②□　③□

(2) 昭和時代《じだい》(1926〜1989年)のひとつ前の時代(1912〜1926年)の年号《ねんごう》を書きましょう。

(　　　　)時代

3 次の絵を見て、問いに答えましょう。

1つ3点、(3)5点(20点)

㋐ 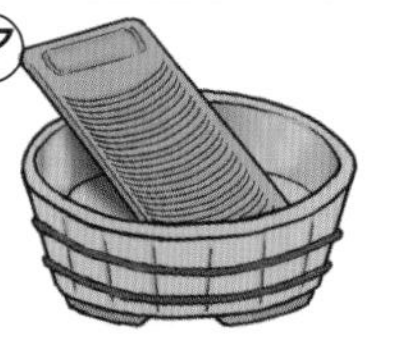

㋑ 

(1) ①〜③の文は㋐、㋑のどちらの道具の説明ですか。

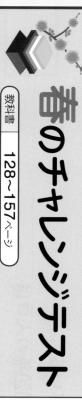

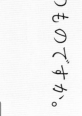

3年 社会のまとめ

学力しんだんテスト

名前　　　　　　　月　　日

時間 40分

ごうかく70点　／100

答え51ページ

2については、学習《がくしゅう》の状況《じょうきょう》に応《おう》じてA・Bどちらかをえらんでやりましょう。

1 次の地図を見て、答えましょう。

1つ3点(12点)

(1) ㋐は何を表《あらわ》す地図記号《きごう》ですか。(　　　　　)

(2) 次の①～③のうち、正しいものには○を、まちがっているものには×をつけましょう。

① 畑《はたけ》の北には学校がある。

2 のB　食べ物《もの》をつくる工場のくふうについて、答えましょう。

1つ5点(10点)

(1) 工場ではどのように数多くのせい品《ひん》をつくっていますか。㋐・㋑からえらびましょう。［　　］

㋐ 1人できかいでつくっている。

㋑ たくさんの人の手ときかいでつくっている。

(2) 右の絵のように、工場ではたらく人が、作業の前にエアシャワーで服《ふく》のほこりを落《お》とす理由を書きましょう。

(　　　　　　　　　　　　)

3 ①～③のスーパーマーケットではたらく人の仕事を、㋐～㋒からえらびましょう。

1つ2点(6点)

①

②

③

③　家や店は、田の北東《ほくとう》に多く集《あつ》まっている。

①［　　］　②［　　］　③［　　］

2 のA　農家《のうか》の仕事《しごと》について、答えましょう。

1つ5点(10点)

(1)　右の作物《さくもつ》カレンダー（農事《のうじ》ごよみ）からわかることを、㋐〜㋒からえらびましょう。

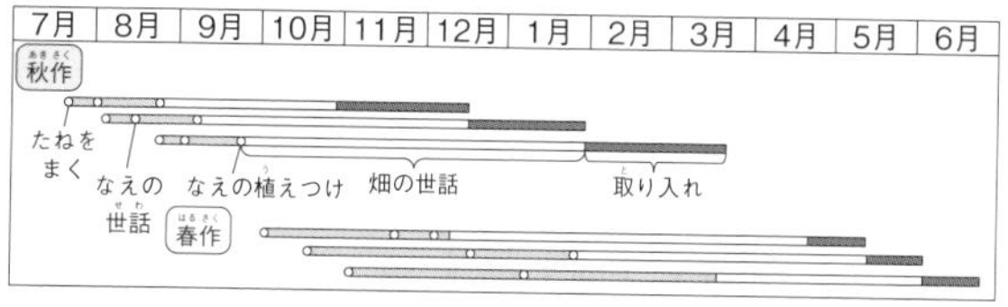

7月
8月
9月
10月
11月
12月
1月
2月
3月
4月
5月
6月
秋作
たねをまく
なえの世話
なえの植えつけ
畑の世話
取り入れ
春作

㋐　取《と》り入れが終《お》わると、3か月休んでいる。

㋑　1年を通して作業《さぎょう》をしている。

㋒　7月にだけ、たねをまいている。

［　　］

(2)　しゅうかくを手作業で行う理由《りゆう》を、「きず」という言葉《ことば》を使《つか》ってかんたんに書きましょう。

(　　　　　　　　　　)

㋐　品物《しなもの》の売れぐあいから、注文《ちゅうもん》の数を決《き》める。

㋑　ひつようなだけ買えるように、切り分ける。

㋒　まちがえないようにお金を受《う》けわたす。

①［　　］　②［　　］　③［　　］

4　事故《じこ》が起《お》きたときの図を見て、答えましょう。

(1)4点、(2)6点(10点)

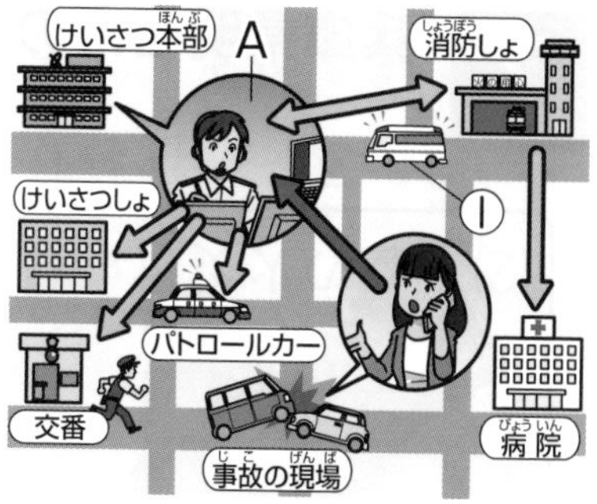

けいさつ本部《ほんぶ》
A
消防《しょうぼう》しょ
けいさつしょ
①
パトロールカー
交番
事故《じこ》の現場《げんば》
病院《びょういん》

(1)　110番の電話がつながる、Aを何といいますか。

(　　　　　　)

(2)　①は、事故の現場《げんば》でどのようなはたらきをしますか。かんたんに書きましょう。

(　　　　　　　　　　)

➡うらにも問題があります。

この「丸つけラクラクかいとう」は
とりはずしてお使《つか》いください。

教科書ぴったりトレーニング

丸つけラクラクかいとう

教育出版版
社会3年

「丸つけラクラクかいとう」では問題《もんだい》と同じ紙面《しめん》に、赤字で答えを書いています。

①問題がとけたら、まずは答え合わせをしましょう。

②まちがえた問題やわからなかった問題は、てびきを読んだり、教科書を読み返《かえ》したりしてもう一度《いちど》見直しましょう。

おうちのかたへ では、次のようなものを示しています。

- 学習のねらいやポイント
- 他の学年や他の単元の学習内容とのつながり
- まちがいやすいことやつまずきやすいところ

お子様への説明や、学習内容の把握などにご活用ください。

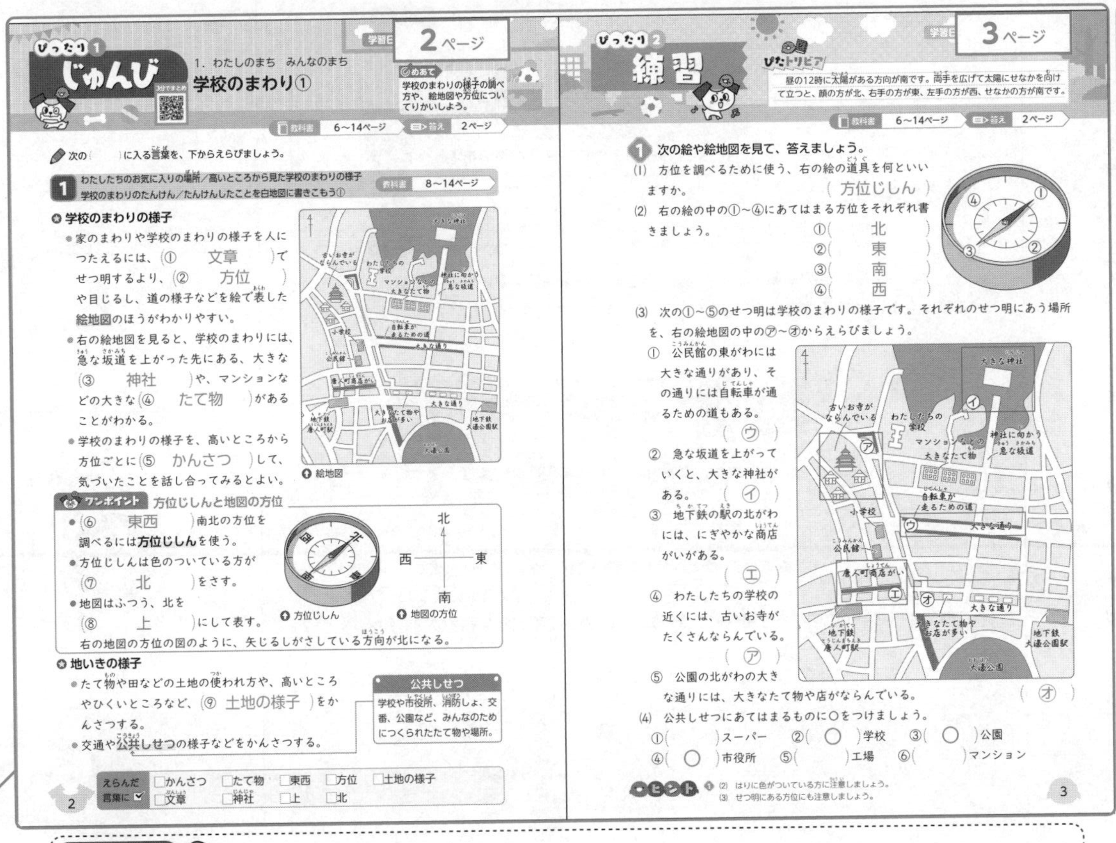

できたかな?
□方位じしんで、色のついている方の方位を言ってみよう。
□公共しせつはどのような場所か、せつ明してみよう。

おうちのかたへ
東西南北の方位については、東と西がおぼえにくいので注意してください。また、地図を見る際、「学校は駅の上にあるね」など「上下左右」を使わず、「学校は駅の北にあるね」など「東西南北」を使うとよいでしょう。

練習 3ページ

1 (2)方位じしんは、色がついている方が北をさします。また、北、南、東、西の4つの方位を四方位といいます。

(3)①は公民館と自転車が通るための道、②は急な坂道と大きな神社、③は地下鉄の駅と商店がい、④はわたしたちの学校の近くの古いお寺、⑤は公園と大きなたて物や店をヒントにして、絵地図をよく見ましょう。

(4)公共しせつは、国や都道府県《とどうふけん》、市区町村《しくちょうそん》がみんなのためにつくったしせつのことです。みんなから集《あつ》めたお金でつくられているという特《とく》ちょうがあります。公共しせつのれいとして、学校、市役所、けいさつしょ、消防しょ、公民館、じどう館、公園などがあります。スーパーや工場、マンションは、国や都道府県、市区町村がつくるものではなく会社がつくるものなので、公共しせつにはあてはまりません。

見やすい答え

おうちのかたへ

くわしいてびき

※紙面はイメージです。

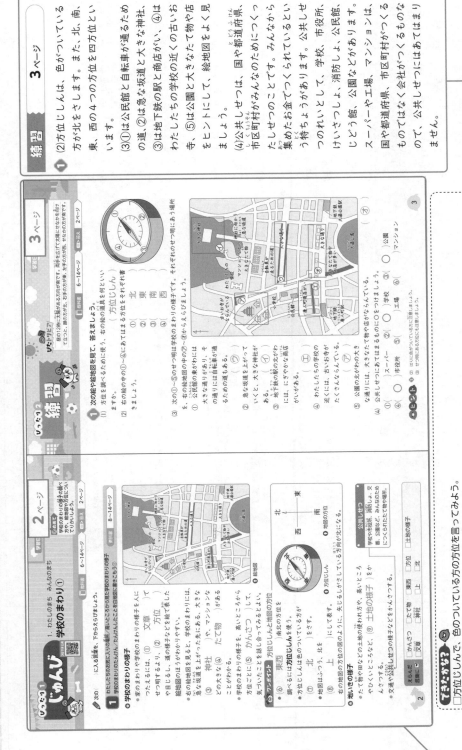

ぴったり1 じゅんび

1. わたしたちのまちと市
1 まちの様子《ようす》①

◎めあて
まちの様子調《しら》べについて学習問題をつくり、調べることと調べ方をたしかめよう。

教科書 8～15ページ　答え 2ページ

次《つぎ》の（　）に入る言葉《ことば》を、下からえらびましょう。

1 自分の家やよく行く場所《ばしょ》はどこにあるの／自分の家やよく行く場所をさがそう
教科書 10～13ページ

ワンポイント 方位

- 方位は、自分の立っている場所を中心に考える。
  北を向《む》いて立つと、右手は（① 東 ）、左手は（② 西 ）、後ろは（③ 南 ）をさす。
- 方位を調《しら》べるには、（④ 方位じしん ）を使《つか》う。
- 東西南北《とうざいなんぼく》をまとめて（⑤ 四方位 ）という。

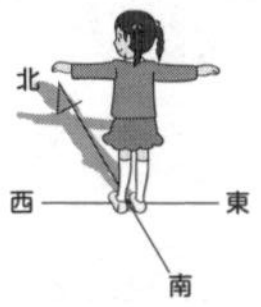

✪学校の屋上《おくじょう》からわかること

- 学校のまわりの家やビルなどの（⑥ たてもの ）や、鉄道《てつどう》や道路《どうろ》などの（⑦ 交通 ）の様子がわかる。
- 方位じしんを使えば、大きなたてものや神社《じんじゃ》、公園など、目印となるものが、学校から見てどの（⑧ 方位 ）にあるかがわかる。

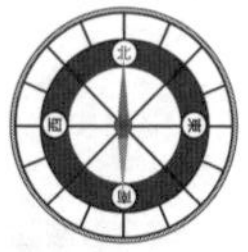
↑方位じしん

2 学習問題をつくり、学習の見通しを立てよう
教科書 14～15ページ

✪学習問題と学習計画

学習問題	わたしたちのまちは、どのような様子なのだろう。
調べること	●（⑨ 土地 ）の様子 ●たてものの様子 ●交通の様子
調べ方	●たんけんするコースを白地図《はくちず》にかき入れる。 ●コースごとに分かれて、歩いて調べる。 ●調べたことを、絵地図にまとめる。

↑たんけんする２つのコース

えらんだ言葉に☑　□たてもの　□南　□西　□東　□土地　□交通　□四方位《しほうい》　□方位　□方位じしん

ぴったり2 練習

ぴたトリビア
方位じしんは、じ石《しゃく》でできています。そのため、鉄《てつ》の近くで方位じしんを使うと、はりが回って正しく方位をしめしません。

教科書 8～15ページ　答え 2ページ

1 次の絵は、正午のころを表《あらわ》しています。①～④にあてはまる方位を答えましょう。

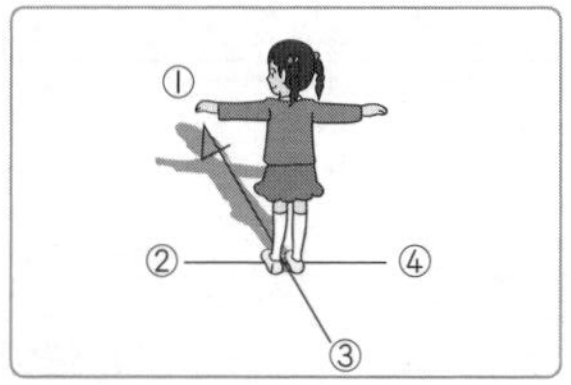

①（ 北 ）
②（ 西 ）
③（ 南 ）
④（ 東 ）

2 学校の屋上から富士山《ふじさん》を見ています。学校から見て富士山がある方位を、四方位で書きましょう。

（ 西 ）

3 次の２人が、まちたんけんをします。それぞれのぎもんをかい決《けつ》するために、調べたらよいことを［　］からえらび、①・②に書きましょう。

駅のまわりには、どのようなお店があるのかな。
①（ たてものの様子 ）

学校の南にある広い畑《はたけ》では、何をつくっているのかな。
②（ 土地の様子 ）

［ 土地の様子　交通の様子　たてものの様子 ］

ヒント 2 方位じしんの色のついたはりは、北をさします。方位じしんの「北」の字に、色のついたはりを合わせると、調べたい場所の方位を知ることができます。

練習 3ページ

1 正午（午後０時）の太陽は、ほぼ南にあります。そのため、太陽《たいよう》と反対向《はんたいむ》きに立ったとき、正面は北をさし、左手は西、右手は東をさします。

2 方位じしんは、色のついたはりを北に合わせると、自分の場所からの正しい方位がはかれます。この絵では、富士山は西に見えることが読み取《と》れます。

3 「どのようなお店があるのか」というぎもんをかい決するには、たてものの様子を調べるひつようがあります。そして、「畑では、何をつくっているのか」は、土地の様子をかんさつすると、答えが見つかります。まちたんけんをするときは、かならず「調べること」をメモしてから行うようにしましょう。

できたかな？
□校庭や公園などの安全《あんぜん》な所《ところ》で、正午にかげがのびる方向を向いて、方位をたしかめてみよう。

おうちのかたへ
「まちの様子」は、自分の住むまちの土地、建物、交通の様子を調べる学習です。お子さまといっしょに買い物に行く際に、家からの地図をつくり、見たことを記入することで、本単元の学習理解がさらに深まります。社会科では地図をもとに調べる場面が多くなりますので、しっかり地図を読めるようにしておくことが大切です。

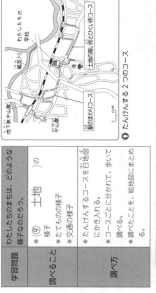

ぴったり1
じゅんび
1. わたしたちのまちと市
1 まちの様子《ようす》②

学習日　**4ページ**

めあて　まちの地図を読み取り、わかったことを表にまとめよう。

教科書 16〜21ページ　答え 3ページ

次《つぎ》の（　）に入る言葉《ことば》を、下からえらびましょう。

1 駅《えき》のまわりコースをたんけん/土地の高い所《ところ》とひくい所コースをたんけん　教科書 16〜19ページ

駅のまわりコースを調《しら》べる
- 駅の北には、赤ちゃんをつれた人やお年寄《としよ》りなど、多くの人がりようする（①地区センター）がある。
- 駅の南は（②　商店街　）があり、買い物《もの》をする人がたくさんいた。
- 駅のまわりには、消防《しょうぼう》しょや（③　区役所　）などの公共《こうきょう》しせつが集《あつ》まっている。

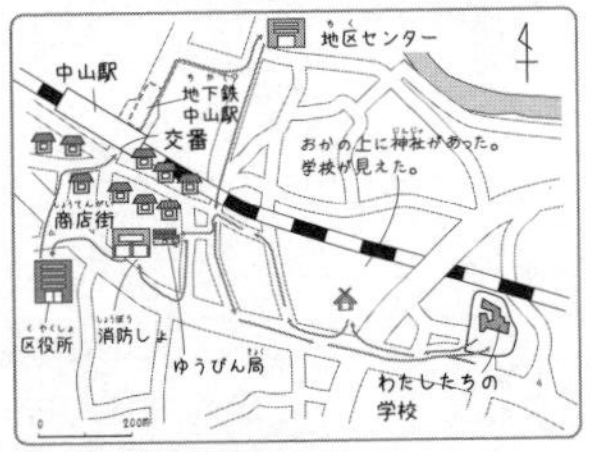

駅のまわりの絵地図

土地の高い所とひくい所コースを調べる
- 学校の南の方は、高い所で、坂道《さかみち》を上がると、「仁王《におう》さま」のいる寺がある。
- 鶴《つる》見川のほうは、土地がひくく、マンションや大きな（④　工場　）、大きなそうこがならんでいる。

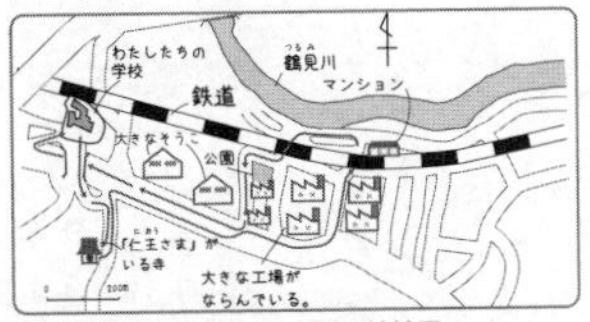

土地の高い所とひくい所の絵地図

2 まちの様子を表にまとめよう　教科書 20〜21ページ

表にまとめる

コース（場所）	（⑤　土地や交通　）の様子	（⑥　たてもの　）の様子
駅のまわりコース（学校の北がわや西がわ）	●平《たい》らな土地が多い。 ●バスがたくさん走っている。	●高いビルや店が多い。 ●（⑦　公共しせつ　）が多い。
土地の高い所とひくい所コース（学校の南がわや東がわ）	●急《きゅう》な坂が多い。 ●広い（⑧　道路　）が東西《とうざい》に通っている。	●家やマンションが多い。 ●工場やお寺がある。

えらんだ言葉に✓　□区役所《くやくしょ》　□たてもの　□工場　□商店街《しょうてんがい》　□土地や交通　□道路《どうろ》　□地《ち》区センター　□公共しせつ

ぴったり2
練習

学習日　**5ページ**

ぴたトリビア　絵地図をかくとき、最初《さいしょ》に中心となる場所を決《き》めて、中心からだんだんと道を広げていくと、じょうずにかくことができます。

教科書 16〜21ページ　答え 3ページ

1 次の2つの絵地図から、それぞれの土地の様子として正しいものには○を、まちがっているものには×をつけましょう。

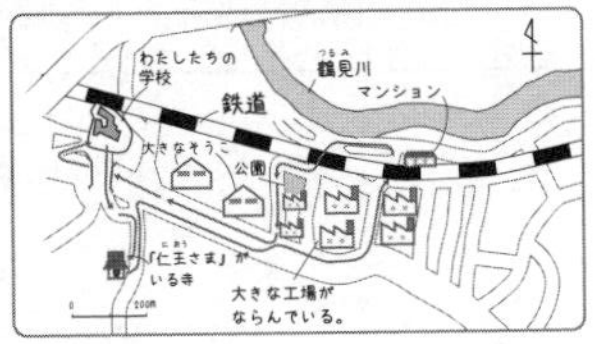

①（　○　）駅の北がわには、地区センターがある。
②（　×　）鶴見川と大きなそうこの中間に、「仁王さま」のいる寺がある。
③（　○　）駅の南には、公共しせつが集まっている。
④（　○　）鶴見川の南には、マンションや大きな工場やそうこがならんでいる。
⑤（　×　）駅の北には、商店街がある。

2 次の表は、学校のまわりのまちたんけんをしたあとに、まとめたものです。①・②にふさわしい写真《しゃしん》を、㋐・㋑からそれぞれえらびましょう。

場所	たてものの様子	写真
駅のまわり	●高いビルや店が多い。 ●公共しせつが多い。	①
土地の高い所やひくい所	●家やマンションが多い。 ●工場やお寺がある。	②

㋐

㋑

①（　㋑　）　②（　㋐　）

ヒント　1　絵地図で方位《ほうい》を調べるには、右上にかかれている方位記号《きごう》「↑」を見ます。方位記号のさす方向《ほうこう》が「北」なので、2つの絵地図は「上が北」となります。

練習　5ページ

1 地図では四方位《しほうい》をかくにんしましょう。この絵地図では上が北をしめします。そして、左は西、右が東、下は南となります。左の絵地図は、学校の西がわの中山駅にかけての様子がかかれています。右の絵地図は、学校の東がわの様子です。それぞれの地図から、どこに、どのようなたてものがあるかを読み取るようにしましょう。
②「仁王さま」のいる寺は、大きなそうこの南がわにあります。
⑤商店街は中山駅の南にあります。

2 2つの写真をよくかんさつしましょう。屋根やたてものの形、大きさから、どのような場所かを考えましょう。高いビルがあるのは㋑で、家やマンションが多いのは㋐となります。

できたかな？
□まちたんけんをしてかんせいした地図を読み取《と》って、土地や交通、たてものの様子を言ってみよう。

おうちのかたへ
絵地図の読み取りを行います。絵地図とは、建物や役所などの施設、田畑などの土地の様子をイラストにして白地図に記入した地図です。この単元では、絵地図をしっかり読み取って、どこに、どのような建物があるのか、土地はどのように利用されているのかを言えるようにすることが大切です（例：駅の近くには商店街がある）。

ぴったり3 たしかめのテスト

1. わたしたちのまちと市

1 まちの様子《ようす》

6ページ

/100 ごうかく80点

教科書 8～21ページ　答え 4ページ

1 よく出る 次《つぎ》の絵のように、体を動《うご》かして方位《ほうい》をたしかめるとき、のばしたうでの方位をなんと言うとよいでしょう。絵のふきだしにあてはまる方位を書きましょう。　1つ5点（20点）

①（　東　）②（　西　）
③（　南　）④（　北　）

2 4人でまちたんけんについて、話しています。正しい考えには○を、まちがった考えには×をつけましょう。　思考・判断・表現　1つ5点（20点）

方位じしんを使《つか》えば、目印《めじるし》となるものが、学校から見てどの方位にあるかがわかるよ。　①（ ○ ）

まちたんけんは学校の屋上《おくじょう》ですると、時間もかからずにできるね。　②（ × ）

まちたんけんでは土地の様子を調《しら》べれば、交通の様子を調べなくてもよいと思うよ。　③（ × ）

まちたんけんをする前に、白地図《はくちず》をつくっておくと、あとで気づいたことをかきこめるね。　④（ ○ ）

7ページ

学習日

3 よく出る 次の駅《えき》のまわりをたんけんしてつくった絵地図を見て、下の①～⑤にあてはまる言葉《ことば》を、［　　］からえらびましょう。　技能　1つ6点（30点）

ゆうびん局
区役所《くやくしょ》
地区《ちく》センター
消防《しょうぼう》しょ
神社《じんじゃ》

学校を出ると、はじめにおかの上の（①）に立ちよりました。そこからは、学校が見えました。そのあと、（②）で仕事《しごと》の話を聞いてから（③）を見学しました。そして、（④）で区の地図をもらい、北へ歩いていき、駅の下をくぐって（⑤）へ向《む》かいました。そこには、赤ちゃんをつれた人やお年寄《としよ》りがいました。

①（　神社　）②（ゆうびん局）③（　消防しょ　）
④（　区役所　）⑤（地区センター）

4 土地の高い所《ところ》とひくい所の絵地図を見て、問《と》いに答えましょう。　(1)10点、(2)20点（30点）

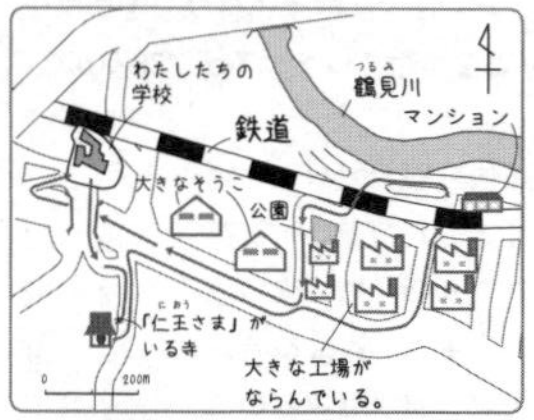

(1) この絵地図からわかることを１つえらんで、記号《きごう》で答えましょう。　技能

㋐ 学校の東には、「仁王《におう》さま」がいる寺がある。

㋑ 学校の東には、大きなそうこがある。

㋒ 鶴見川の西には、大きな工場がならんでいる。

（　㋑　）

記述 (2) てきたらスゴイ！ 公園から学校までの道じゅんを、「広い道・西・南」の３つの言葉を使《つか》って、かんたんに書きましょう。　思考・判断・表現

（（れい）公園のある通りを南に進み、広い道へ出て西に進めば学校があります。）

ふりかえり ❶がわからないときは、2ページの❶にもどってかくにんしてみよう。

記述問題のプラスワン

4 (2)「公園のある通りを南に進む」ことと「広い道を西に進む」ことが書いてあれば正かいです。「公園の前の道を、左に工場を見ながら南に進む」「広い道を右に大きなそうこを見ながら進む」など、地図から読み取れることをつけくわえても正かいです。ただし、「仁王さまがいる寺の前を通る」など、まちがえた読み取りをしないように注意《ちゅうい》しましょう。

たしかめのテスト　6～7ページ

1 体を使った四方位のおぼえ方をたしかめましょう。北を向いて立つと、右手は東、左手は西、後ろは南をさします。

2 ②まちたんけんは、実さいに歩いていかないと、たてものや交通、土地の様子がわかりません。
③まちたんけんでは、たてものや交通の様子を調べることも大切です。

3 絵地図の矢じるしをたどりながら考えましょう。学校を出てから「神社」→「ゆうびん局」→「消防しょ」→「区役所」→「地区センター」のじゅんにたんけんしたことが読み取れます。

4 (1)この絵地図では右が東をさします。学校の右がわを見ると、「大きなそうこ」があることがわかります。
(2)四方位を使って道じゅんをせつ明しましょう。公園から学校に行くには、まず公園のある通りを南（下）に歩きます。そして、広い道に出たら西（左）へ進みます。答えのれいのように、書けていれば正かいです。

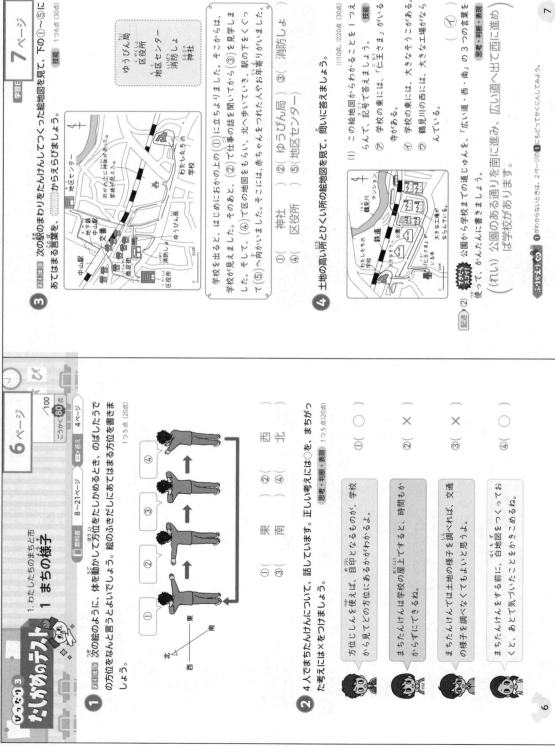

ぴったり1 じゅんび

1. わたしたちのまちと市

2 市の様子《ようす》①

3分でまとめ

学習日

◎めあて 市の様子調《しら》べについて学習《がくしゅう》問題《もんだい》をつくり、調《しら》べることと調べ方をたしかめよう。

教科書 22～27ページ　答え 5ページ

次《つぎ》の(　　)に入る言葉《ことば》を、下からえらびましょう。

1 わたしたちの市はどこにあるの／県《けん》や市の地図をながめて　教科書 22～25ページ

市（横浜市《よこはま》）の様子を空からながめる

- 横浜市は(① 海)に面《めん》していて、大きな港《みなと》がある。
- 海の近くには、(② 高いたてもの)が多くたてられている。
- 海には、大きな(③ 橋)がかかっている。
- 海からはなれた所《ところ》には、緑《みどり》が広がっている場《ば》所《しょ》があり、(④ 住たく地)が広がっている。

空からながめた横浜港《こう》のまわり

ワンポイント　八方位《はちほうい》

四方位よりも細かく表《あらわ》した方位を**八方位**という。

- 北と東の間の方位…(⑤ 北東)
- 東と南の間の方位…(⑥ 南東)
- 南と西の間の方位…(⑦ 南西)
- 西と北の間の方位…(⑧ 北西)

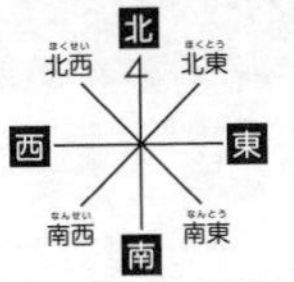

2 学習問題をつくり、学習の見通しを立てよう　教科書 26～27ページ

学習問題と学習計画

学習問題	市の様子は、場所によって、どのようにちがうのだろう。
調べること	●公共《こうきょう》しせつの様子　●交通の広がり ●古くからのこるたてもの ●(⑨ 土地)の様子と使《つか》われ方
調べ方	●その場所に行ってかんさつする。住《す》んでいる人の話をきく。 ●地図や写真《しゃしん》を見たり、図書館《としょかん》や図書室、インターネットで調べたりする。 ●(⑩ 市役所)でしりょうを集《あつ》める。

学習問題の答えを予想《よそう》することも大切だよ。

えらんだ言葉に✔　□橋　□住たく地　□土地　□海　□高いたてもの　□市役所《しやくしょ》　□南西　□南東　□北東　□北西

ぴったり2 練習

学習日

ぴたトリビア　方位を表《あらわ》すには、八方位よりも細かい16方位があります。北と北東の間の方位を「北北東」というように表します。

教科書 22～27ページ　答え 5ページ

1 右の横浜市を空からながめた写真を見て、わかることを㋐～㋔から２つえらびましょう。

㋐ 大きな港に船がとまっている。
㋑ 海に面して、森林が広がっている。
㋒ 海の近くには、高いたてものはない。
㋓ 海には、大きな橋がかかっている。
㋔ 海の近くには、田や畑《はたけ》が広がっている。

(順不同)(㋐)(㋓)

空からながめた横浜港のまわり

2 次の図の①～④にあてはまる方位を、それぞれ答えましょう。

①(北西)　②(北東)
③(南西)　④(南東)

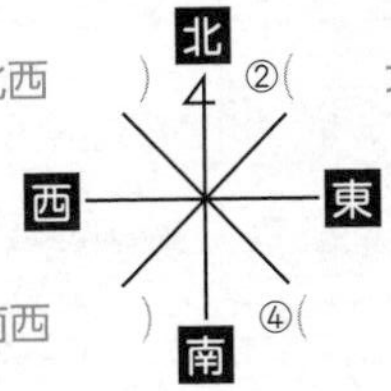

八方位

3 市について、次の２つを調べるとき、最《もっと》もふさわしい調べ方を㋐～㋓からそれぞれえらびましょう。

①公共しせつではたらく人が、どのような仕事《しごと》をしているのかを知りたい。(㋑)
②市全体《ぜんたい》の、どこをどのような鉄道が通っているのかを知りたい。(㋒)

㋐ 駅《えき》に行って、駅のまわりがのっている地図で調べる。
㋑ そのしせつに行って、様子を見たり、たんとうの人に話をきいたりする。
㋒ 交通のことがのっている市全体の地図で調べる。
㋓ 図書館にある乗り物図鑑《ずかん》で調べる。

ヒント ② 八方位は「北」と「南」を先につけて表すのが決まりです。方位を表すには「北西」とはいいますが、「西北」とはいいません。

練習　9ページ

1 写真を細かくかんさつして答えましょう。海に面した所には港があり、船がとまっていることがわかります。また、手前には大きな橋も見えます。高いたてものは、海ぞいに多く見られ、海からはなれた所にはひくいたてものが多いことがわかります。

2 ヒントに書かれているように、八方位は「北」と「南」を先にいうようにしましょう。八方位を使えば、よりくわしく目てきの場所をせつ明することができます。

3 調べることに対して、どのように調べたらよいかを考えます。
①公共しせつではたらく人の仕事を調べるには、そのしせつに行って、様子を見たり、たんとうの人にインタビューします。
②市の鉄道の様子は、交通のことがのっている市全体の地図を使えば、調べることができます。

できたかな？
□市の様子を調べるには、何を、どのように調べたらよいか、言ってみよう。

おうちのかたへ
前単元では学校のまわりの様子を調べる学習でしたが、ここからは学習対象が市全域へと広がります。社会科は学習問題（疑問）を見つけ、調べることで疑問を解決する学習なので、各単元で必ず「学習問題」と「調べること」「調べ方」をおさえてから、地図やグラフ、表、写真などの資料をもとに調べる練習をします。

ぴったり1 じゅんび

1. わたしたちのまちと市

2 市の様子《ようす》②

3分でまとめ

学習日　10ページ

めあて
市の土地の使《つか》われ方や様子《ようす》について、地図から読み取ろう。

教科書 28〜33ページ　答え 6ページ

次《つぎ》の（　）に入る言葉《ことば》を、下からえらびましょう。

1 市役所《しやくしょ》へ行って調《しら》べよう　教科書 28〜29ページ

市役所の人に見せてもらった地図からわかること

- 横浜《よこはま》市の多くは、（① 住たく ）の多い所《どころ》である。
- 横浜駅《えき》や市役所《しやくしょ》の近くには、（② 店 ）の多い所がある。
- 市の西や南には、（③ 緑 ）の多い所、田や畑《はたけ》が多くみられる。
- 市内の鉄道《てつどう》は、（④ 横浜駅 ）を中心に広がっている。
- 海ぞいには、（⑤ 工場 ）が多く集《あつ》まっている。
- 市の東と西では、土地の（⑥ 使われ方 ）にちがいがある。

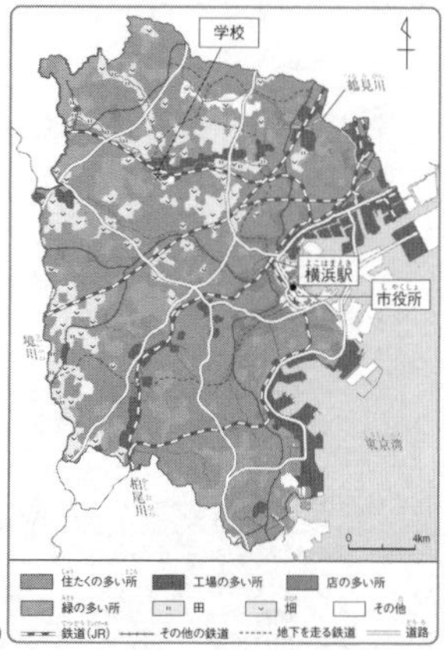

市役所の人に見せてもらった土地の使われ方の地図

2 市役所のまわり／大きな駅《えき》のまわり　教科書 30〜33ページ

市役所のまわり

- 市役所のほかにも、博物館《はくぶつかん》やゆうびん局《きょく》などの（⑦ 公共しせつ ）がある。

横浜駅のまわり

- 横浜駅のまわりは鉄道や（⑧ 高速道路 ）がふくざつに曲《ま》がりくねって、広がっている。

空からながめた横浜駅のまわり

えらんだ言葉に✓　□緑　□住たく　□使われ方　□公共しせつ　□横浜駅　□店　□工場　□高速道路

ぴったり2 練習

学習日　11ページ

ぴたトリビア
地図はりく地の様子《ようす》を表したものだけではなく、海の様子を表した海図や、空の様子を表した航空図《こうくうず》などもあります。

教科書 28〜33ページ　答え 6ページ

1 右の横浜市の地図からわかることとして、正しいものには○を、まちがっているものには×をつけましょう。

①（ ○ ）横浜市の土地の使《つか》われ方でいちばん多いのは、住たくである。
②（ × ）市の南には、田や畑がたくさんある。
③（ ○ ）横浜駅や市役所の近くには、店の多い所がある。
④（ ○ ）市の海からはなれた所には、海ぞいより緑の多い所がたくさんみられる。
⑤（ ○ ）海ぞいには、工場が多い。

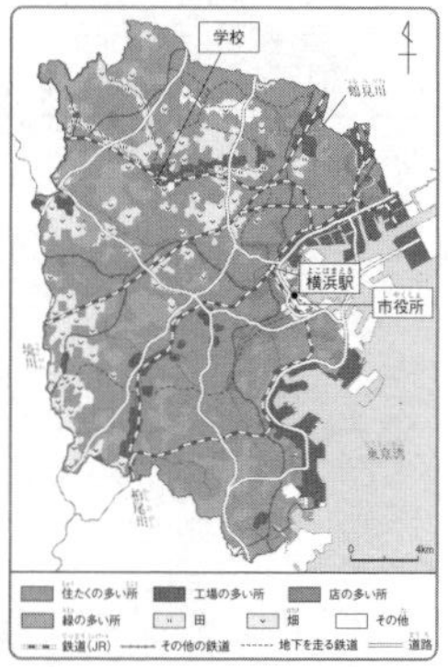

市役所の人に見せてもらった土地の使われ方の地図

2 右の地図を見て、次の文の①〜⑥にあてはまる言葉を、㋐〜㋘からえらびましょう。

- 市役所のまわりには、①（ ㋔ ）が多く、博物館や公園などの②（ ㋑ ）が集まっている。
- 県庁のすぐ近くには、交番や博物館、③（ ㋒ ）がある。
- 横浜スタジアムの④（ ㋖ ）には中華街《ちゅうかがい》があり、たくさんの⑤（ ㋓ ）が集まっている。
- 海ぞいには、⑥（ ㋕ ）がある。

㋐ 田や畑　㋑ 公共しせつ　㋒ ゆうびん局《きょく》　㋓ 店
㋔ 高いたてもの　㋕ 公園　㋖ 東　㋗ 西　㋘ 南

ヒント **1** 地図中の色分けが何を表しているのかを、地図の下にある説明《せつめい》でたしかめましょう。

できたかな？
□地図の色分けや記号のせつ明を見て、市の土地の使われ方を言ってみよう。

おうちのかたへ
ここでは、本格的な地図の読み取りを学習します。凡例（色や記号の説明）を使って、市の土地の使われ方や交通の様子を読み取り、市にはいろいろな土地の使われ方があることを理解します。ご家庭で出かける際、お子さまに地図を使って目的地を示したうえで、交通ルートを確認し合うなどの体験を積むことで、地図学習をさらに深めることができます。

練習　11ページ

1 地図の下にある色のせつ明を見ながら答えましょう。市には住たくの多い所がたくさんあることがわかります。横浜駅や市役所のまわりには店が多く、海ぞいには工場が多いことも読み取りましょう。
②田や畑は、市の北や西に広がっており、南の地いきにはたくさんありません。

2 地図で市役所のまわりの色を見ると「高いたてものがある所」が多いことがわかります。そして、博物館や公園といった公共しせつがあります。公共しせつとは、学校や図書館など、みんながりようできるたてものや場所をいいます。中華街は横浜スタジアムの右にあるので、この地図では「東」の方角にあたります。また、海ぞいには「公園」があることを読み取りましょう。

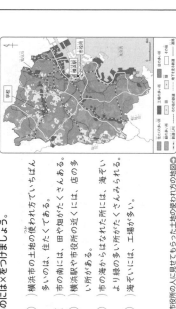

ぴったり3

たしかめのテスト

1. わたしたちのまちと市

2 市の様子《ようす》

/100 ごうかく 80 点

教科書 22~33ページ　答え 7ページ

1 よく出る 次《つぎ》の図の①~⑧にあてはまる方位《ほうい》を書きましょう。　1つ5点（40点）

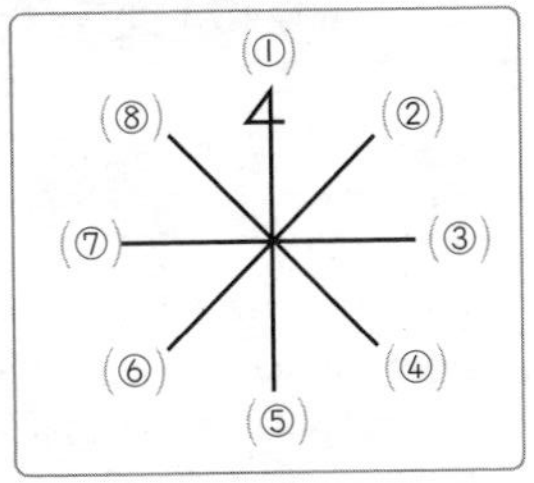

①（ 北 ）
②（ 北東 ）
③（ 東 ）
④（ 南東 ）
⑤（ 南 ）
⑥（ 南西 ）
⑦（ 西 ）
⑧（ 北西 ）

2 右の地図を見て、問《と》いに答えましょう。　技能　1つ10点（20点）

(1) 市役所《しやくしょ》のまわりの様子として、正しい説明《せつめい》を１つえらびましょう。

㋐ 店が集《あつ》まった所《ところ》が多く、高いたてものが少ない。

㋑ 大きな川が流《なが》れていて、田や畑《はたけ》が広がっている。

㋒ 高いたてものが多く、博物館《はくぶつかん》や公園などの公共《こうきょう》しせつが多い。

（ ㋒ ）

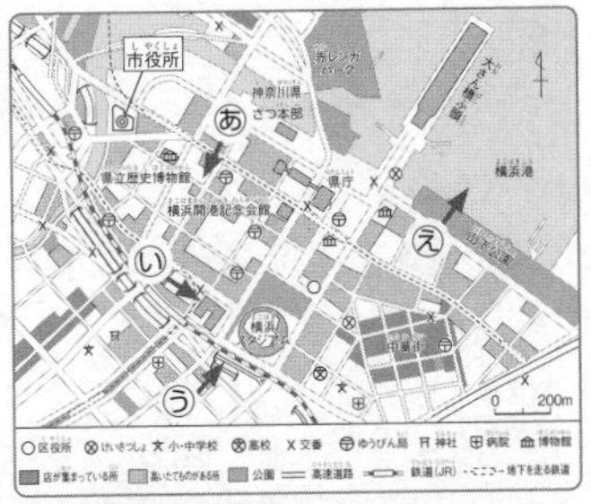

市役所のまわりの地図

(2) 右の写真《しゃしん》を写《うつ》した場所《ばしょ》を、上の地図のあ~えから１つえらびましょう。（写真は、それぞれの場所から矢印《やじるし》の方向《ほうこう》に向《む》かって写しました。）

（ う ）

3 よく出る 次の２つの地図からわかることとして、正しいものには○を、まちがっているものには×をつけましょう。　技能　1つ5点（30点）

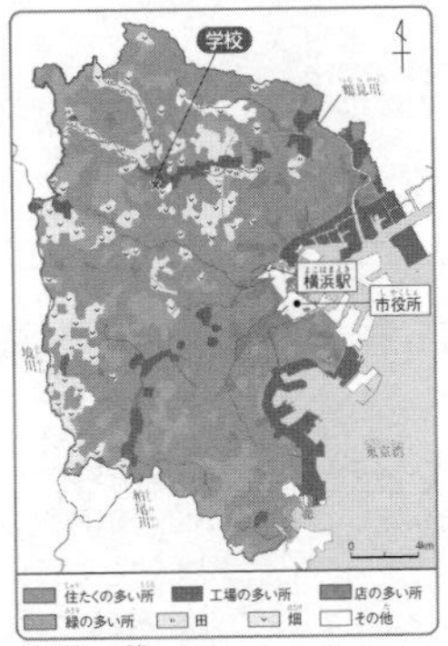

土地の使《つか》われ方の地図

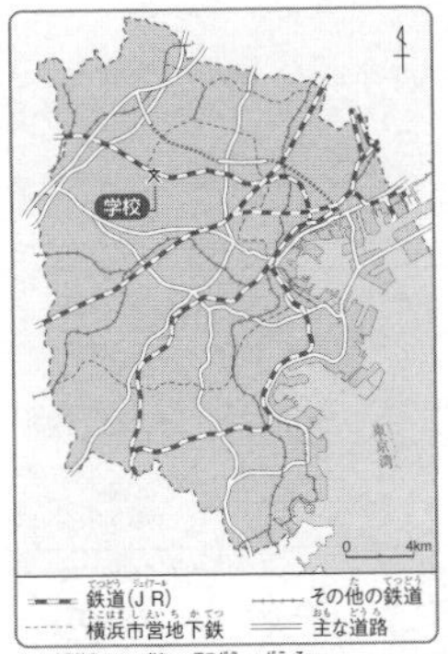

横浜《よこはま》市の主《おも》な鉄道《てつどう》と道路《どうろ》

①（ × ）鉄道《てつどう》は、住《じゅう》たくの多い所には通っていない。
②（ ○ ）学校は、鉄道の近くにある。
③（ × ）学校は、田の広がっている所にある。
④（ ○ ）横浜市の鉄道は、横浜駅《えき》を中心に広がっている。
⑤（ ○ ）店の多い所は市の東部《とうぶ》に多く、田や畑《はたけ》は西部に多い。
⑥（ × ）海の上には、道路《どうろ》は通っていない。

記述 **4** てきたらスゴイ！ たかしさんは、市役所で、学校近くの中山《なかやま》駅と横浜駅の１日に電車に乗《の》る人の数についての資料《しりょう》をもらいました。これまで調《しら》べてきたことをもとに、横浜駅で電車に乗る人が多い理由《りゆう》を、かんたんに書きましょう。　思考・判断・表現（10点）

	横浜《よこはま》駅	中山《なかやま》駅
１日に電車に乗《の》りおりする人の数（100万人 10万人）	およそ 160万人	およそ 9万人

（（れい）横浜駅は、多くの鉄道が集まる駅だから。）

ふりかえり ❹がわからないときは、10ページの**2**にもどってかくにんしてみよう。

記述問題のプラスワン

4 多くの鉄道が集まる他にも、横浜駅の電車に乗る人が多い理由があります。横浜駅のまわりのように公共しせつや店が多い地いきには、多くの人が集まるため、「市役所や県庁《けんちょう》、博物館などの公共しせつが多い」ことや、「店がたくさん集まる場所である」ことが書いてあれば正かいです。理由を聞いているので「~だから」「~のため」というように書きましょう。

たしかめのテスト　12~13ページ

1 四方位の間にある２文字で表す方位の名前をまちがえないようにしましょう。「北東」「北西」「南東」「南西」のように「北」と「南」を先につけるので注意《ちゅうい》しましょう。

2 (1)市役所のまわりは、「高いたてもの」が多いです。また、近くに博物館や公園があることを読み取りましょう。

(2)写真の正面に横浜スタジアムが見えます。また、おくには、海につき出た大《おお》さん橋《ばし》ふ頭《とう》があるので、写真は㋒の方向から写したことがわかります。

3 ２つの地図を重ねて考えましょう。

①鉄道は市内をあみの目のように通っており、住たくの多い所にも通っています。

③学校のある場所は、住たくの多い所で、近くには工場の多い所、店の多い所があります。

⑥東京湾のりく地に近い地区では、主な道路が海の上を通っています。

4 大きな駅のまわりの学習を思い出しましょう。横浜駅は、JRやその他の鉄道、地下鉄が乗り入れる大きな駅のため、電車に乗る人が他の駅よりも多いです。

1. わたしたちのまちと市

2 市の様子《ようす》③

3分でまとめ

◎めあて 市の海に面《めん》した所《ところ》と緑《みどり》の多い所の土地の使われ方を、地図から読み取ろう。

教科書 34〜37ページ　答え 8ページ

次《つぎ》の（　　）に入る言葉《ことば》を、下からえらびましょう。

1 海に面《めん》した所《ところ》

教科書 34〜35ページ

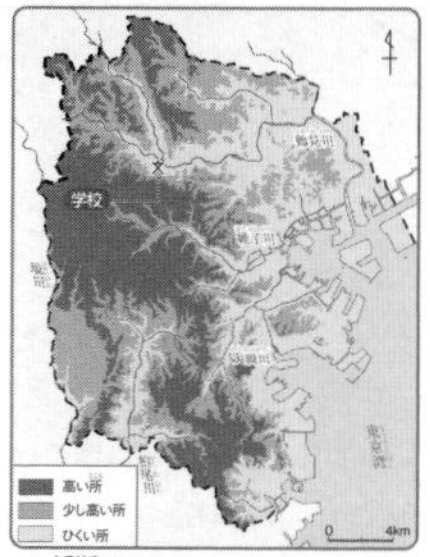

横浜《よこはま》市の土地の高さの様子

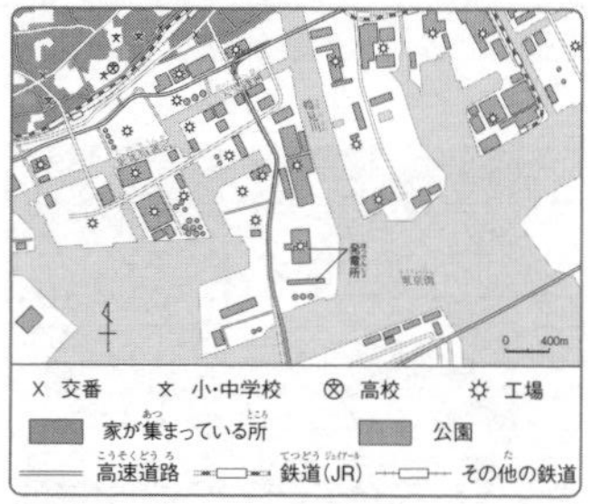

鶴見川の河口のまわりの地図

鶴見《つるみ》川の河口《かこう》のまわりの土地の様子

- 鶴見川は（① 東京湾 ）に流《なが》れこむ川である。
- 鶴見川の河口のまわりは、土地の（② ひくい ）所が広がっている。

鶴見川の河口のまわりの土地の使《つか》われ方

- 海ぞいの広くて平《たい》らな所には（③ うめ立て地 ）が多く、発電所《はつでんしょ》や（④ 工場 ）がたてられている。

うめ立て地とは、海に土をうめてつくったりく地のことだよ。

2 緑の多い所

教科書 36〜37ページ

緑の多い所の土地の使われ方

- 緑の多い所は、市の（⑤ 西 ）から南の方で、土地の高さが（⑥ 高い ）所にある。
- 緑の多い所には、動物園《どうぶつえん》や（⑦ 公園 ）のほかに、市がみんなのいこいの場所《ばしょ》となるようにつくった（⑧ 市民の森 ）もふくまれる。

横浜市の緑の多い所

えらんだ言葉に✓

□高い	□西	□ひくい	□うめ立て地
□公園	□東京湾《とうきょうわん》	□市民《しみん》の森	□工場

ぴたトリビア　海には、土をうめてつくるうめ立て地のほかに、海水をほし上げてつくる「かんたく地」とよばれるりく地もあります。

教科書 34〜37ページ　答え 8ページ

1 右の地図からわかることとして、正しいものには○を、まちがっているものには×をつけましょう。

①（ ○ ）鶴見川は東京湾に流れこんでいる。

②（ × ）鶴見川の河口のまわりには、家がたくさん集《あつ》まっている。

③（ ○ ）鶴見川の河口のまわりには、うめ立て地があり、工場がたくさんある。

④（ ○ ）海ぞいの工場のたてものの間に高速道路《こうそくどうろ》が通っている。

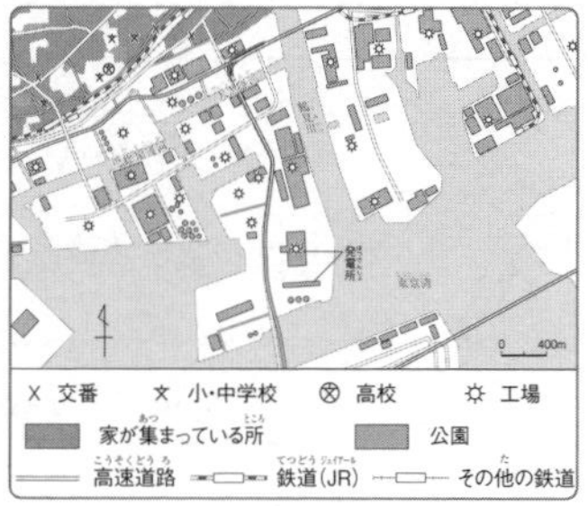

鶴見川の河口のまわりの地図

2 右の地図を見て、横浜市の緑の多い所についてわかることを、㋐〜㋔から3つえらびましょう。

㋐ 緑の多い所は、市の北部だけに多く集まっている。

㋑ 横浜市の緑の多い所は、市のいたる所にあるが、東部《ぶ》より西部に多く広がっている。

㋒ 緑の多い所は、市民が集《あつ》まりやすいショッピングセンターとしてりようされている。

㋓ 緑の多い所の中には、自然《しぜん》を生かして動物園としてりようされている所がある。

㋔ 緑の多い所の中には、市民の森などの公園としてりようされている所がある。

横浜市の緑の多い所

（順不同）（ ㋑ ）（ ㋓ ）（ ㋔ ）

ヒント 1 地図の記号や色分けを見て、鶴見川の河口のまわりの土地は、どのような使われ方をしているのかをたしかめながら取り組みましょう。

できたかな？

□地図から海に面した所と緑の多い所の様子を読み取って、言ってみよう。

おうちのかたへ

これまでに学習した地図の読み取り技法を使って、市の海に面した所と緑の多い所の土地の使われ方を調べます。「横浜市の土地の高さの様子」の地図と「横浜市の緑の多い所」の地図を重ねると、緑の多い所は標高の高い所に広がっていることがわかるなど、2つの地図の関連を読み取る練習をします。

練習　15ページ

1 海に面した所の地図から、土地の様子を読み取ります。鶴見川の河口のまわりには、うめ立て地が多く、工場がたくさんあります。家が集まっているのは、海から少しはなれた、鉄道の北がわです。

2 緑の多い所には、動物園や公園など、さまざまなしせつがあります。市民の森のように、市が緑を守り育てる目てきでつくられたしせつは、市民のいこいの場にもなっています。

㋐緑の多い所は、市のいたる所にあります。とくに西部から南部にかけて広がっているので×。

㋒緑の多い所は、自然を生かした公園や動物園として使われており、ショッピングセンターとしてりようされていないので×。

ぴったり1 じゅんび

1. わたしたちのまちと市

2 市の様子《ようす》④

めあて 住む人がふえてきた所や古いたてものがある所の様子を、地図から読み取ろう。

教科書 38〜41ページ　答え 9ページ

次の（　）に入る言葉《ことば》を、下からえらびましょう。

1 住《す》む人がふえてきた所

教科書 38〜39ページ

港北《こうほく》ニュータウンの様子

- 港北ニュータウンは（① 地下鉄 ）の駅《えき》を中心に、たくさんの家が集《あつ》まった所である。
- もともとは山林だった所を、（② 住たく地 ）に開発《かいはつ》して、つくられた。

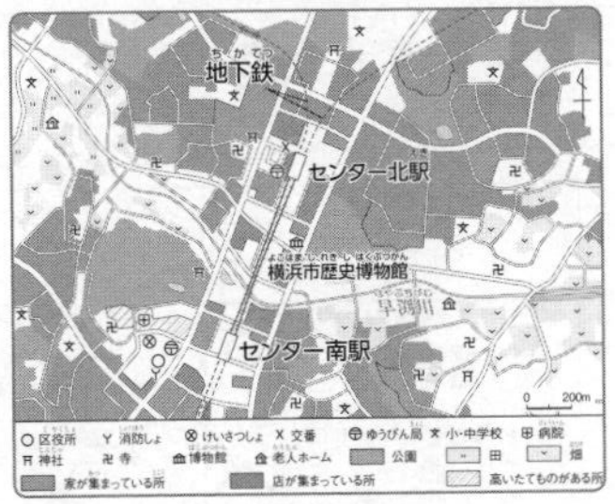

港北ニュータウンのあたりの地図

港北ニュータウンの人口がふえた理由《りゆう》

- 大きなショッピングセンターなどがあって、（③ 買い物 ）にべんりである。
- ゆたかな自然《しぜん》や、横浜市歴史博物館《よこはましれきしはくぶつかん》のすぐ東などに（④ 公園 ）がある。
- （⑤ 交通 ）の便《べん》がよく、横浜駅《よこはまえき》まで電車20分ほどで行くことができる。

2 古いたてものがある所

教科書 40〜41ページ

古いまちなみの地図から調《しら》べる

- 昔《むかし》は、（⑥ 東海道 ）という道が通っていて、この道にそって、旅人《たびびと》たちがとまる宿《やど》が集《あつ》まる（⑦ 宿場町 ）がつくられた。
- 市内の宿場町には、神奈川宿《かながわしゅく》、保土《ほど》ケ谷宿《がやしゅく》、（⑧ 戸塚宿 ）がある。
- （⑨ 赤レンガそうこ ）や神奈川県立《かながわけんりつ》歴史博物館のような、外国のとくちょうを持《も》ったたてものがつくられ、大切にのこされている。

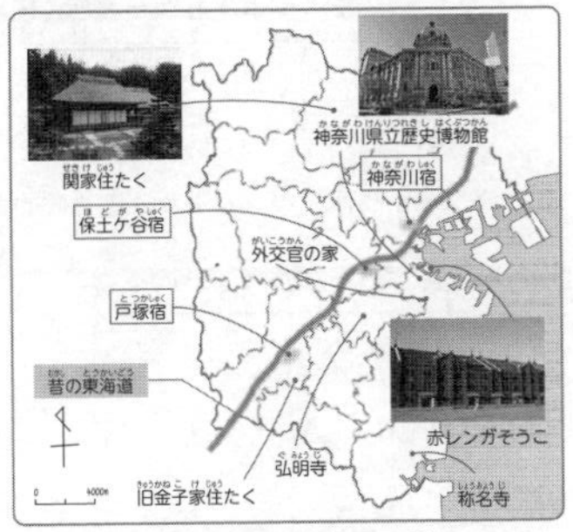

古いたてものや古いまちなみのある所

えらんだ言葉に✓
□東海道《とうかいどう》　□公園　□戸塚宿　□赤レンガそうこ　□買い物《もの》
□地下鉄《ちかてつ》　□交通　□宿場町《しゅくばまち》　□住たく地

ぴったり2 練習

ぴたトリビア　今から約160年前、横浜港は、いち早く外国との行き来のための港を開いた町でした。

教科書 38〜41ページ　答え 9ページ

1 右の地図を見て、次の①〜③の説明《せつめい》にあてはまる場所《ばしょ》を、㋐〜㋓からえらびましょう。

①（ ㋒ ）駅のまわりや地下鉄にそって広がっており、ニュータウンに住む人などが買い物に来る場所。

②（ ㋓ ）横浜市歴史博物館のすぐ東など、市民《しみん》がいこいの場としておとずれる場所。

③（ ㋑ ）早渕川《はやぶちがわ》のまわりで、駅から少しはなれた場所。

㋐ 家　㋑ 田や畑《はたけ》　㋒ 店　㋓ 公園

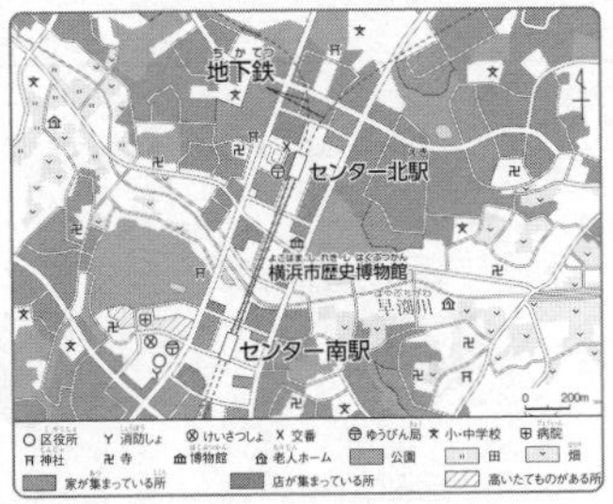

港北ニュータウンのあたりの地図

2 右の地図を見て、問《と》いに答えましょう。

(1) 横浜市を、北東から南西に通る道の昔の名前を答えましょう。
（ 東海道 ）

(2) 神奈川宿、保土ケ谷宿、戸塚宿は、昔、旅人たちがとまる宿が集まる町でした。このような町をなんとよぶか答えましょう。
（ 宿場町 ）

(3) 次の文の（　）にあてはまる言葉を答えましょう。

古いたてものや古いまちなみのある所

関家住《せきけじゅう》たくや神奈川県立歴史博物館のような、（ 古い ）たてものは、今も使われていたり、大切にのこされたりしている。

ヒント 2 (1) この道は、今では広くほそうされ、多くの車が行き来しています。昔の道の名前は、地図からさがして答えましょう。

できたかな？
□地図から、住む人がふえてきた所と古いたてものがある所の様子を読み取って、言ってみよう。

おうちのかたへ
ここでは、地図から、住む人がふえてきた所と古いたてものがある所の様子を読み取ります。市を調べるには、今のまちの広がりだけではなく、歴史的な街道や建物を調べて現在との関連を考えることも社会科の大切な要素です。お住まいの地域にある寺社や石碑、歴史的な地名などを地図から探して、由来や保存活動などについて話し合うことで、学習の幅が広がります。

練習 17ページ

1 ニュータウンとは、大きなまちのまわりにつくられた場所で、多くの人が住んでいます。鉄道などを使って、大きなまちの学校や会社に通う人がたくさんいます。

①駅のまわりには店が集まっている所が広がり、ニュータウンに住む人が買い物などに集まります。

②横浜市歴史博物館の東には公園があります。

③駅から少しはなれた早渕川の周りには、田（〃）や畑（∨）の地図記号《きごう》があります。

2 (1)地図で太くかかれている道は、東海道とよばれていました。今は国道となって、多くの交通りょうがあります。

(2)昔は自動車がなかったため、遠くに行くのはすべて徒歩《とほ》でした。そのため東海道などの道には、旅人たちが休むための店や宿が集まる宿場町が生まれました。

(3)横浜市には、古いたてものが多く残《のこ》されています。これらは、市が大切に守《まも》っています。

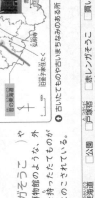

2 市の様子《ようす》⑤

◎めあて 市の様子をまとめた地図を読み取ろう。また、主な地図記号を覚えよう。

教科書 42〜45ページ　答え 10ページ

次《つぎ》の(　)に入る言葉《ことば》を、下からえらびましょう。

1 市の様子をまとめよう／地図記号ってなんだろう はってん

教科書 42〜44ページ

横浜《よこはま》市の様子

- 市の西の方が、土地が(① 高く)なっていて、緑《みどり》の多い所《ところ》もある。
- 市の東の方は、土地が(② ひくく)なっていて、海に面《めん》した所には(③ うめ立て地)がある。
- 交通が集《あつ》まっている横浜駅《よこはまえき》のまわりには、大きな(④ デパート)がある。
- 市役所《しやくしょ》のまわりには、(⑤ 公共しせつ)が集まっている。
- 市の北の方にある港北《こうほく》ニュータウンには、公園やショッピングセンターなどがあり、(⑥ 住たく)が多い。

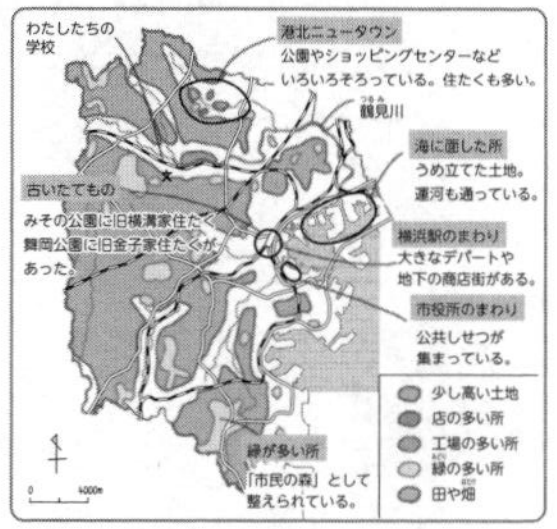

みんなでまとめた市の土地の様子

ワンポイント 地図記号

- 地図記号を使《つか》うと、地いきの様子を地図から読み取りやすくなる。

	小・中学校（漢字《かんじ》の「文」の形）		消防《しょうぼう》しょ（昔の消防用の道具《どうぐ》の形）		温泉《おんせん》（湯けむりの形）
	(⑦ 老人ホーム)（家とつえの形）		灯台《とうだい》（光が出る灯台を上から見た形）		(⑨ 田)（いねをかり取ったあとの形）
	博物館《はくぶつかん》（博物館や美術館《びじゅつかん》などのたてものの形）		(⑧ 神社)（鳥居《とりい》の形）		畑《はたけ》（植物《しょくぶつ》のふた葉《ば》の形）
	ゆうびん局（「ていしん省」という役所《やくしょ》の「テ」）		漁港《ぎょこう》（船のいかりの形）		果樹園《かじゅえん》（果物《くだもの》の実を横《よこ》から見た形）
	交番（２本のけいぼうが交わる形）		きねんひ（せきひを前から見た形）		(⑩ 図書館)（開《ひら》いた本の形）

えらんだ言葉に✓
□公共《こうきょう》しせつ □老人《ろうじん》ホーム □高く □ひくく □図書館《としょかん》
□デパート □住《じゅう》たく □田 □神社《じんじゃ》 □うめ立て地

ぴたトリビア 老人ホームの地図記号は、2006年に新しく生まれた記号で、デザインは全国《ぜんこく》の小・中学生のおうぼの中からえらばれました。

教科書 42〜45ページ　答え 10ページ

1 右の地図を見て、4人が横浜市の様子を説明《せつめい》しています。まちがった説明をしている人を㋐〜㋓から１人えらびましょう。

㋐ 市の西の方の土地は高いよ。そして、東の方がひくくなっているね。

㋑ 港北ニュータウンは海に面した所にあって、近くには公共しせつが、たくさん集まっているね。

㋒ 横浜駅には、交通がたくさん集まっているよ。鉄道《てつどう》は、神奈川県《かながわけん》以《い》外《がい》の町とも結《むす》ばれているね。

㋓ 市の東の方は海に面しているね。そこにはうめ立て地があって、運《うん》河《が》も通っているよ。

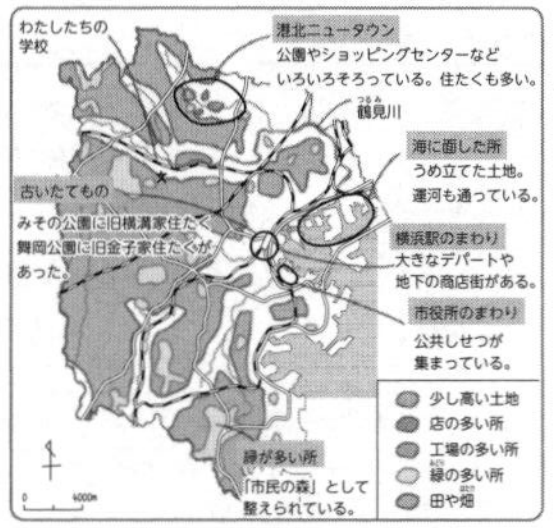

みんなでまとめた市の土地の様子

(㋑)

2 次の地図記号が表《あら》わすものを、それぞれ答えましょう。

①(博物館)　②(田)　③(果樹園)

④(ゆうびん局)　⑤(きねんひ)　⑥(老人ホーム)

ヒント 1 この地図では、土地の様子を色分けで表しています。そして、白い部分《ぶぶん》は土地のひくい所をしめしています。

できたかな？

□市の様子をまとめた地図を読み取って、市のとくちょうを言ってみよう。

おうちのかたへ

地図記号は地図によって仕様がさまざまです。教科書で扱う地図記号は、国土交通省国土地理院発行の地図で採用しているものなので、まずは、これらの記号を覚えるようにしましょう。単に暗記するのではなく、畑ならば植物の双葉の形をデザインしたものといった由来を理解することが、覚える近道となります。より多くの記号を知りたい場合は「国土地理院」のサイトを検索してみてください。

練習 19ページ

1 ㋑港北ニュータウンのある場所は、海に面した所ではありません。また、近くに公共しせつがたくさん集まっているのは、市役所のまわりです。

2 地図記号は、今のうちに覚えておきましょう。18ページの表には、それぞれの記号がどのようにしてデザインされたかが書かれています。それらの由来《ゆらい》をふまえて形と意味《いみ》をむすびつけましょう。

〈まちがえやすい地図記号〉

交番　けいさつしょ

小・中学校　高等学校《こうとうがっこう》

果樹園　広葉樹林《こうようじゅりん》※

※広葉樹とは、広く平たい葉をつける樹木《じゅもく》のことです。マツやスギなど、細い葉をもつ樹木を針葉樹《しんようじゅ》とよびます。

ぴったり3
たしかめのテスト
1. わたしたちのまちと市
2 市の様子《ようす》

／100　ごうかく80点

教科書　34〜45ページ　答え　11ページ

1 次《つぎ》の２つの地図を見て、問《と》いに答えましょう。　技能　1つ10点、(1)1つ5点（60点）

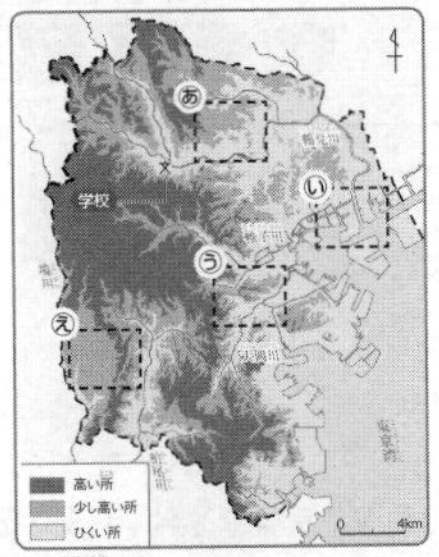

横浜《よこはま》市の土地の高さの様子

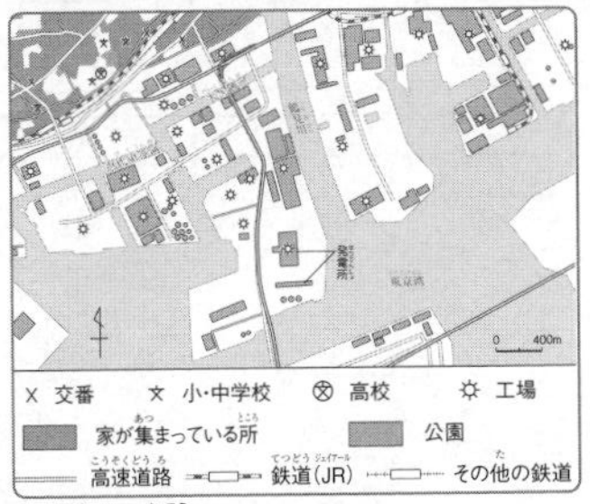

鶴見《つるみ》川の河口《かこう》のまわりの地図

(1) よく出る　「横浜市の土地の高さの様子」の地図からわかることとして正しいものには○を、まちがっているものには×をつけましょう。

①（　○　）市の西の方は、土地の高い所《ところ》が広がっている。
②（　○　）市の東は海に面《めん》していて、土地のひくい所が多い。
③（　○　）市内を流《なが》れる川の多くは、東京湾《とうきょうわん》に流れこんでいる。
④（　×　）学校は、鶴見川の近くで、土地の高い所にある。

(2) 上の２つの地図のうち、右の地図は、左の地図のあ〜えのどこを大きくしたものでしょう。あ〜えの記号《きごう》で答えましょう。

（　い　）

(3) 「鶴見川の河口のまわりの地図」を見て、次の①〜③にあてはまる言葉《ことば》をあとの［　］からえらびましょう。

鶴見川の河口近くの土地はうめ立て地で、（　①　）がたくさんある。発電《はつでん》所《しょ》の近くには（　②　）が通っていて、（　③　）とむすばれていることがわかる。

公共《こうきょう》しせつ　鉄道《てつどう》　工場
高いたてもの　高速道路《こうそくどうろ》
他《ほか》の地いき　市内の工場

①（　工場　）
②（　高速道路　）
③（　他の地いき　）

2 右の地図を見て、問いに答えましょう。　技能　1つ10点（30点）

(1) この地図の地いきの様子をア〜エから１つえらびましょう。

ア　自然《しぜん》がのこされている、住《じゅう》たくが多い地いき。
イ　高いたてものが多く、店が多い地いき。
ウ　鉄道や高速道路が集《あつ》まる、工場が多い地いき。
エ　自然《しぜん》ゆたかな、森林が広がる地いき。

（　ア　）

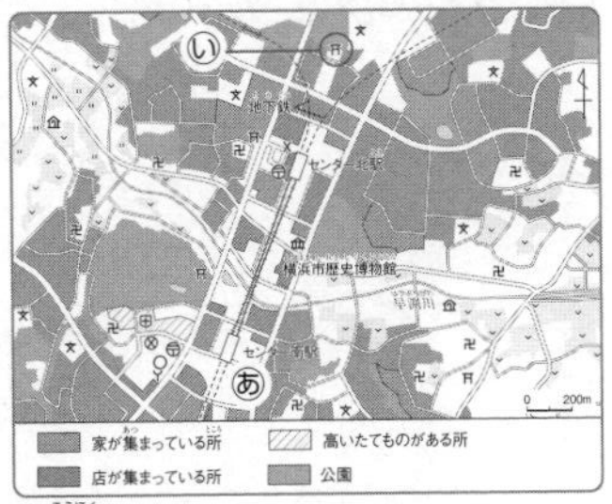

港北《こうほく》ニュータウンのあたりの地図

(2) 地図のあの駅《えき》の西がわにないしせつをア〜エから１つえらびましょう。

ア　小・中学校　イ　ゆうびん局《きょく》　ウ　消防《しょうぼう》しょ　エ　図書館《としょかん》

（　エ　）

(3) 地図のいを表《あらわ》した絵を、ア〜ウから１つえらびましょう。

ア

イ

ウ

（　ウ　）

記述　**3** できたらスゴイ!　右の地図を見て、横浜市の中心部《ぶ》を通る道について、かんたんにせつ明しましょう。ただし、次の3つの言葉をかならず使《つか》いましょう。　思考・判断・表現（10点）

東海道　神奈川宿《かながわしゅく》　宿場町《しゅくばまち》

（（れい）昔の東海道にそって、神奈川宿などの宿場町がある。）

古いたてものや古いまちなみのある所

ふりかえり　3がわからないときは、16ページの2にもどってかくにんしてみよう。

たしかめのテスト　20〜21ページ

1 (1)この地図は、土地の高さを色で表《あらわ》しています。学校のある場所をたしかめると、鶴見川の近くで、土地の低いところだと読み取れるため、④は×となります。
(2)右の地図は、鶴見川の河口のまわりを表しています。この地いきは、左の地図だといのはんいとなります。
(3)河口近くの土地は、うめ立て地です。うめ立て地には、工場がたくさんあることが読み取れます。また、発電所の西を通る道路は、高速道路で、この地図でしめされた以外《いがい》の、他の地いきとむすばれていることを読み取りましょう。

2 (2)あの駅の西がわには、ゆうびん局、区役所《くやくしょ》、消防しょ、病院《びょういん》、寺、小・中学校はありますが、図書館はありません。

3 太い線でしめされた道は、昔《むかし》の東海道です。この道にそって、神奈川宿などの宿場町があることが書いてあれば正かいです。

記述問題のプラスワン

3 指定《してい》された3つの言葉《ことば》を使《つか》ったうえで、それ以外《いがい》の言葉を使ってせつ明しても正かいです。
（れい）昔の東海道にそって、神奈川宿や保土ケ谷宿、戸塚宿などの宿場町がある。
（れい）昔の東海道は人々が多く行き来したので、神奈川宿など、旅人がとまる宿の集まる宿場町がつくられた。

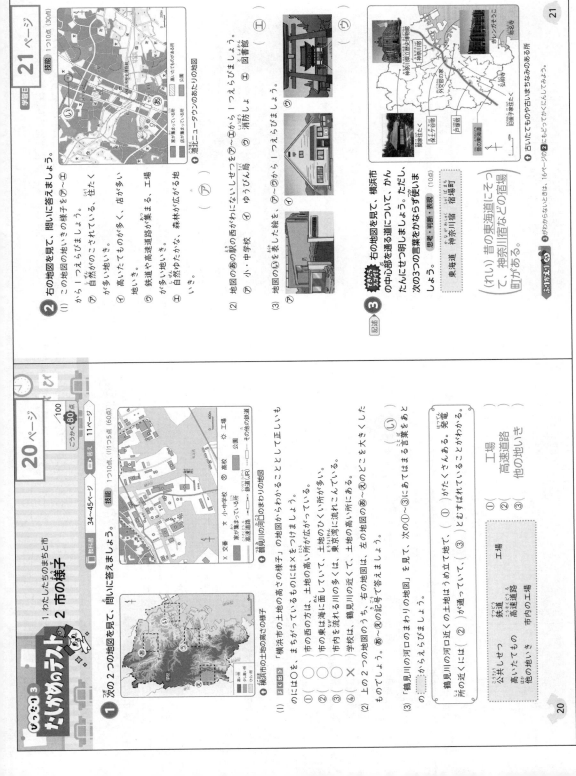

ぴったり1 じゅんび

2. はたらく人とわたしたちのくらし

1 店ではたらく人と仕事《しごと》①

◎めあて 買い物調べのしかたと、レシートには何が書いてあるのかをたしかめよう。

3分でまとめ

教科書 46〜53ページ　答え 12ページ

次《つぎ》の(　　)に入る言葉《ことば》や数字を、下からえらびましょう。

1 買い物はどこで／買い物調べでわかったこと

教科書 48〜51ページ

○月×日

買い物に行った店	わがし屋（商店街《しょうてんがい》）	コンビニエンスストア
買った品物《しなもの》	●まんじゅう	●牛にゅう
その店に行った理由《りゆう》	●わがしがおいしいから。	●牛にゅうを買いわすれていたから。
気づいたこと	●おばあさんは、「わがし屋のまんじゅうがいちばん。」と言っていた。	●近くにコンビニエンスストアがあって、べんり。

↑ 買い物調べカード

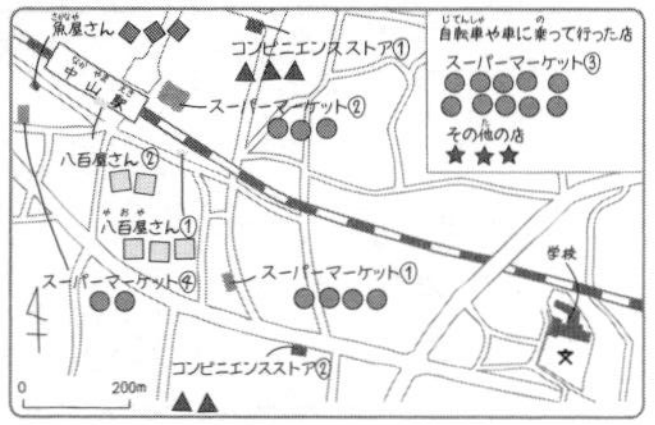

↑ みんなでまとめた買い物地図

買い物調べカードの書き方

- 調べる(① 日)を決《き》めて、どの店で、何を買ったのかを書く。
- その店に行った(② 理由)や気づいたことを書く。

みんなの買い物調べをまとめる

- 白地図に、みんなの行った店ごとに、買い物に行った(③ 人数)を書きこむ。

まとめるときは、表《ひょう》やグラフにすると、わかりやすくなるよ。

2 レシートからわかること

教科書 52〜53ページ

レシートに書かれていること

- レシートには、買い物をした日にち、時間、買った物、(④ ねだん)などが書かれている。
- 右のレシートでは、全部《ぜんぶ》で(⑤ 1223)円の買い物をしたことと、1500円しはらって、おつりが(⑥ 277)円だったことが書かれている。

〈 領 収 証 〉
20XX年12月17日(金) 10:34 レジ:615

553 国産若鶏もも ＊325
561 オレンジ ＊108
561 バナナ ＊105
563 ブロッコリー ＊148
563 とまと ＊537
小計／ 5点 ¥1,223
お買上計 ¥1,223
内税率 8%対象額 ¥1,223
(内消費税等 8% ¥90)
＊印は軽減税率対象商品です
お預り金 ¥1,500
お釣り ¥277

↑ レシート

お店の売り上げを高めるくふう

- 70円で仕《し》入《い》れたチョコレートを、100円で売ると、店は(⑦ 30)円のもうけとなる。
- 多くの商品を買ってもらうと、売り上げがふえる。

えらんだ言葉に✓　□ねだん　□人数　□277　□30　□日　□理由　□1223

ぴったり2 練習

ぴたトリビア
コンビニエンスストアの「コンビニエンス」とは、えい語で「べんり」という意味《いみ》です。

教科書 46〜53ページ　答え 12ページ

1 右のグラフは、「みんなでまとめた買い物地図」をもとにつくりました。これらの地図とグラフを見て、問《と》いに答えましょう。

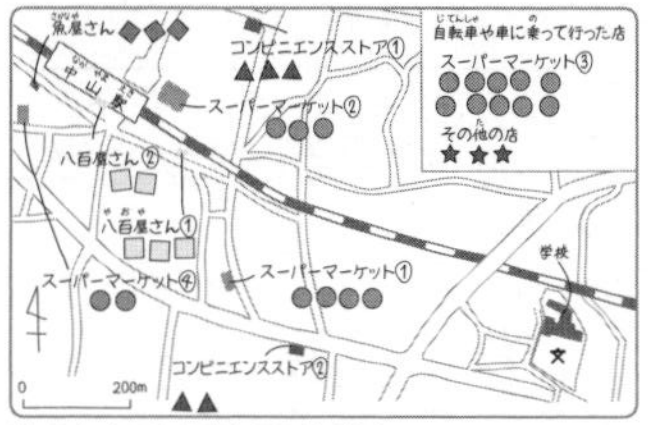

↑ みんなでまとめた買い物地図

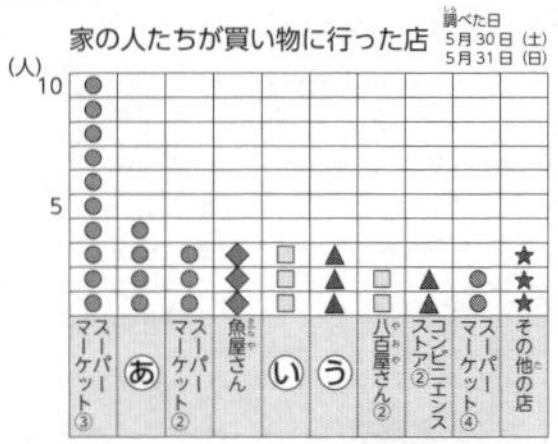

↑ みんなが買い物をした店と人数のグラフ

(1) 左の地図を右のグラフにするとよい点を、㋐〜㋓から2つえらびましょう。

㋐ 店ごとに、何人が買い物したのかが一目でわかる。
㋑ 店ごとに、何が売られているのかが一目でわかる。
㋒ みんなが、どの店でいちばん多く買い物をしているのかが、一目でわかる。
㋓ 店の場所《ばしょ》が一目でわかる。

(順不同) (㋐)(㋒)

(2) グラフのあ〜うにあてはまる店を、地図を見て書きましょう。

あ(スーパーマーケット①)　い(八百屋さん①)
う(コンビニエンスストア①)

2 お店の売り上げを高めるくふうについて、あとの問いに答えましょう。

(1) 次の図の(　　)にあてはまる数字を書きましょう。

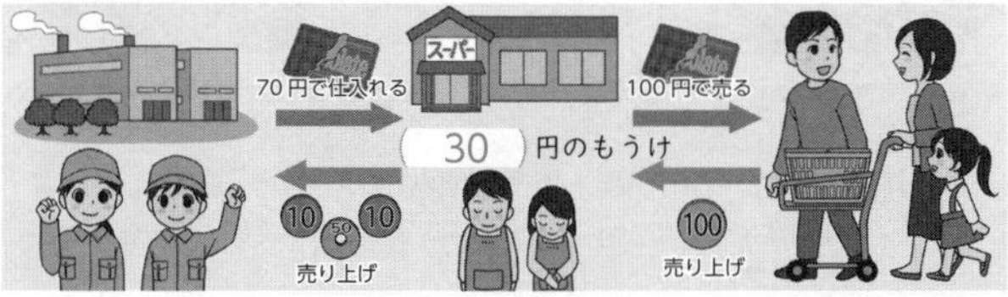

(2) あるお店で、おかしを1こ売ったときに、20円のもうけがあるとき、100こ売れたときの、店のもうけはいくらになるでしょう。　(2000)円

ヒント　2 (1) 工場から1こ70円で仕入れたチョコレートを100円で売っています。のこったお金がお店のもうけとなります。

練習　23ページ

1 (1)みんなでまとめた買い物地図をグラフにすることで、どのようなよい点があるのかを考えます。店の場所は地図でしかわかりませんが、グラフにすることで、店ごとに買い物をした人の数や、みんなが多く行った店が一目でわかるようになります。

2 (1)この図では、お店は、チョコレートを70円で仕入れて、100円で売っています。つまり、30円がお店のもうけとなります。

(2)1こ20円のもうけがあるので、100こ売れたときは〈20 × 100 = 2000（円）〉で、2000円のもうけとなります。お店は、できるだけ多くのもうけを出すために、さまざまなくふうをして、お客《きゃく》さんを集《あつ》めています。

できたかな？
□身の回りの人に聞いて、買い物調べカードをつくってみよう。

おうちのかたへ
買い物調べカードをつくることで、家のまわりにはどのような店があり、みんなはどのような理由で、どこで買い物をするかなど、買い物を客観的にとらえます。また、レシートには、さまざまな情報が書かれていることを理解します。機会があればお子さまとレシートを見て、書かれている情報を確認してみてください。

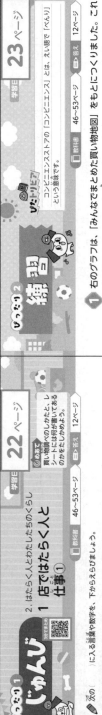

ぴったり1 **じゅんび**

2. はたらく人とわたしたちのくらし

1 店ではたらく人と仕事《しごと》②

学習日 **24ページ**

◎めあて
スーパーマーケットには、どのようなくふうがあるのか、たしかめよう。

教科書 54~57ページ　答え 13ページ

次《つぎ》の(　　)に入る言葉《ことば》を、下からえらびましょう。

1 学習《がくしゅう》の見通しを立てよう　教科書 54ページ

学習問題と学習計画

学習問題	店ではたらく人たちは、お客《きゃく》さんによろこんで買ってもらえるように、どのようなくふうをして売り上げを高めているのだろう。
調《しら》べること	●ねだん　●品《しな》ぞろえ　●新せんさ　●(① べんりさ)
調べ方	●店の様子《ようす》を(② かんさつ)する。 ●店の人やお客さんに(③ インタビュー)する。
気をつけること	●お客さんの買い物《もの》のじゃまをしない。　●商品《しょうひん》にさわらない。 ●礼儀《れいぎ》正しくインタビューする。

2 スーパーマーケットの様子《ようす》を調べよう　教科書 55~57ページ

ねだんのくふう
- 売れのこらないように、ねだんを(④ 下げる)。
- ねだんの数字が(⑤ 大きく)て、見やすい。

品ぞろえのくふう
- 同じ商品《しょうひん》でも、しゅるいを多く、たくさんそろえている。
- (⑥ わかりやすい)ように、商品をしゅるいごとにならべている。

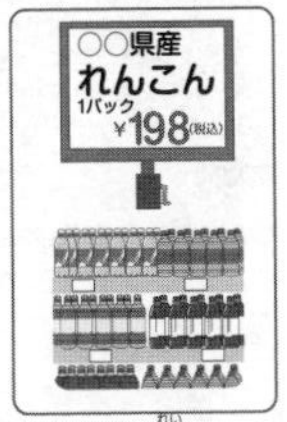

くふうの例《れい》

新せんさのくふう
- 新せんな商品がそろっており、(⑦ れいぞうロッカー)で、買った物をひやしたままあずけられるサービスがある。

べんりさのくふう
- 売り場や通路《つうろ》が広く、車いすやショッピングカートを動《うご》かしやすい。
- 広い(⑧ 駐車場)があり、自動車で来やすい。

だれにでもりようしやすいくふう(しょうがいのある人やお年寄《としよ》りのためのくふう)
- (⑨ 車いす)のかし出し。　●だれにでも使《つか》いやすいトイレがある。
- 補助犬《ほじょけん》といっしょに店に入れる。　●しょうがいのある人のための駐車場《ちゅうしゃじょう》がある。

えらんだ言葉に✓　□下げる　□わかりやすい　□べんりさ　□かんさつ　□駐車場　□大きく　□れいぞうロッカー　□車いす　□インタビュー

ぴったり2 **練習**

学習日 **25ページ**

ぴたトリビア
スーパーマーケットでは、レジの近くにお米がおかれています。これも、重《おも》いお米を長い時間、お客さんに持《も》たせないための、店のくふうです。

教科書 54~57ページ　答え 13ページ

❶ 次の絵は、スーパーマーケットの見学で見つけた、お客さんが買い物をしやすくするためのくふうです。これらを、くふうのしゅるいごとになかま分けすると、どのように分けられますか。(　　)に記号《きごう》で答えましょう。

㋐ 新せんな商品

㋑ 広い売り場や通路

㋒ しゅるいごとにならべられた商品

㋓ 大きくて見やすいねだんの数字

㋔ 車いすのかし出し

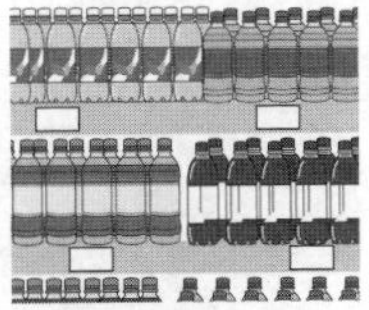
㋕ たくさんのしゅるいの商品

㋖ 広い駐車場

㋗ 売れのこりを出さないためにねだんを下げる

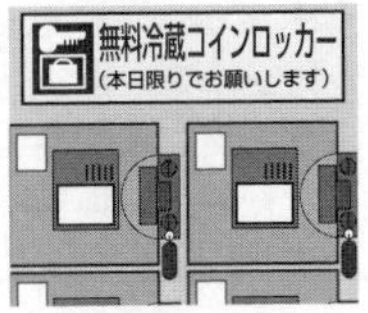

㋘ れいぞうロッカー

ねだんのくふう (㋓)(㋗) (すべて順不同)
品ぞろえのくふう (㋒)(㋕)
新せんさのくふう (㋐)(㋘)
べんりさのくふうとしょうがいのある人やお年寄りのためのくふう
(㋑)(㋔)(㋖)

ヒント ❶ それぞれの絵が、お客さんにとって、どのようなよい点があるのかを考えるようにしましょう。

できたかな?
□スーパーマーケットのお客さんを集めるためのくふうを、あげてみよう。

おうちのかたへ
店で働く人について、スーパーマーケットを例に学習します。スーパーマーケットでは集客のために様々な工夫をしており、近年では障がい者や高齢者が安心、安全に買い物ができるような工夫をする店舗も増えています。お子さまとスーパーマーケットに行く機会があれば、障がい者マークの駐車場が入り口近くにあることなどを見学し、その意味を伝えるなどして、学習理解を深めてください。

練習　25ページ

❶ スーパーマーケットでは、お客さんを集めるために、さまざまなくふうをしています。

〈ねだんのくふう〉
ねだんを大きく見せることで、すぐに品物をえらべるようにしています。

〈品ぞろえのくふう〉
たくさんのしゅるいの品物をおくことで、多くの品物の中から買う品物をえらべます。

〈新せんさのくふう〉
品物にはいつまでおいしく食べることができるのかの日にちが書かれています。

〈べんりさのくふう〉
駐車場があれば、遠くから買い物に行くことができます。また、広い通路があれば、車いすやベビーカーを使う人が安全に買い物することができます。

〈しょうがいのある人やお年寄りのためのくふう〉
車いすのかし出しがあれば、より多くの人が買い物をすることができます。

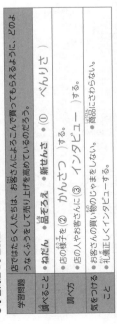

ぴったり3

たしかめのテスト

2. はたらく人とわたしたちのくらし

1 店ではたらく人と仕事《しごと》

／100　ごうかく80点

教科書 46～57ページ　答え 14ページ

1 買い物調《ものしら》べカードについて、次《つぎ》の文の①～③にあてはまる言葉《ことば》を㋐～㋓からえらびましょう。 1つ5点（15点）

さいしょに、（①）を決《き》めて、その日に家の人が行った店とその店で（②）を聞いてカードに書きます。また、その店に行った（③）も書くようにしましょう。さい後に、気づいたことを書きます。

㋐ 理由《りゆう》　㋑ 道じゅん　㋒ 調べる日　㋓ 買った品物《しなもの》

①（ ㋒ ）②（ ㋓ ）③（ ㋐ ）

2 右の地図や下の表・グラフを見て、問《と》いに答えましょう。 (1)1つ5点、(2)20点（35点）

(1) よく出る 買い物に行った店と人数をわかりやすくするために、㋐のような表《ひょう》をつくりました。表の中のあ～うにあてはまる「正」の字の形や、数字を書きましょう。 技能

あ（ T ）
い（ 4 ）
う（ 下 ）

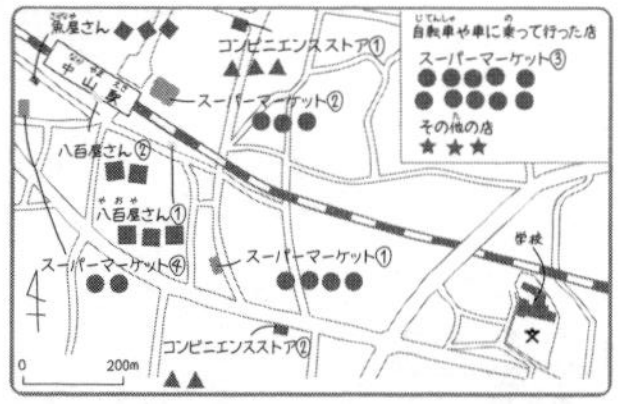

みんなでまとめた買い物地図

(2) 作図 ㋐の表をもとに、㋑のようなグラフをつくりました。グラフで使《つか》われているもように気をつけながら、グラフをかんせいさせましょう。 技能

㋐ 家の人たちが買い物に行った店　調べた日 5月30日（土）5月31日（日）

店	人数	
八百屋《やおや》さん①	下	3
八百屋さん②	あ	2
スーパーマーケット④	T	2
魚屋《うおや》さん	下	3
コンビニエンスストア①	下	3
コンビニエンスストア②	T	2
スーパーマーケット①	正	い
スーパーマーケット②	う	3
スーパーマーケット③	正正	10
その他《た》の店	下	3

㋑ 家の人たちが買い物に行った店　調べた日 5月30日（土）5月31日（日）

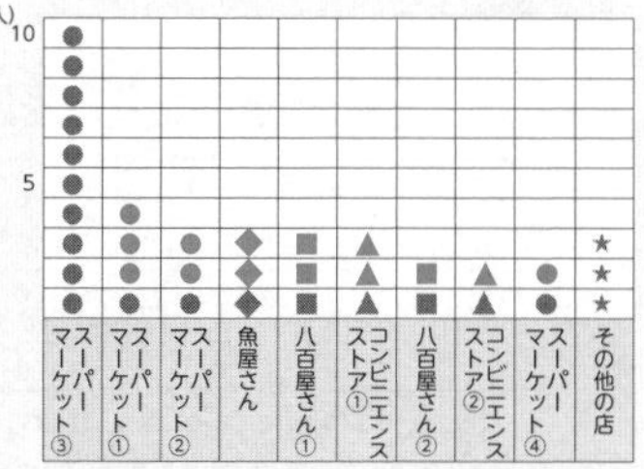

3 次のそれぞれのお客《きゃく》さんのねがいについて、店ではどのようなくふうをしているのか、線でむすびましょう。 1つ6点（30点）

お客さんのねがい	店のくふう
① 商品《しょうひん》を、いろいろなしゅるいからえらびたい。	㋐売れのこらないように、ねだんを下げる。
② 買った物をひやしたままあずけたい。	㋑補助犬《ほじょけん》をつれて買い物ができるようにする。
③ 安《やす》く商品を買いたい。	㋒同じ商品でも、多くのしゅるいをそろえている。
④ 車で買い物に行きたい。	㋓れいぞうロッカーをおく。
⑤ 目が不《ふ》自由だが、買い物がしたい。	㋔広い駐車場《ちゅうしゃじょう》をつくる。

4 右の絵は、スーパーマーケットの入り口の様子《ようす》です。この絵を見て、問いに答えましょう。 (1)1つ5点、(2)10点（20点）

(1) スーパーマーケットの入り口におかれた車いすや車いす用トレーは、おもにだれがりようするでしょう。㋐～㋓から2つえらびましょう。

㋐ 小さな赤ちゃんのいる母親
㋑ 歩くのが不自由なお年寄《としよ》り
㋒ あしなど体の不自由な人
㋓ 重《おも》い商品を買いたい人

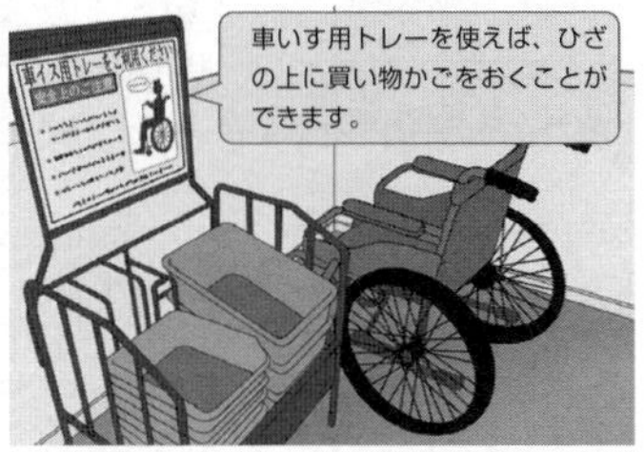

（順不同）（ ㋑ ）（ ㋒ ）

記述 (2) できたらスゴイ！ スーパーマーケットの売り場の通路は広くて、ゆかが平らになっている理由を、かんたんに書きましょう。 思考・判断・表現

（れい）車いすに乗った人が安心して買い物ができるようにするため。

ふりかえり 4(2)がわからないときは、24ページの2にもどってかくにんしてみよう。

たしかめのテスト　26～27ページ

1 買い物調べカードでは、「調べる日」「行った店」「買った品物」を記入します。また、店に行った理由を聞いておくことで、店のとくちょうを知ることができます。

2 (2)グラフで使われている●◆■▲のもようは、「みんなでまとめた買い物地図」で店のしゅるいごとにかかれているもようと同じです。グラフにすることで、買い物客が多い店が一目でわかります。

3 スーパーマーケットでは、お客さんのねがいをかなえるために、さまざまなくふうをしていることをたしかめましょう。
⑤補助犬とは、目の不自由な人の歩行などを助けるためにくんれんされた犬です。スーパーマーケットの中には、補助犬をつれて買い物ができる店もたくさんあります。

4 (2)ゆか（通路《つうろ》）が広くて平らだと、車いすが安全に通れます。このように、体の不自由な人やお年寄りが安全に使えるようにくふうすることを、バリアフリーとよびます。

記述問題のプラスワン

4 (2)答えのれいのほかにも、「つえを使う人」や「ベビーカーを使う人」が安心して買い物ができることを書いていても正かいです。スーパーマーケットでは、ゆかを広く平らにすることで、車いすやベビーカーが通りやすいようにして、たくさんの人に安心して安全に買い物をしてもらえるようにしています。

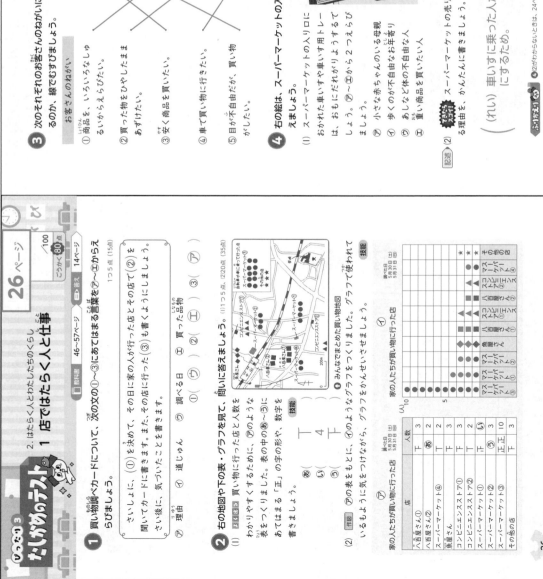

ぴったり1 じゅんび

2. はたらく人とわたしたちのくらし

1 店ではたらく人と仕事《しごと》③

3分でまとめ

学習日

28ページ

めあて スーパーマーケットではたらく人のくふうと、商品の産地をたしかめよう。

教科書 58～61ページ　答え 15ページ

次《つぎ》の（　）に入る言葉《ことば》を、下からえらびましょう。

1 店ではたらく人の様子《ようす》

教科書 58～59ページ

店ではたらく人のくふう

- **仕入《しい》れをする人**…商品《しょうひん》が売り切れないように、とどけてもらう（① 時間 ）を決《き》めている。
- **商品をならべる人**…（② ほしい物 ）がすぐに手に取《と》れるようにしている。
- **新せんさを調《しら》べる人**…食べるまでの時間や、きせつを考えて売るようにしている。野菜《やさい》などの（③ 品質 ）をたしかめている。
- **そうざいをつくる人**…（④ きせつや時間 ）によって、何をどれだけつくるか決めている。
- **レジ係《かかり》の人**…（⑤ お金 ）の受《う》けわたしをまちがえないようにしている。
- **注文《ちゅうもん》をする人**…（⑥ お客さん ）がほしがっていて、多く買ってもらえる物をそろえる。

商品をならべる人

レジ係の人

2 商品はどこから

教科書 60～61ページ

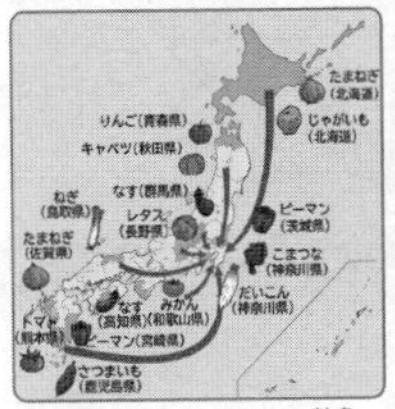

国内から仕入れた野菜の産地《さんち》

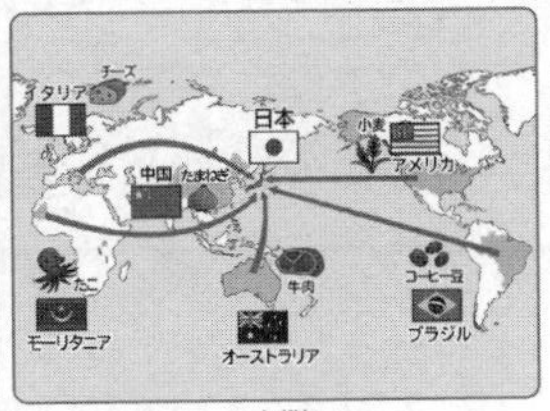

外国から仕入れた食品《しょくひん》の産地

国旗《こっき》には、その国の人々の思いや、ほこりなどがこめられているよ。

- じゃがいもは（⑦ 北海道 ）から、レタスは長野県《ながのけん》から仕入れている。
- お客さんは安全な食材をえらぶために、（⑧ 産地 ）には気をつけている。
- 安全でよい商品を安く売るために、（⑨ 外国 ）から仕入れたり、青果《せいか》市場《いちば》を通さずに、農家からちょくせつ仕入れたりしている。

えらんだ言葉に✓

□品質《ひんしつ》	□お客《きゃく》さん	□時間	□お金	□きせつや時間
□北海道《ほっかいどう》	□ほしい物《もの》	□産地	□外国	

28

ぴったり2 練習

学習日

29ページ

ぴたトリビア スーパーマーケットの、おべんとうやそうざいなどをつくる場所《ばしょ》や品物《しなもの》をおいておく場所を、バックヤードとよびます。

教科書 58～61ページ　答え 15ページ

1 次のスーパーマーケットではたらく人の絵のふきだしにあてはまる文を、㋐～㋓からえらびましょう。

㋐ きせつや時間で、つくるもののしゅるいとりょうを決めます。
㋑ 売り切れのないように、商品をとどけてもらう時間を決めています。
㋒ 野菜など、いたんだものがないか、品質をかくにんしています。
㋓ お客さんを待《ま》たせず、お金の受《う》けわたしをまちがえないようにしています。

2 次の2つの図を見て、①～④の野菜や食品をどこから仕入れているか、それぞれあてはまる道府県《どうふけん》名や国名を答えましょう。

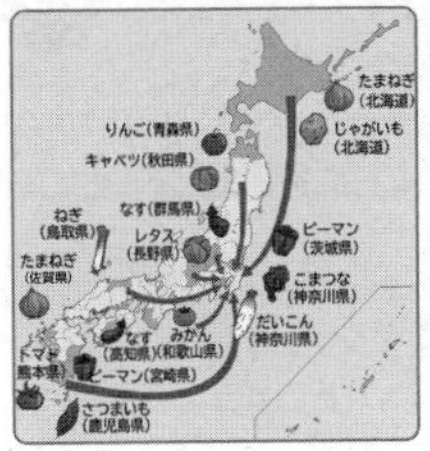

国内から仕入れた野菜の産地

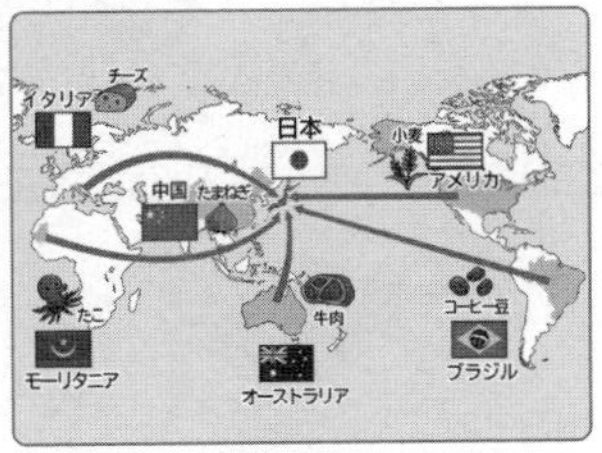

外国から仕入れた食品の産地

①ねぎ（ 鳥取県 ）　②りんご（ 青森県 ）
③小麦（ アメリカ ）　④牛肉（ オーストラリア ）

ヒント 1 そうざいやおべんとうづくりでは、きせつの食材《しょくざい》を使《つか》ったり、昼前や夕方などの、よく売れる時間に合わせて、つくるりょうをふやしたりするくふうをしています。

29

できたかな？
□地図を見て、スーパーマーケットの商品はどこからとどけられているのか、言ってみよう。

おうちのかたへ
スーパーマーケットの商品は、全国の様々な地域から届けられていること、そして、外国からも届けられていることを学習します。私たちの暮らしが外国とつながっていることを、初めて学びます。お子さまとスーパーマーケットで買ってきた商品の原産国表示を見て、国名を地図で確認すると、学習理解がさらに深まります。

練習 29ページ

1 ①新せんさを調べる人の様子です。新せんさなどの品物の質を「品質」といいます。
②そうざいをつくる人の様子です。昼や夕方はたくさん売れるので、つくるりょうをふやします。
③仕入れをする人の様子です。売り切れて商品がなくなるといけないので、とどけてもらう時間を決めています。
④レジ係の人の様子です。お金の受けわたしをするので、まちがえないように注意しています。

2 地図のやじるしは、野菜や食品を運《はこ》ぶ流れを表《あらわ》しています。それぞれの野菜や食品が、どこから運ばれてくるのかを、やじるしをたどって答えましょう。

1 店ではたらく人と仕事《しごと》④

◎めあて お客さんのねがいに対して、スーパーマーケットのくふうをたしかめよう。

教科書 62〜65ページ　答え 16ページ

次《つぎ》の（　）に入る言葉《ことば》を、下からえらびましょう。

1 買い物《もの》で気をつけていることと店のくふう　教科書 62〜63ページ

買い物でお客さんが気をつけていること

- 少しでも安《やす》く買うために、広告《こうこく》の（① ちらし ）を見くらべたり、いくつか店を回ったりする。
- 食品《しょくひん》の（② 消費期限 ）をたしかめて、それまでに食べ切れるかを考える。
- 家族《かぞく》の（③ けんこう ）や安全《あんぜん》を考えて、つくった人や場所《ばしょ》をたしかめる。
- 家族の人数に合わせて、買う（④ りょう ）を考える。
- 牛にゅうパックや食品トレーなどを、（⑤ リサイクル ）ボックスに入れる。
- （⑥ ポイント ）がたまるカードをりようして、おとくに買い物をする。

2 店のくふうをまとめよう　教科書 64〜65ページ

	店のくふう ←つながり→	お客さんのねがい
ねだん	ねだんを見やすくする。	安く買いたい。
	お買いどく品を用意《ようい》する。	
品《しな》ぞろえ	小分けにして売る。	ひつような分だけ買いたい。
	世界《せかい》の各地《かくち》から商品《しょうひん》を取《と》りよせる。	外国の商品を食べたい。
新せんさ	新せんなものを用意する。	消費期限《しょうひきげん》をたしかめたい。
	（⑦ 産地 ）がわかるようにする。	つくられた場所をたしかめたい。
べんりさ	広い（⑧ 駐車場 ）をつくる。	自動車《じどうしゃ》に乗《の》って行きたい。
その他《た》	リサイクルコーナーを整《ととの》える。	ごみをへらしたい。
	リサイクルでもポイントがたまる取り組みをする。	ポイントをためたい。

えらんだ言葉に✓　□産地《さんち》　□ポイント　□駐車場《ちゅうしゃじょう》　□リサイクル　□ちらし　□けんこう　□りょう　□消費期限

ぴたトリビア　入り口近くにきせつの果物《くだもの》や野菜《やさい》をおいて、きせつ感《かん》を出すことも、スーパーマーケットのくふうの１つです。

教科書 62〜65ページ　答え 16ページ

1 次の絵は、お客さんが買い物をするときに気をつけていることのれいです。それぞれの絵が表《あらわ》していることを、㋐〜㋓からえらびましょう。

①（ ㋓ ）

②（ ㋒ ）

③（ ㋑ ）

④（ ㋐ ）

㋐ 野菜などは、どこでだれがつくったのか、わかるものがいい。
㋑ 消費期限までに食べ切れるかを考えて、買い物をする。
㋒ おとくに買い物ができるカードを使って、ポイントをためたい。
㋓ 少しでも安く買い物をするため、ちらしを見くらべて買い物をする。

2 次の４人のねがいをかなえるために、店が行っているくふうを㋐〜㋔からえらびましょう。

ひつような分だけ買いたい。 ①（ ㋔ ）

外国の商品を食べたい。 ②（ ㋐ ）

牛にゅうパックや食品トレーなどを、リサイクルしたい。 ③（ ㋓ ）

つくられた場所をたしかめたい。 ④（ ㋒ ）

㋐ 世界の各地から商品を取りよせる。
㋑ 古くなった商品は取りのぞく。
㋒ 産地がわかるようにする。
㋓ リサイクルボックスをおくなど、リサイクルコーナーを整える。
㋔ いろいろなりょうの商品をおいたり、このみのりょうにカットしたりする。

ヒント 2 ③「リサイクル」とは、使《つか》い終《お》わったものを新しくして、もう一度《いちど》使うことです。たとえば、牛にゅうパックはトイレットペーパーなどに生まれかわります。

できたかな？

□スーパーマーケットにしてほしいねがいを思いうかべて、それに対《たい》して店が行っているくふうをあげてみよう。

おうちのかたへ

これまで調べてきたスーパーマーケットについて、まとめる学習です。店の工夫は暗記する必要はありません。社会科では、私たちと社会的事象の「つながり」が重要となりますので、この単元では、私たちの願いと店の工夫にどのようなつながりがあるのかを理解することがゴールとなります。

練習　31ページ

1 ①広告のちらしです。特売《とくばい》やセール品《ひん》などがわかります。

②ポイントがつくカードをレジ係《がかり》の人に見せると、ポイントがたまります。

③消費期限が書かれています。消費期限とは、安全に食べることができる期限です。

④作物をつくった人のじょうほうをつたえることで、安心して買うことができます。

2 ③牛にゅうパックはリサイクルすると、ティッシュペーパーやトイレットペーパーなどの原料《げんりょう》になります。食品トレーはプラスチックをつくるための原料になります。スーパーマーケットのリサイクルボックスは、ごみを出さないくふうの１つです。

ぴったり1

じゅんび

はってん

2. はたらく人とわたしたちのくらし

1 店ではたらく人と仕事《しごと》⑤

学習日　32ページ

めあて
スーパーマーケット以外《いがい》の店の仕事や、買い物のしかたをたしかめよう。

教科書 66～67ページ　答え 17ページ

次《つぎ》の(　)に入る言葉《ことば》を、下からえらびましょう。

1 よりよい買い物をするために

教科書 66～67ページ

さまざまな買い物のしかた

- **八百屋《やおや》さん**
  お客《きゃく》さんは(① 近所)の人が多く、店の人と顔を合わせて買い物ができる。野菜《やさい》のよさや料理《りょうり》のしかたを教えてもらうこともできる。
- **コンビニエンスストア**
  朝早くから夜おそくまで開《あ》いていて、毎日のくらしにかかわる商品がそろっている。つくりたてのべんとうなどを売るために、(② 配送トラック)が1日に何度もやってくる。コピーや宅配便《たくはいびん》などの(③ サービス)もある。
- **インターネットを使《つか》う**
  いつでも商品をさがして、買うことができる。(④ 店に行かずに)買い物ができてべんり。
- **個人《こじん》こうにゅう**
  決《き》まった曜日や時間に、商品を家までとどけてくれる。車の運転《うんてん》ができない(⑤ お年寄り)にとって、よいしくみである。

八百屋さん

コンビニエンスストア

インターネットを使う

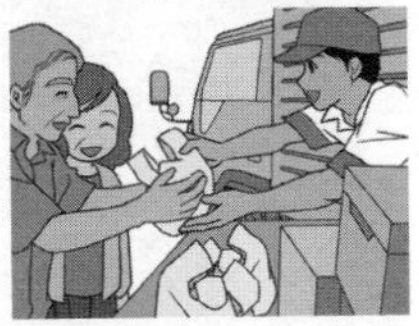
個人こうにゅう

商店街《しょうてんがい》のくふう

- 雨がふっても買い物がしやすいように、(⑥ アーケード)(歩道の屋根《やね》)がつくられている。
- さまざまな(⑦ イベント)が開《ひら》かれたり、買い物をすると(⑧ ポイント)がたまるカードをつくったりしている。

えらんだ言葉に✓　□アーケード　□イベント　□配送《はいそう》トラック　□店に行かずに　□サービス　□近所《きんじょ》　□お年寄《としよ》り　□ポイント

ぴったり2

練習

学習日　33ページ

ぴたトリビア
コンビニエンスストアは、1927年にアメリカで生まれました。もとは、氷《こおり》を売る店でしたが、その後、牛にゅうやパンなどを売るようになりました。

教科書 66～67ページ　答え 17ページ

1 さまざまな買い物のしかたについて、問《と》いに答えましょう。

(1) 次の①～③にあてはまる買い物のしかたを、㋐～㋒からそれぞれえらびましょう。

①

②

③

㋐ 仕事《しごと》がいそがしくて、店に行って買い物をする時間がないので、家でパソコンから注文《ちゅうもん》することが多いです。
㋑ お店の人と話しながら買い物ができるのが楽しいです。おすすめの料理を教えてくれて、ためになるのでよく行きます。
㋒ 車が運転できないので、商品を家までとどけてもらっています。

①(㋒)　②(㋐)　③(㋑)

(2) 右の店にお客さんが行く理由を1つ考えて書きましょう。

(れい) 夜おそくまで、店が開いているから。

2 右の写真のような商店街が、お客さんを集《あつ》めるために行っているくふうについて、まちがっているものを㋐～㋓から1つえらびましょう。

㋐ 雨の日でも買い物がしやすいように、アーケードをつくっている。
㋑ どの店も24時間開けるようにしている。
㋒ さまざまなイベントを開いている。
㋓ 買い物をするとポイントがたまるカードをつくっている。

(㋑)

ヒント　1 (1) ①は決まった曜日や時間に、商品を家までとどけてくれるしくみで、②はインターネットを使って商品をさがすことができる買い物のしかたです。

練習　33ページ

1 (2)コンビニエンスストアのくふうについて考えます。朝早くから夜おそくまで開いているので、いつでも行ける点がべんりです。他《ほか》にも、お金をあずけたりおろしたりできるきかいがあること、つくりたてのべんとうがあること、急《きゅう》にひつようとなる日用品がそろっていることなどを書いても正かいです。

2 商店街は、ふつう夜になると店をしめるので㋑は×です。
商店街によっては、アーケードをつくって、雨の日でも買い物をしやすくしたり、福引《ふくび》きなどのイベントを開いたりしてお客さんを集めています。また、安心《あんしん》、安全《あんぜん》に買い物ができるように、買い物客が多く集まる時間は、車を通行止めにする商店街もあります。

できたかな？
□スーパーマーケット以外の店のくふうについて、れいをあげてみよう。

おうちのかたへ
最後にスーパーマーケット以外の店について、学習します。それぞれの店では、独自の工夫で集客を行っており、各店の特徴を知ることは消費者教育の第一歩となります。お子さまには、各店のメリットに気付かせるとともに、例えばインターネットを通した購入には危険があることなど、デメリットも伝えることが大切です。

ぴったり3

たしかめのテスト

2. はたらく人とわたしたちのくらし

1 店ではたらく人と仕事《しごと》

/100 ごうかく80点

教科書 58～67ページ　答え 18ページ

1 よく出る スーパーマーケットの店長がはたらく人の様子《ようす》について話しています。①～④にあてはまる言葉《ことば》を、㋐～㋕からえらびましょう。　1つ5点（20点）

スーパーマーケットでは、たくさんの人がはたらいています。新せんさを調《しら》べる人は、商品《しょうひん》がいたんでいないか、①（ ㋒ ）をたしかめます。そうざいをつくる人は、②（ ㋕ ）によって、何をどれだけつくるか決《き》めています。レジ係の人は、③（ ㋔ ）の受《う》けわたしをまちがえないように、気をつけています。また、お客《きゃく》さんが多くなる時間に合わせて、レジ係《かかり》の人を④（ ㋑ ）くふうもしています。

㋐味《あじ》　㋑ふやす　㋒品質《ひんしつ》　㋓へらす　㋔お金　㋕きせつや時間

2 よく出る 次《つぎ》のスーパーマーケットの仕入《しい》れ先の地図からわかることとして正しいものには○を、まちがっているものには×をつけましょう。

技能　1つ5点（30点）

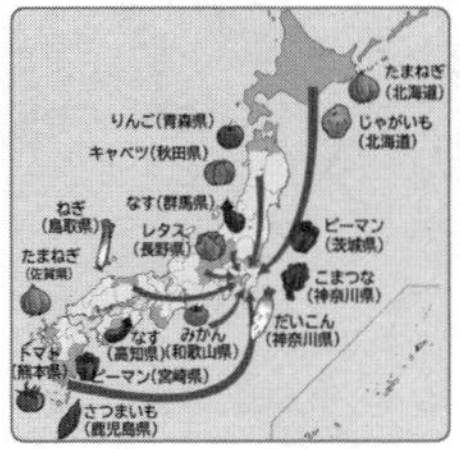

国内から仕入れた野菜《やさい》の産地《さんち》

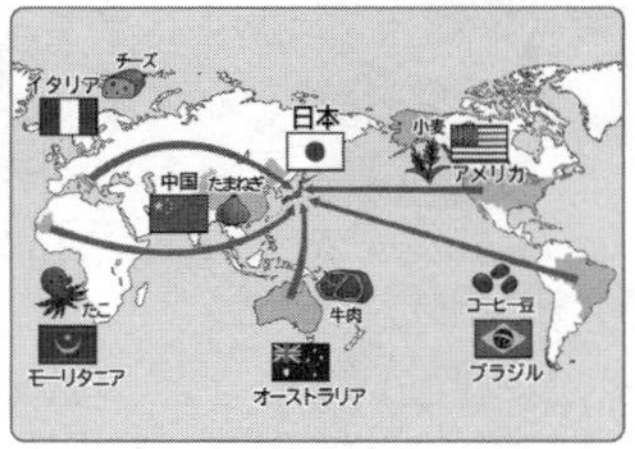

外国から仕入れた食品《しょくひん》の産地

①（ ○ ）たまねぎやじゃがいもは、北海道《ほっかいどう》から仕入れている。
②（ × ）りんごは宮崎県《みやざきけん》から仕入れている。
③（ ○ ）チーズはイタリアから仕入れている。
④（ ○ ）たまねぎは、国内からも外国からも仕入れている。
⑤（ × ）野菜は日本国内から、果物《くだもの》は外国から仕入れている。
⑥（ × ）野菜や食品の仕入れ先は、近くの都道府県《とどうふけん》と国だけである。

3 スーパーマーケットが外国から食品を仕入れることについて、「スーパーマーケットにとってよい点」と「お客さんにとってよい点」を、それぞれ㋐～㋓から1つずつえらびましょう。　1つ5点（10点）

㋐ スーパーマーケットを外国で開《ひら》くことができる。
㋑ 日本にはないよい商品を、安く売ることができる。
㋒ 外国に行かなくても、外国の有名な食材《しょくざい》を手に入れることができる。
㋓ 日本の食材を買わなくてすむ。

スーパーマーケットにとってよい点（ ㋑ ）
お客さんにとってよい点（ ㋒ ）

この本の終わりにある「夏のチャレンジテスト」をやってみよう！

4 次の2人が買い物《もの》で気をつけていることに対《たい》して、スーパーマーケットが行っているくふうを、それぞれ㋐～㋒からえらびましょう。　1つ10点（20点）

買ってきた食材をあまらせるのがいやだから、ひつような分だけ買いたい。　①（ ㋑ ）

牛にゅうパックや食品トレーなどは、もう一度《いちど》使《つか》えるようにしてほしい。　②（ ㋒ ）

㋐ 

つくった人の名前がわかるシール

㋑ 

少ない人数分用にカットした野菜

㋒ 

リサイクルボックス

記述 **5** てきたらスゴイ！ 右の絵は、スーパーマーケットにおかれている、お客さんの意見《いけん》を書いてもらうコーナーです。このコーナーがある理由《りゆう》を考えて、答えましょう。

思考・判断・表現　（20点）

（れい）お客さんの意見を聞いて、スーパーマーケットをもっとよくするため。

ふりかえり ❺がわからないときは、30ページの❷にもどってかくにんしてみよう。

記述問題のプラスワン

5 「スーパーマーケットをもっとよくするために、お客さんの声を聞く」ことが書いてあれば正かいです。
（れい）お客さんのねがいを聞いて、たくさんのお客さんを集《あつ》めるため。
（れい）これまで気づかなかった問題《もんだい》をかいぜんして、もっとよいスーパーマーケットにするため。

たしかめのテスト　34～35ページ

1 ④スーパーマーケットは、昼と夕方はとてもこみます。そこで、多くのお客さんが来る時間はレジ係の人をふやして、お客さんの待《ま》ち時間を少なくするくふうをしています。

2 地図のやじるしは、野菜や食品がどこから運《はこ》ばれてくるかをしめしています。
②りんごは、青森県《あおもりけん》から運ばれています。
⑤左の地図では、りんごとみかんは国内から運ばれています。
⑥野菜や食品は、北海道や九州《きゅうしゅう》、また、外国の遠い国々からも運ばれています。

4 ①さい近は、一人でくらす人や、食べるりょうが少ない人のために、野菜をカットして売る店がふえています。お客さんのねがいをかなえるほかにも、すてる食材をへらすくふうです。

5 多くのスーパーマーケットには、お客さんの意見を聞くために、意見を書いてもらうコーナーがあります。お客さんの意見を聞いて、店をもっとよくしようとしていることが書いてあれば正かいです。

ぴったり1 じゅんび　せんたく

2. はたらく人とわたしたちのくらし

2 工場ではたらく人と仕事《しごと》①

学習日　36ページ

3分でまとめ

◎めあて 工場の仕事についての学習問題をつくり、調べることと調べ方をたしかめよう。

教科書 68〜71ページ　答え 19ページ

次《つぎ》の(　　)に入る言葉《ことば》や数字を、下からえらびましょう。

1 まちで人気のしゅうまい 学習問題をつくり、学習の見通しを立てよう　教科書 68〜71ページ

まちで人気のしゅうまい

- 横浜《よこはま》市の人が１年間でしゅうまいに使《つか》うお金は(① 2229)円で、全国《ぜんこく》へいきんの約《やく》(② 2)倍《ばい》である。
- しゅうまいは、横浜市の(③ 名物)となっている。

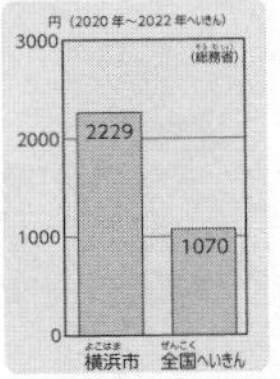

１年間で、しゅうまいに使うお金

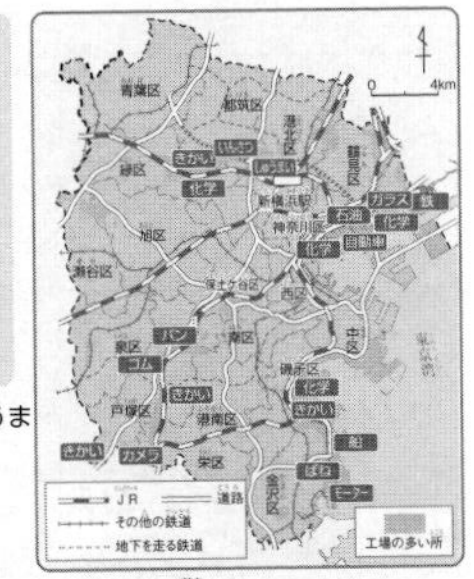

横浜市の主《おも》な工場

しゅうまい工場の場所《ばしょ》

- 横浜市の海の近くには、化学《かがく》、自動車《じどうしゃ》などの大きな(④ 工場)がある。
- 横浜市の海から少しはなれた場所には、(⑤ いんさつ)やきかいなどの工場がある。
- しゅうまい工場は、海から少しはなれた場所の、大きな(⑥ 道路)ぞいにある。

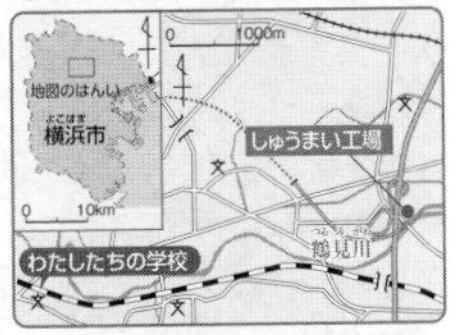

しゅうまい工場の場所

学習問題と学習計画

学習問題	工場の仕事にはどのようなくふうがあり、わたしたちのくらしとどのようなつながりがあるのだろう。
調べること	●しゅうまいのつくり方　●はたらく人の仕事　●わたしたちとのつながり
調べ方	●工場に(⑦ 見学)に行く。 ●(⑧ 地図)を見たり、手紙できいたりする。 ●見学してわかったことをもとに、わたしたちとのつながりを考える。
気をつけること	●きかいや商品《しょうひん》にはさわらない。　●話をしずかにきく。 ●わかりやすくしつもんする。

えらんだ言葉に✓　□見学　□道路《どうろ》　□いんさつ　□地図　□工場　□名物《めいぶつ》　□2　□2229

ぴったり2 練習

学習日　37ページ

ぴたトリビア しゅうまい工場のように、食品《しょくひん》をつくる工業《こうぎょう》を食料品工業《しょくりょうひん》とよびます。食料品工業には、パンやかんづめなど、さまざまな工場があります。

教科書 68〜71ページ　答え 19ページ

1 次の２つの地図からわかることとして、正しいものには○を、まちがったものには×をつけましょう。

①(○)横浜市の石油や化学、自動車、船などの大きな工場は、海の近くに多い。
②(×)横浜市のきかい工場は、海からはなれた場所にしかない。
③(○)横浜市で工場の多い所は、海ぞいや道路ぞい、鉄道ぞいである。
④(×)横浜市の工場の多い所は、市の西の方にかたよっている。
⑤(×)しゅうまい工場は、海に面《めん》した所にある。
⑥(○)しゅうまい工場は、大きな道路ぞいにある。

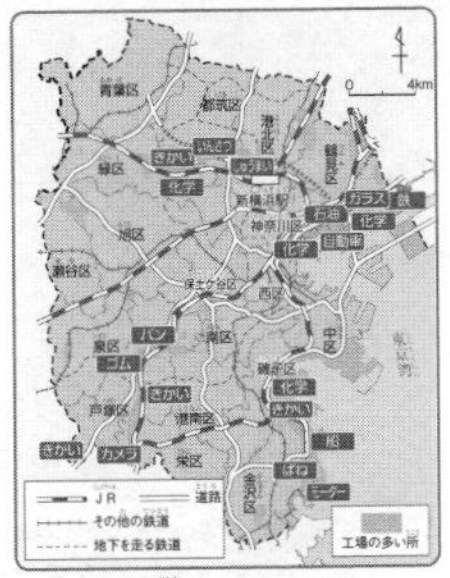

横浜市の主《おも》な工場

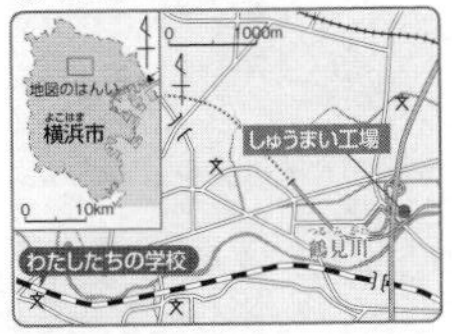

しゅうまい工場の場所

2 しゅうまい工場の見学で、次の２人のぎもんをかい決《けつ》するには、何を調べればよいですか。㋐〜㋓から１つずつえらびましょう。

工場で、しゅうまいがどのようにしてつくられているのかを知りたい。　①(㋒)

工場でつくられたしゅうまいは、わたしたちとどのようにつながっているのかな？　②(㋓)

㋐ 工場ではたらく人は、どのような服《ふく》そうをしているのか。
㋑ はたらく人は、どこから来ているのか。
㋒ 工場では、どのような道具《どうぐ》やきかいを使うのか。
㋓ 工場でつくられたしゅうまいは、どこで売られているか。

ヒント **1** ⑥しゅうまい工場の近くにある曲がりくねった道は、高速《こうそく》道路の出入口となるインターチェンジです。

できたかな？

□工場のくふうを調べるには、何を、どのように調べればよいか、言ってみよう。

おうちのかたへ

この単元は、工場の仕事の工夫と、私たちの暮らしとの関係を調べる学習です。最初に解決すべき課題である学習問題に対して、調べることと調べ方を確認します。この作業は問題解決に必要となるプロセスですので、しっかりとおさえるようにしてください。また、話の聞き方などの「気をつけること」はマナーを養う内容ですので、なぜ気をつけなくてはいけないかの理由を確認してください。

練習　37ページ

1 ②きかい工場は、海からはなれた場所のほかにも、海ぞいの磯子区《いそごく》にあります。

④工場の多い所は、横浜市の東の海ぞいです。

⑤しゅうまい工場は、海からはなれた場所にあり、原料やできたしゅうまいを運びやすいように、大きな道路ぞいにあります。

2 ①工場見学では、道具やきかいを見ることで、しゅうまいがどのようにつくられているのかがわかります。

②工場でつくられたしゅうまいは、お店を通してわたしたちの手元にとどきます。工場から出荷《しゅっか》されたしゅうまいが、どこで売られているかを調べることで、工場とわたしたちとのつながりがわかります。

ぴったり1 じゅんび

せんたく

2. はたらく人とわたしたちのくらし

2 工場ではたらく人と仕事《しごと》②

学習日 38ページ

めあて しゅうまいが、どのようにつくられているのかを、たしかめよう。

教科書 72〜73ページ　答え 20ページ

次《つぎ》の（　　）に入る言葉《ことば》を、下からえらびましょう。

1 工場をたずねて　教科書 72〜73ページ

しゅうまいができるまで

❶（① 原料 ）を じゅんび

ぶた肉を（② 人の手 ）でさばく

（③ きかい ）でたまねぎをあらう

❷練《ね》り肉や（④ 皮 ）をつくる

原料《げんりょう》を（⑤ まぜる ）

皮《かわ》をつくる

❸肉をつつみ、しゅうまいの（⑥ 形 ）をつくる

きかいで、しゅうまいの形をつくる

形がそろっていないものは、取《と》りのぞいて形を整《ととの》える

❹一気に（⑦ むす ）

きかいでむす

❺しゅうまいを箱《はこ》につめる

きかいで箱につめる

❻（⑧ ふぞく品 ）を つめる

人の手で、しょう油《ゆ》などを箱につめる

❼きかいでほうそうする

原料とは、ものをつくるときの、もとになるざいりょうのことだよ。

きかいだけではなく、手作業《さぎょう》もしているんだね！

えらんだ言葉に ✓　□人の手　□ふぞく品《ひん》　□きかい　□まぜる　□原料　□むす　□形　□皮

38

ぴったり2 練習

学習日 39ページ

ぴたトリビア いろいろな品物《しなもの》をつくる工場では、きかいによるけんさが行われていますが、さい後は人によってけんさをする工場が多いです。

教科書 72〜73ページ　答え 20ページ

❶ 工場でしゅうまいができるまでの作業を、カードにしました。これらのカードを見て、問《と》いに答えましょう。

㋐ しょう油などのふぞく品を、箱につめる。

㋑ 一気にむす。

㋒ 練り肉や皮をつくる。

㋓ ぶた肉、たまねぎ、ほたて貝の貝柱《かいばしら》などの原料をじゅんびする。

㋔ しゅうまいを箱につめる。

㋕ 練り肉を皮でつつみ、しゅうまいの形をつくる。形がそろっていないものは整える。

(1) 次の絵が表《あらわ》す作業を、㋐〜㋕からそれぞれえらびましょう。

（ ㋕ ）　（ ㋔ ）

(2) 上の㋐〜㋕を、しゅうまいができあがるまでの作業のじゅん番《ばん》にならべかえ、記号《きごう》で答えましょう。

（ ㋓ → ㋒ → ㋕ → ㋑ → ㋔ → ㋐ ）

(3) 上の㋐〜㋕を、「きかいだけで行う作業」と「きかいと手作業、または、手作業だけで行う作業」にグループ分けして、記号で答えましょう。（記号は、（　）の数だけ書きましょう。）

①きかいだけで行う作業　（順不同）（ ㋑ ）（ ㋔ ）

②きかいと手作業、または、手作業だけで行う作業　（順不同）（ ㋐ ）（ ㋒ ）（ ㋓ ）（ ㋕ ）

ヒント ❶(3) 練り肉を皮でつつみ、しゅうまいの形をつくるのはきかいですが、形がそろっていないものは、人の手で形を整えます。

39

練習　39ページ

❶ (2)物をつくる工場では、原料からせい品をつくり、箱につめる流《なが》れがいっぱんてきです。せい品のしゅるいによって、原料のつくり方や製品《せいひん》のつくり方はことなり、それぞれの工場でくふうが見られます。

(3)しゅうまい工場では、きかいと人の手と、作業によって使い分けが行われています。ぶた肉をさばいたり、形がそろっていないものを取りのぞいたりするのは、人の手の方が正かくに行えます。しかし、皮をつくったり、箱につめたりする作業は、きかいが行う方が一度にたくさん作業ができます。

できたかな？

□しゅうまいが工場でどのようにつくられているのか、言ってみよう。

おうちのかたへ

工場で働く人についてしゅうまい工場を事例として扱います。しゅうまいができるまでのイラストを確認することで、他の工場見学に行った際に調べる視点が学べます。近年は見学ができる工場が増えています。ぜひお子さまと工場へ行って、物づくりの現場を体感してみてはいかがでしょうか。

2. はたらく人とわたしたちのくらし

2 工場ではたらく人と仕事《しごと》③

めあて　工場ではたらく人について、気をつけていることと、仕事の内ようをたしかめよう。

教科書 74～77ページ　答え 21ページ

次《つぎ》の(　　)に入る言葉《ことば》を、下からえらびましょう。

1 はたらく人が気をつけていること　教科書 74～75ページ

ワンポイント　しゅうまいづくりで気をつけていること

- 病気《びょうき》をふせいで、身《み》のまわりをきれいにすることを**えいせい**という。
  →食品《しょくひん》工場ではたらく人は、(① えいせい)に気をくばり、しゅうまいを買った人が安心《あんしん》して食べられるようにしている。

- ローラーをあてて、(② かみの毛やほこり)を取《と》る。
- 手をていねいにあらい、(③ 消毒)する。
- (④ 白い服)を着《き》て、かべのあなから強い風が出る部屋《へや》に入り、服《ふく》についたかみの毛やほこりを取る。
- しゅうまいをつくるきかいを、ていねいにあらう。
- しゅうまいの中に、へんな物《もの》が入っていないか、きかいで(⑤ けんさ)する。

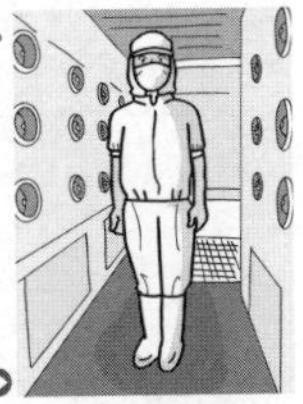

はたらく人たちが通る部屋

2 工場ではたらく人たち　教科書 76～77ページ

工場でしゅうまいづくり以外《いがい》の仕事をする人

- **新しい商品《しょうひん》を研究《けんきゅう》・開発《かいはつ》する人**…新しいしゅるいのしゅうまいなどを、(⑥ 研究・開発)している。
- **事務室《じむしつ》ではたらく人**…店の注文《ちゅうもん》をまとめて、(⑦ つくる数)を決《き》めて、決められた時間に店に運《はこ》ばれたかをかくにんする。
- **製品《せいひん》を運ぶ人**…工場でつくられた製品を、トラックで店に運ぶ。

工場ではたらく人たちの協力《きょうりょく》

- しゅうまいづくりは、午前４時から午後６時まできかいを止めずにつづけるため、(⑧ 交たい)で仕事をしている。
- みんなで協力して仕事をすすめることが、大切である。

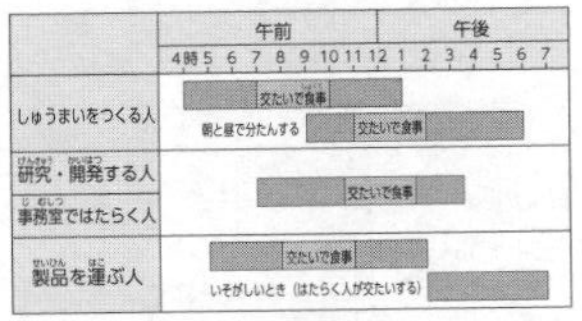

仕事べつのはたらく時間のちがい

えらんだ言葉に☑　□えいせい　□交たい　□研究・開発　□かみの毛やほこり　□消毒《しょうどく》　□けんさ　□白い服《ふく》　□つくる数

ぴたトリビア　食品をつくる工場ではたらく人が、白い服を着ているのは、服についたかみの毛やほこりを、見えやすくするためです。

教科書 74～77ページ　答え 21ページ

1 次の絵は、しゅうまい工場でえいせいを守《まも》るために、とくに気をつけていることを表《あらわ》しています。それぞれの正しい説明《せつめい》を、㋐～㋒からえらびましょう。

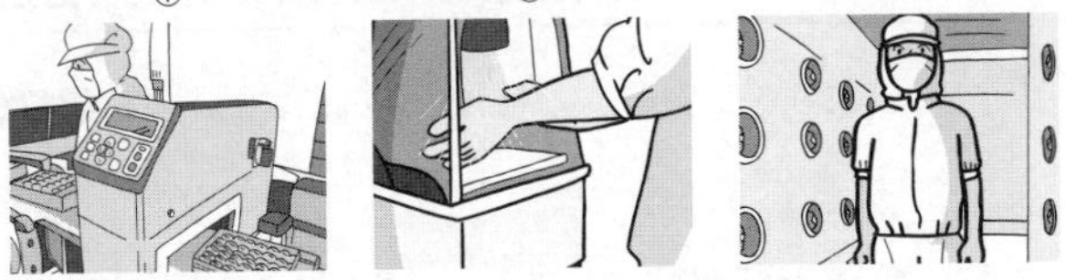

① (㋑)　② (㋐)　③ (㋒)

㋐ 手をていねいにあらったあと、アルコールでも消毒する。
㋑ しゅうまいの中に、へんな物が入っていないか、きかいを通してけんさする。
㋒ かみの毛やほこりなどを、風でふきとばして取りのぞく。

2 次の図は、工場ではたらいている人の、仕事べつのはたらく時間のちがいを表しています。この図を見て、問《と》いに答えましょう。

(1) しゅうまいは、何時から何時までつくられているか、答えましょう。
午前(4)時から
午後(6)時まで

(2) しゅうまいをつくる人と製品を運ぶ人には、２しゅるいのはたらく時間がある理由《りゆう》について、次の文の(　　)にあてはまる言葉を書きましょう。

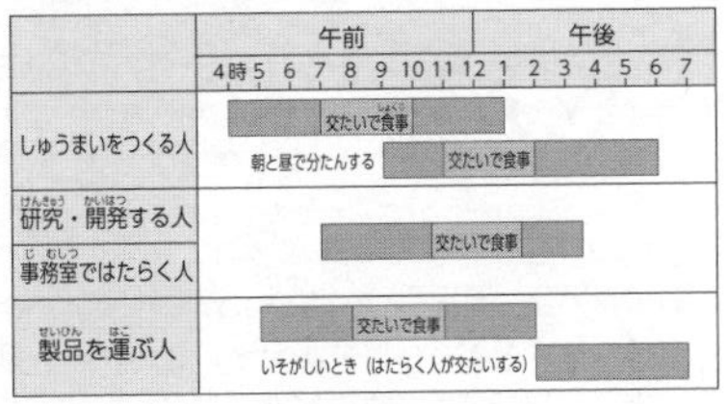

仕事べつのはたらく時間のちがい

朝早くからきかいを動かしているので、いそがしいときや休けいするときは、はたらく人が(交たい)で、仕事をしているから。

ヒント　❷ (2) しゅうまい工場のきかいを止めないために、しゅうまいをつくる人は、午前４時にはたらき始《はじ》める人たちと、午前９時にはたらき始める人たちがいます。

できたかな？
□しゅうまい工場ではたらく人が、気をつけていることのれいをあげてみよう。

おうちのかたへ
ここでは、しゅうまい工場で働く人について学習します。食品をつくる工場のため衛生には特に気をつけており、白い服には髪の毛やほこりが目視できる利点があります。また、工場では研究・開発部門や発注を行う事務の仕事など、いろいろな業務があることを学びます。工場には物をつくる以外のいろいろな部署があることを理解するようにしてください。

練習　41ページ

1 えいせいとは、病気をふせいで、身のまわりをきれいにすることです。しゅうまいなどの食べ物をつくる工場では、えいせいにとくに気をつけて、安心で安全な食べ物をつくるように心がけています。工場に入る前には、かならず白い服を着て、手を消毒し、ほこりなどを風でふきとばす部屋を通ります。

2 (1)図の「しゅうまいをつくる人」の仕事をしている時間を読み取りましょう。午前４時から午後６時まで、はたらいていることがわかります。
(2)しゅうまいをつくる人は、午前４時から午後６時まではたらきつづけることはできません。きかいを止めないために、午前４時に仕事を始める人と、午前９時から始める人が交たいで、しゅうまいをつくっています。

ぴったり1 じゅんび　やんたく

2. はたらく人とわたしたちのくらし

2 工場ではたらく人と仕事《しごと》④

学習日　**42ページ**

めあて　工場でつくられた製品《せいひん》の出荷と、地いきとのつながりをたしかめよう。

教科書 78〜81ページ　答え 22ページ

次《つぎ》の（　　）に入る言葉《ことば》を、下からえらびましょう。

1 製品はどこへ、原料《げんりょう》はどこから　教科書 78〜79ページ

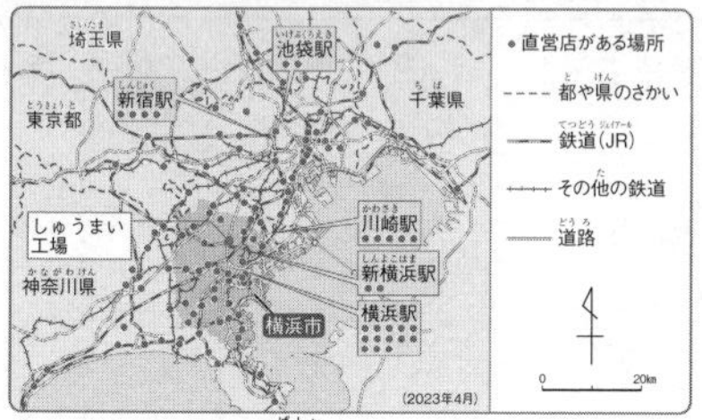

しゅうまいの店がある場所

工場がある場所と高速道路《こうそくどうろ》

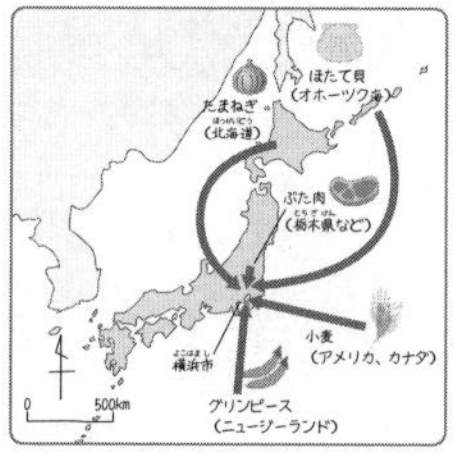

原料の仕入れ先

- 工場は、（① 高速道路 ）のインターチェンジ近くにあるので、製品は（② トラック ）をりようして出荷《しゅっか》される。
- 製品は、横浜《よこはま》市内を中心に、神奈川県《かながわけん》や東京都《とうきょうと》にある（③ 直営店 ）に運ばれる。
- 原料は、日本や外国のさまざまな地いきから、船やトラックで運ばれてくる。できるだけ新せんで、（④ 安全 ）なものをえらぶので、仕入《しい》れ先はかわることがある。

2 地いきとともに歩むものづくり　教科書 80〜81ページ

地いきのかんきょうへの取《と》りくみ

- あまった製品を（⑤ ひりょう ）などにりようする。
- 製品の箱《はこ》やつつみ紙を（⑥ リサイクル ）して、ごみをへらす。

地いきのれきしとしゅうまい

- 横浜市には多くの（⑦ 外国人 ）が住《す》み、（⑧ 中華街 ）の人たちが食べていたしゅうまいをもとに、工場で味《あじ》つけなどをくふうして、横浜駅で売り出したところ、人気が出て、横浜市の名物《めいぶつ》になった。

えらんだ言葉に✓　□中華街《ちゅうかがい》　□直営店《ちょくえいてん》　□安全《あんぜん》　□リサイクル　□ひりょう　□外国人　□トラック　□高速道路《こうそくどうろ》

ぴったり2 練習

学習日　**43ページ**

ぴたトリビア　しゅうまいは中国で生まれ、日本で広まった食べ物《もの》です。日本で生まれた食べ物では、「すし」も世界《せかい》中で食べられています。

教科書 78〜81ページ　答え 22ページ

1 次の２つの地図を見て、問《と》いに答えましょう。

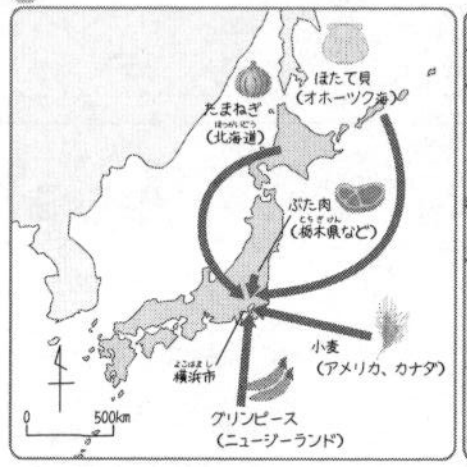

原料の仕入れ先

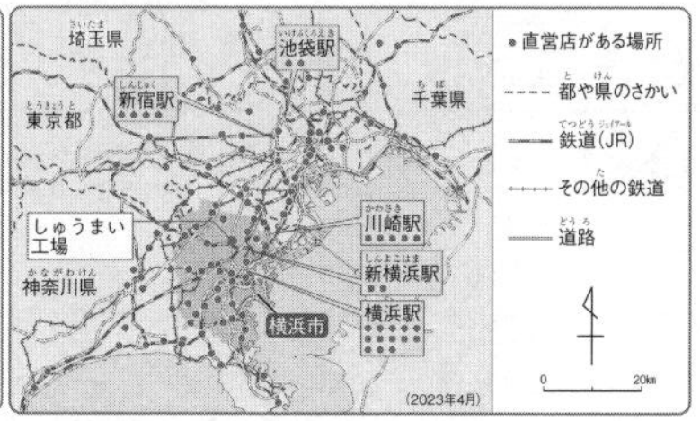

しゅうまいの店がある場所

(1) しゅうまい工場の原料の仕入れ先について、次の文の①・②にあてはまる言葉を答えましょう。

> しゅうまい工場の原料は、できるだけ新せんで安全なものをえらぶために、日本国内だけではなく、外国からも仕入れている。たとえば、たまねぎは①（ 北海道 ）から、グリンピースは②（ ニュージーランド ）から運ばれてくる。

(2) 直営店が多くある場所について、正しいものを次の㋐〜㋓からえらびましょう。

㋐ 海のそば　㋑ 鉄道《てつどう》の駅《えき》　㋒ 都や県のさかい　㋓ 外国

（ ㋑ ）

2 しゅうまい工場が、地いきのかんきょうを守《まも》るために気をつけていることについて、正しいものには○を、まちがっているものには×をつけましょう。

①（ ○ ）あまった製品は、ひりょうなどにりようしている。
②（ × ）いらなくなった製品の箱やつつみ紙は、工場のねん料としてすべてもやしている。
③（ × ）中華街であまったしゅうまいを、直営店で売っている。
④（ × ）出荷には、かんきょうを守るため、自動車《じどうしゃ》を使《つか》わないようにしている。

ヒント　1 (2) 地図で、直営店をしめす●と鉄道のかん係《けい》を読《よ》み取るようにしましょう。

できたかな？

□工場から出荷されるしゅうまいは、どのようにして、どこへ運ばれるのか、言ってみよう。

おうちのかたへ

製品の出荷や原料調達について学習します。地図から、しゅうまい工場はインターチェンジ近くで、トラック輸送に便利なこと、直営店は人が多く集まる鉄道の駅に多いことを読み取ります。内容的に高度ですが、それぞれの事象の理由がわかれば、理解しやすくなります。

練習　43ページ

1 (1)「原料の仕入れ先」の地図を読み取ります。たまねぎやほたて貝、ぶた肉は国内から仕入れていますが、小麦やグリンピースは外国から仕入れています。

(2)直営店とは、工場をもつ会社が出している店で、工場から直せつ商品がとどけられます。「しゅうまいの店がある場所」の地図を見ると、鉄道にそって直営店があることが読み取れます。そして、横浜《よこはま》駅や川崎《かわさき》駅など、駅に店が多いことがわかります。

2 多くの工場では、かんきょうを守る取り組みが行われています。しゅうまい工場では、いらなくなった製品の箱やつつみ紙は、リサイクルしています。

44ページ

ぴったり3 せんたく

たしかめのテスト

2. はたらく人とわたしたちのくらし

2 工場ではたらく人と仕事《しごと》

/100 ごうかく80点

教科書 68〜81ページ　答え 23ページ

1 次《つぎ》のしゅうまいができるまでの作業《さぎょう》を表《あらわ》した絵を見て、問《と》いに答えましょう。　(1)1つ5点、(2)(3)10点（50点）

㋐

㋑

㋒
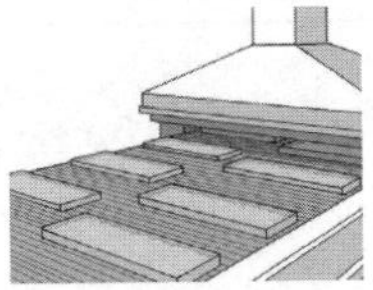
㋓

㋔

㋕
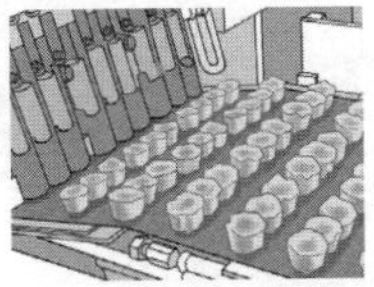

(1) よく出る 次の①〜⑥にあてはまる絵を、上の㋐〜㋕からえらんで、記号《きごう》で答えましょう。　技能

①（ ㋑ ）原料《げんりょう》をまぜて、練《ね》り肉をつくる。
②（ ㋔ ）形のそろっていないしゅうまいを整《ととの》える。
③（ ㋐ ）きかいを使《つか》って、しゅうまいを箱《ばこ》につめる。
④（ ㋒ ）一気にむす。
⑤（ ㋕ ）きかいで、しゅうまいの形をつくる。
⑥（ ㋓ ）ぶた肉をさばく。

(2) 上の㋐〜㋕を、つくるじゅんにならべかえて、記号で答えましょう。　技能

（完答）（ ㋓ → ㋑ → ㋕ → ㋔ → ㋒ → ㋐ ）

記述 (3) 上の㋐と㋓の作業で、大きくちがうところを、「人の手」「きかい」の２つの言葉《ことば》を使って、かんたんに書きましょう。　思考・判断・表現

（れい）㋐はきかいを使っているが、㋓は人の手で作業している。

45ページ

学習日

2 次の絵は、しゅうまい工場ではたらく人が気をつけていることを表しています。これらの絵を見て、問いに答えましょう。　(1)1つ5点、(2)15点（30点）

㋐

㋑

㋒
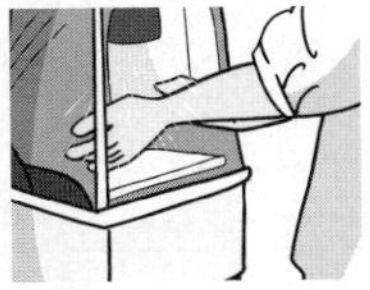

(1) 次の①〜③にあてはまる絵を、上の㋐〜㋒からえらんで、記号で答えましょう。　技能

①（ ㋑ ）服《ふく》にローラーをあてて、かみの毛やほこりを取《と》る。
②（ ㋒ ）手をていねいにあらい、消毒《しょうどく》する。
③（ ㋐ ）かべのあなから強い風が出る部屋《へや》に入り、服についたかみの毛やほこりを取る。

記述 (2) てきたらスゴイ！ 工場ではたらく人が、とくに気をつけていることを話しています。「えいせい」「食べ物《もの》」の２つの言葉を使って、話をかんせいさせましょう。　思考・判断・表現

わたしたちは、
（れい）食べ物をつくっているので、えいせいには、
とくに気をつけています。

3 右の図を見て、次の文の下線部《ぶ》①〜④について、正しいものには○を、まちがっているものには×をつけましょう。　技能 1つ5点（20点）

しゅうまい工場では、午前４時から①午後７時まで、きかいが動《うご》いているので、しゅうまいをつくる人は、②朝と昼で③交たいではたらいている。また、研究《けんきゅう》・開発《かいはつ》する人と製品《せいひん》を運《はこ》ぶ人の仕事の時間は、④同じである。

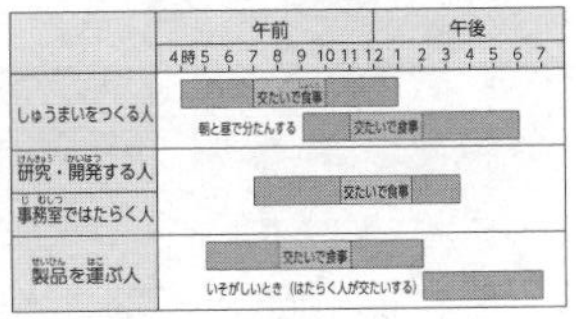

仕事べつのはたらく時間のちがい

①（ × ）②（ ○ ）③（ ○ ）④（ × ）

ふりかえり **2**(2)がわからないときは、40ページの**1**にもどってかくにんしてみよう。

たしかめのテスト 44〜45ページ

1 (3)㋐はできたしゅうまいを箱に入れる作業で、㋓はぶた肉をさばく作業です。大きなちがいは、箱に入れる作業はきかいで行われていますが、ぶた肉をさばく作業は人の手によって行われていることです。

2 (1)しゅうまい工場ではたらく人は、えいせいに気をつけているため、消毒をしたり、ほこりを取ったりしてから工場に入ります。

(2)しゅうまい工場は、「食べ物」をつくっているので、「えいせい」には、とくに気をつけていることが書いてあれば、正かいです。

3 ①きかいが動いているのは、午後６時までです。

④研究・開発する人は、午前７時から午後３時30分まで、製品を運ぶ人は、午前５時から午後２時まで、また、いそがしいときは交たいで、午後２時から午後７時まではたらきます。このように、同じ工場でも、仕事の内ようによって、はたらく時間はことなります。

記述問題のプラスワン

2 (2)食べ物は口に入れるものなので、買った人が安心《あんしん》、安全《あんぜん》に食べられる商品《しょうひん》をつくるひつようがあります。そのために、せいけつな服を着たり、消毒をしたりして「えいせい」に気をくばっています。しゅうまい工場にかぎらず、食品をつくる工場には、くつのうらを消毒するせつびや強い風でほこりを取りのぞく部屋などがそなわっています。

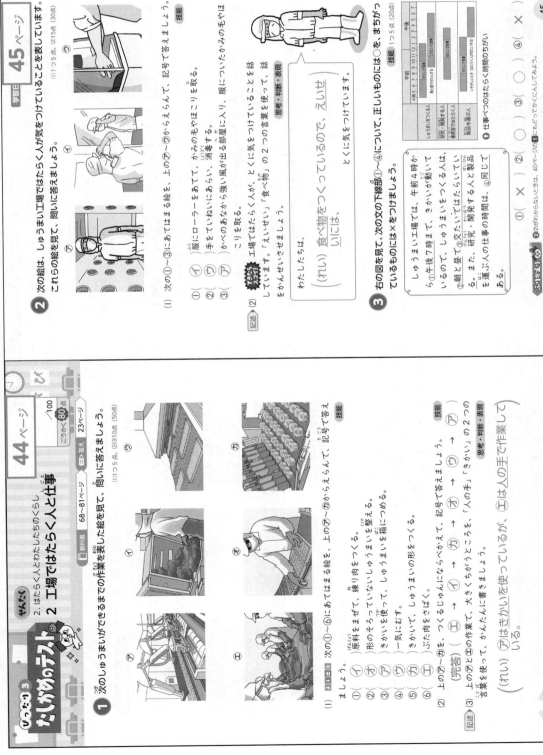

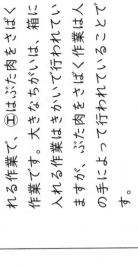

ぴったり1 じゅんび

やんたく

2. はたらく人とわたしたちのくらし

2 農家《のうか》の仕事《しごと》①

学習日

46ページ

めあて 農家の仕事についての学習《がくしゅう》問題をつくり、調《しら》べることと調べ方をたしかめよう。

3分でまとめ

教科書 82～85ページ　答え 24ページ

次《つぎ》の(　　)に入る言葉《ことば》を、下からえらびましょう。

1 地いきでつくられる野菜《やさい》

教科書 82～83ページ

ワンポイント 地産地消《ちさんちしょう》

- 地いきで生産《せいさん》されたものを、地いきの人が消費《しょうひ》することを**地産地消**という。
- 給食《きゅうしょく》で使う野菜は、農家の人や(① 農協)(**農業協同組合《のうぎょうきょうどうくみあい》***)からちょくせつ買うことで、野菜を運《はこ》ぶ時間や手間《てま》をへらすことができる。また、つくった人がわかるので、(② 安心)して食べられる。

＊ＪＡ《ジェイエー》ともよばれている。

2 学習問題をつくり、学習の見通しを立てよう

教科書 84～85ページ

横浜市《よこはま》の野菜づくり

- 横浜市では、いろいろな野菜がつくられている。北部《ほくぶ》の青葉《あおば》区や都筑《つづき》区、緑《みどり》区では、なしや(③ ぶどう)などの果物《くだもの》がつくられ、南部の磯子《いそご》区や金沢《かなざわ》区では(④ トマト)がつくられている。

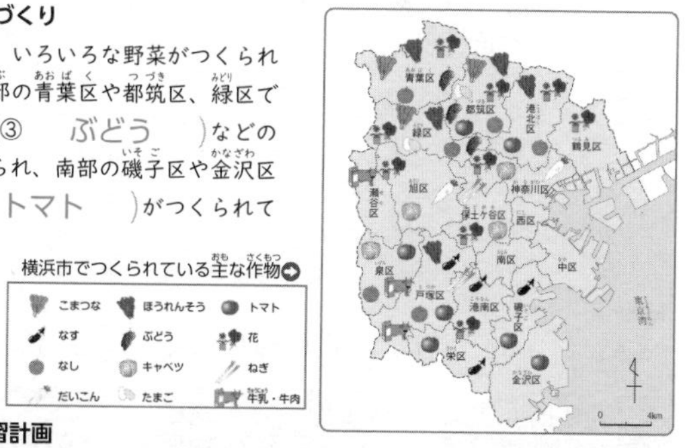

学習問題と学習計画

学習問題	農家の仕事にはどのようなくふうがあり、わたしたちのくらしとどのようなつながりがあるのだろう。
調べること	●野菜の(⑤ 育て方) ●はたらく人の仕事 ●わたしたちとの(⑥ つながり)
調べ方	●(⑦ 農家)に見学に行く。 ●(⑧ 地図)を見たり、手紙できいたりする。 ●見学してわかったことをもとに、わたしたちとのつながりを考える。

えらんだ言葉に☑　□安心《あんしん》　□農協《のうきょう》　□トマト　□つながり　□農家　□地図　□育《そだ》て方　□ぶどう

ぴったり2 練習

学習日

47ページ

ぴたトリビア　野菜や果物をつくったり、牛やぶたなどをかって、牛乳《ぎゅうにゅう》やチーズ、肉をつくったりする仕事を、農業《のうぎょう》とよびます。

教科書 82～85ページ　答え 24ページ

1 右の地図を見て、問《と》いに答えましょう。

(1) 横浜市の野菜づくりについて、正しいものには○を、まちがっているものには×をつけましょう。

①(×)横浜市では、キャベツはつくられているが、ねぎはつくられていない。

②(○)北部の青葉区では、花がつくられている。

③(○)横浜市の多くの区で、農家が仕事をしている。

④(○)市の西部では、牛乳や牛肉をつくる農家がある。

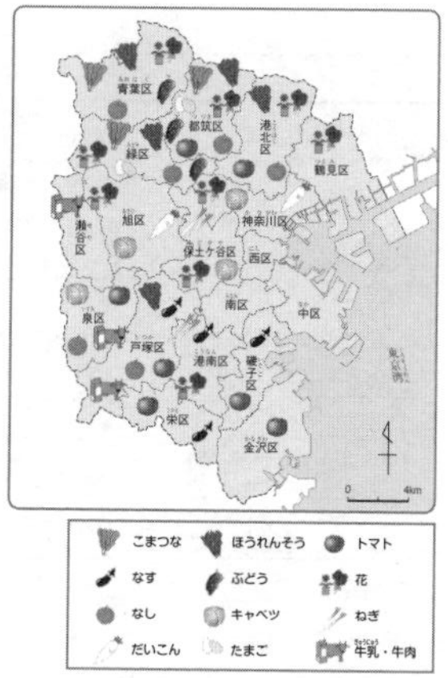

横浜市でつくられている主な作物

(2) 地産地消について、まちがった説明《せつめい》を1つえらびましょう。

㋐ つくっているのが近くの地いきの人なので、安心できる。

㋑ 近くの地いきから作物がとどくので、運ぶための自動車《じどうしゃ》から出るはい気ガスのりょうも少なく、かんきょうにやさしい取《と》り組みである。

㋒ 遠くの有名《ゆうめい》な産地から運ばれるので、地元の作物よりもおいしい。

(㋒)

2 けいこさんが、農家の仕事を調べようとしています。もっともてきした調べ方を㋐～㋒からえらびましょう。

作物を育てるのに、どんなきかいを使うのかな。
農家の人の、くふうやくろうなども、知りたいな。

(㋒)

㋐ 地図で農家の場所《ばしょ》を調べる。

㋑ 市役所《しやくしょ》のしりょうで、市でつくられている野菜のしゅるいを調べる。

㋒ 農家に見学にいって、インタビューする。

ヒント 1 (2) 地産地消とは、地いきで生産されたものを地いきの人が消費することをいいます。

できたかな？

□農家の仕事を調べるには、何を、どのようにして調べたらよいか、言ってみよう。

おうちのかたへ

この単元は、農業の仕事について学習します。3年生では個別の農家の仕事を調べることで、農家の工夫や出荷について理解します。5年生になると日本全体の農業の学習に発展しますので、今のうちに農業の仕事をイメージできるようになることは、とても大切です。ご家庭でお住まいの地域でつくられている農作物を調べてみると、学習理解がさらに深まります。

練習 47ページ

1 (1)「横浜市でつくられている主な作物」の地図を読み取ります。横浜市ではキャベツもねぎもつくられています。

(2)地産地消は、地元でつくられた食材を、地元の人たちで食べることです。㋒は遠くから運ばれる作物を食べることなので×です。また、地産地消では作物が近くから運ばれてくるため、自動車に使うガソリンなどのりょうも少なくすみ、かんきょうを守《まも》るうえでも、よいとされています。

2 農家を見学して、インタビューすると、農家が使うきかいや、いろいろなくふうやくろうを知ることができます。

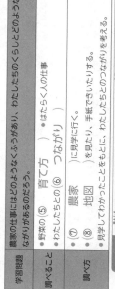

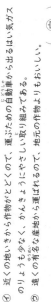

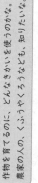

ぴったり1 じゅんび

せんたく

2. はたらく人とわたしたちのくらし

2 農家《のうか》の仕事《しごと》②

めあて こまつなが、どのようにしてつくられているのかを、たしかめよう。

教科書 86~89ページ　答え 25ページ

次《つぎ》の(　　)に入る言葉《ことば》を、下からえらびましょう。

1 加藤《かとう》さんの畑《はたけ》をたずねて／こまつなづくりのくふう

教科書 86~89ページ

こまつなづくりの仕事とくふう

主《おも》な仕事 ／ 仕事のくふう

① 畑の土をたがやす

こううんきで土をやわらかくし、(①　たいひ　)とよばれるひりょうをまぜて、(②　土を平ら　)にする。

② たねをまく

日をあけて何回かに分けて(③　たね　)をまく。まく時期《じき》をずらすことで、つづけて(④　しゅうかく　)できる。

③ 育《そだ》てる

シートをかぶせると、土があたたまり、野菜《やさい》が(⑤　早く　)育つ。また、シートは害虫《がいちゅう》から野菜を守《まも》ることができるため、(⑥　農薬　)をへらすことができる。

雨が少ないときは水をやる。

④ しゅうかくする

(⑦　手作業　)で、しゅうかくする。

いろいろな野菜を、一年中つくっているよ。

こまつなづくりの1年

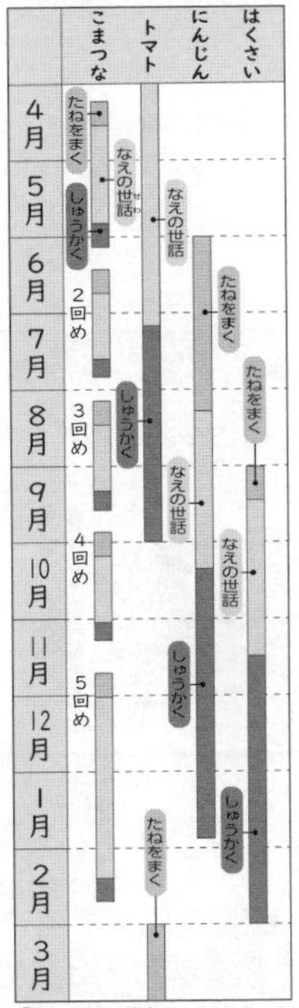

こまつな農家の(⑧　作物カレンダー　)

えらんだ言葉に ✓　□農薬《のうやく》　□たね　□手作業《てさぎょう》　□作物《さくもつ》カレンダー　□早く　□たいひ　□しゅうかく　□土を平《たい》ら

ぴったり2 練習

ぴたトリビア　たいひとは、馬や牛などのふん、木の葉《は》やえだなどをまぜてつくります。たいひの温度《おんど》は高く、ときには70~80度にもなります。

教科書 86~89ページ　答え 25ページ

1 次の絵は、こまつなづくりの仕事の様子を表《あらわ》しています。これらの仕事に見られるくふうを、4人で話し合いました。それぞれが話している仕事を㋐~㋓からえらびましょう。

㋐

㋑

㋒

㋓

シートをかけることで、土があたたかくなって、野菜が早く育つし、害虫がつきにくいから農薬のりょうも少なくてすむね。　①(　㋐　)

たねは、たねまききを使《つか》って等《ひと》しいかんかくにまいていくんだね。　②(　㋒　)

こまつなは、葉《は》の野菜でいたみやすいから、しゅうかくは手で行うんだね。　③(　㋑　)

たいひと土をまぜることで、よい土になって、おいしい野菜ができるんだね。　④(　㋓　)

ヒント　1 絵にかいてある道具《どうぐ》やきかい、人の動《うご》きを見て、答えるようにしましょう。

練習 49ページ

1 農家は、いろいろなくふうを行って、作物をしゅうかくしています。それぞれの絵の意味を、かくにんしましょう。

〈たいひ〉

たいひとは、落ち葉や牛や馬などのふんをまぜてつくられたひりょうです。土にまぜると、土がやわらかくなり、作物によいえいようをあたえます。

〈作物カレンダー〉

48ページの作物カレンダーを見てみましょう。この農家は、より多くのお金をえるために、こまつなの他《ほか》にも、トマトやにんじんなど、他の作物もつくっています。それぞれの作物で、たねまきやしゅうかくの時期がちがうことがわかります。仕事を1年間まんべんなくできるようにするのも、農家のくふうの1つです。

できたかな？

□こまつなづくりで発見《はっけん》したことを、あげてみよう。

おうちのかたへ

農家の仕事を、こまつな農家を事例に学習します。堆肥づくりや時期をずらした種まき、手作業での収穫など、すべての作業に理由があります。また、お住まいの地域に農家がある場合は、どのような作業をしているのかお子さまと話し合うことで、学習がさらに深まります。

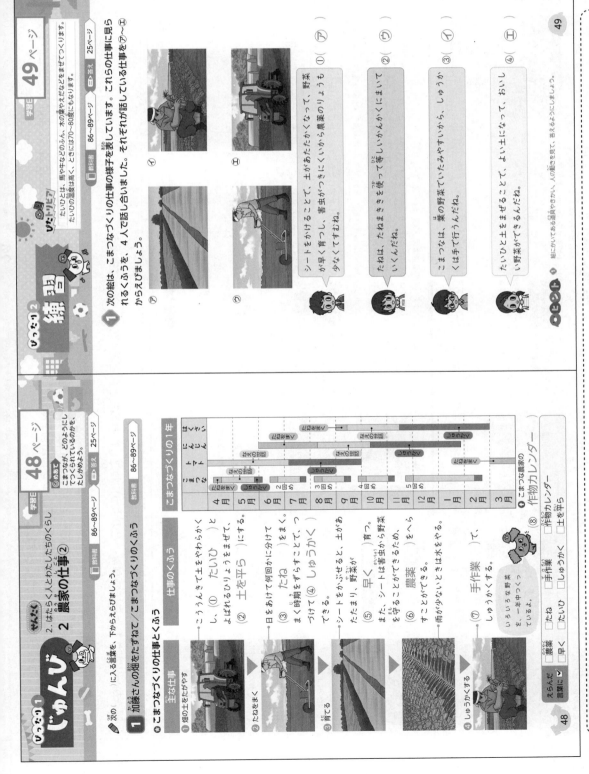

ぴったり1 **じゅんび**

せんたく 2. はたらく人とわたしたちのくらし

2 農家《のうか》の仕事《しごと》③

学習日 **50ページ**

めあて こまつなは、どのようにしてわたしたちのところへ運ばれるのかをたしかめよう。

教科書 90〜93ページ　答え 26ページ

次《つぎ》の（　　）に入る言葉《ことば》を、下からえらびましょう。

1 こまつなはどこへ　教科書 90〜91ページ

こまつなの出荷先《しゅっかさき》

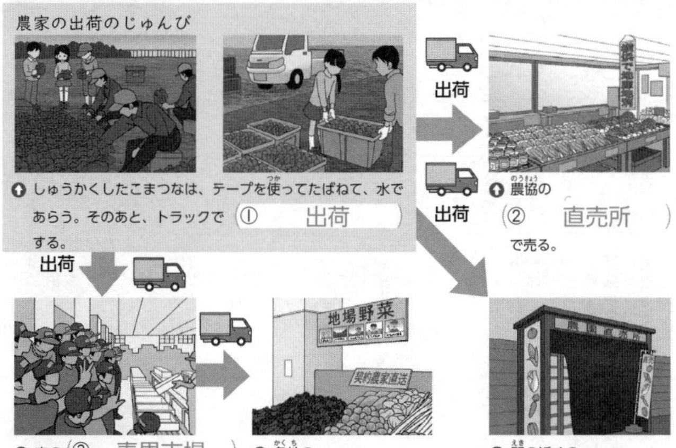

しゅうかくしたこまつなは、テープを使《つか》ってたばねて、水であらう。そのあと、トラックで（① 出荷 ）する。

農協《のうきょう》の（② 直売所 ）で売る。

市の（③ 青果市場 ）…神奈川県《かながわけん》の他《ほか》の市や東京《とうきょう》都などの店から、青果物《せいかぶつ》を買いに来る。

各地《かくち》の（④ スーパーマーケット ）などの店で売る。

駅《えき》の近くの（⑤ むじん ）はんばい所で売る。

2 地いきとつながる野菜《やさい》づくり　教科書 92〜93ページ

地いきとのむすびつき

- 地元の人に、しゅうかくしたばかりの野菜を売っている。
- 地いきの人が野菜のしゅうかくを（⑥ 体けん ）できる。
- 地元の作物《さくもつ》を使った（⑦ 料理教室 ）や学校の給食《きゅうしょく》にも協力《きょうりょく》している。
- （⑧ 地産地消 ）によって、地いきの人は野菜をつくった人がわかるので、安心《あんしん》して、新せんなものを食べることができる。

えらんだ言葉に✓　□直売所《ちょくばいじょ》　□青果市場《せいかいちば》　□出荷　□地産地消《ちさんちしょう》　□むじん　□料理教室《りょうりきょうしつ》　□スーパーマーケット　□体けん

ぴったり2 **練習**

学習日 **51ページ**

ぴたトリビア 大きな道路《どうろ》ぞいなどに「道の駅」とよばれるしせつがあります。そこでは、地いきの作物が売られ、いろいろなお客《きゃく》さんが買い物におとずれます。

教科書 90〜93ページ　答え 26ページ

1 右の地図は、こまつな農家からの出荷の様子《ようす》を表《あらわ》しています。この地図を見て、問《と》いに答えましょう。

(1) 地図の■は、加藤《かとう》さんがつくったこまつなのちょくせつの出荷先の１つです。■にあてはまる出荷先を㋐〜㋒からえらびましょう。

㋐ 県外《けんがい》のスーパーマーケット
㋑ 市の青果市場
㋒ 農協の直売所

（ ㋑ ）

こまつなの行き先

(2) 地図からわかることを、２つえらびましょう。

㋐ 加藤さんは、こまつなをちょくせつ、すべての店に出荷している。
㋑ こまつなのたねは、外国から仕入《しい》れている。
㋒ 加藤さんのつくるこまつなは、東京都や県内の他の市でも売られている。
㋓ 加藤さんのつくるこまつなは、横浜市だけにとどけられている。

（順不同）（ ㋑ ）（ ㋒ ）

2 次の２人は、何にさんかしたでしょう。㋐〜㋒からえらびましょう。

おうちの人と公民館《こうみんかん》で、野菜いためをつくったよ。近くの農家でとれた野菜がいっぱい入っていて、おいしかったよ。　①（ ㋒ ）

近くの農家に行って、とうもろこしのしゅうかくを手つだってきたよ。野菜づくりを身近《みぢか》に感《かん》じたよ。　②（ ㋑ ）

㋐ 野菜を売るイベント　㋑ しゅうかく体けん　㋒ 料理教室

ヒント 1 (2) 地図のやじるしは、こまつなの出荷先を表しています。加藤さんの畑から、どこに出荷されているかを読み取りましょう。

練習　51ページ

1 (1)加藤さんの畑でつくられたこまつなは、直売所などのお店の他《ほか》に、市の青果市場に出荷されます。青果市場には、市内の各地《かくち》からさまざまな作物が運《はこ》ばれます。青果市場にはスーパーマーケットなどに作物をとどける人たちが、作物を買いにきます。

(2)㋐加藤さんのこまつなは、市の青果市場を通して、スーパーマーケットなどの店にもとどくので×。㋓青果市場を通して、神奈川県の他の市や東京都にも運ばれているので×。

2 農家は地いきの人たちとのつながりも大切にしています。①は料理教室、②はしゅうかく体けんの様子です。これらのもよおしを行うことで、地いきの人たちに農家の仕事を知ってもらうことができます。

できたかな？

□農家から出荷されたこまつなは、どのようにわたしたちのもとにとどくのか、言ってみよう。

おうちのかたへ

出荷された農作物が、どのようにして私たちのもとに届くのかを調べます。多くは青果市場を通して小売店に運ばれますが、近年は直売所の他にも直接契約を結んだ店舗やレストランに出荷する農家も増えています。50ページのしくみ図は流通の基礎を示していますので、しっかり理解するようにしましょう。

ぴったり3 たしかめのテスト

やんたく 2. はたらく人とわたしたちのくらし

2 農家《のうか》の仕事《しごと》

/100 ごうかく80点

教科書 82〜93ページ　答え 27ページ

1 次《つぎ》の絵と説明《せつめい》は、こまつなづくりのくふうを表《あらわ》しています。それぞれの説明の①〜⑥にあてはまる言葉《ことば》を㋐〜㋕からえらびましょう。 技能 1つ5点（30点）

①とよばれるひりょうを土とまぜることで、土がよくなり、おいしい野菜《やさい》ができる。

日をあけて、何回かに分けて②をまくことで、育《そだ》つ③がずれるので、つづけてしゅうかくできる。

シートをかけることで、土が④なって、野菜が早く育つ。また、⑤をふせぐので、⑥を使《つか》うりょうもへらせる。

㋐ 害虫《がいちゅう》　㋑ たいひ　㋒ あたたかく
㋓ 時期《じき》　㋔ たね　㋕ 農薬《のうやく》

①（㋑）②（㋔）③（㋓）
④（㋒）⑤（㋐）⑥（㋕）

2 次の作物《さくもつ》カレンダーを見て、右のページの問《と》いに答えましょう。 1つ5点（30点）

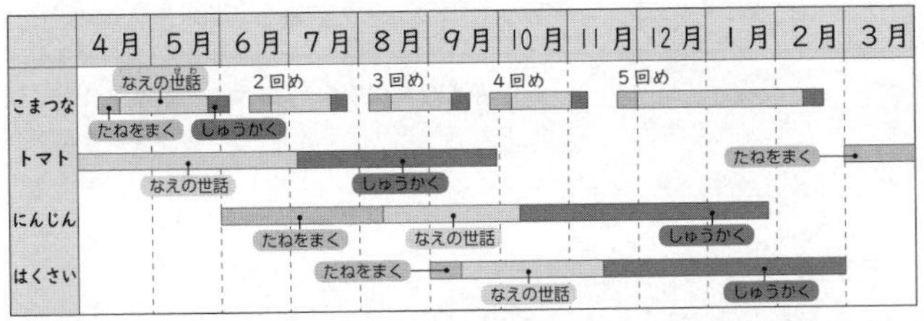

(1) 作物カレンダーからわかることとして、正しいものには○を、まちがっているものには×をつけましょう。 技能

①（×）こまつなは、しゅうかくするりょうが、他《ほか》の作物よりも多い。
②（○）トマトは、早春にたねをまき、夏ごろにしゅうかくする。
③（×）こまつなの他には、冬にしゅうかくできる作物はない。
④（×）３つの作物を、同時にしゅうかくする月がある。

(2) こまつなのしゅうかくが５回できることで、農家にとってよい点を、次の㋐〜㋓から２つえらびましょう。 思考・判断・表現

㋐ １年を通して、売ることができる。
㋑ 一度《いちど》にたくさんのこまつなをつくることができる。
㋒ つづけてしゅうかくすることができる。
㋓ いつでも、こまつなづくりをやめることができる。

（順不同）（㋐）（㋒）

3 次のこまつなの出荷《しゅっか》についての絵を見て、問いに答えましょう。 (1)1つ5点、(2)20点（40点）

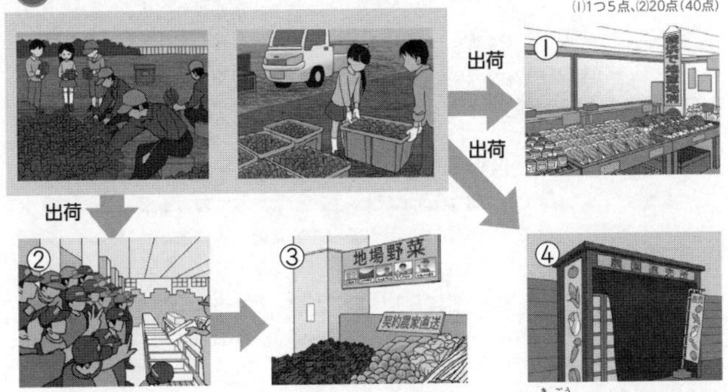

(1) ①〜④にあてはまる説明を、次の㋐〜㋓からえらんで、記号《きごう》で答えましょう。

㋐ 市《し》の青果市場《せいかいちば》　㋑ 農協《のうきょう》の直売所《ちょくばいじょ》
㋒ スーパーマーケット　㋓ むじんはんばい所

①（㋑）②（㋐）③（㋒）④（㋓）

記述 (2) 「地産地消《ちさんちしょう》」が、農家の作物を食べるわたしたちにとってよい点をかんたんに書きましょう。 思考・判断・表現

（れい）地いきの人がつくっているので、安心して食べることができる。

ふりかえり 3(2)がわからないときは、50ページの2にもどってかくにんしてみよう。

たしかめのテスト 52〜53ページ

1 こまつなをつくる農家のくふうを考えます。シートをかけると、寒《さむ》さから作物を守るだけではなく、害虫をふせぐことができるので、農薬を使うりょうをへらすことができます。

2 (1)①作物カレンダーからは、しゅうかくするりょうについては、わかりません。
③にんじん、はくさいも、冬にしゅうかくしています。
④この作物カレンダーでは、しゅうかくが3つ以上《いじょう》かさなっている月はありません。
(2)しゅうかくを５回することで、１年を通して出荷ができます。これも農家のくふうの１つです。

3 (2)地産地消とは、地いきで生産されたものを、地いきの人が消費《しょうひ》することです。地元の農家がつくっているので、安心《あんしん》して食べることができることが書いてあれば、正かいです。

記述問題のプラスワン

3 (2)地産地消は、消費者が安心して食べられるだけではなく、かんきょうにもやさしい取り組みです。作物を運ぶきょりが短《みじか》いので、「ねん料《りょう》のりょうをへらすことができて、よいかんきょうを守《まも》ることができる」ことを書いても正かいです。また、「地いきの農業を活発《かっぱつ》にすることができて、おいしい食べ物がたくさん食べられる」などでも、正かいです。

ぴったり1 じゅんび

3. 地いきの安全《あんぜん》を守《まも》る

1 火事《かじ》からまちを守る①

学習日 54ページ

めあて 消防しょについての学習問題をつくり、調べることと調べ方をたしかめよう。

教科書 94〜99ページ　答え 28ページ

次《つぎ》の(　　)に入る言葉《ことば》を、下からえらびましょう。

1 火事が起《お》きたらどうなる　教科書 96〜97ページ

学校でのくんれん

- もしも、学校で火事が起きたとき、あわてず、自分の身《み》を守れるように、定期的《ていきてき》に(① ひなん)くんれんが行われている。
- 学校で火事が起こると(② 非常ベル)が鳴る。
- 火事に気づいたら(③ 119番)に電話する。

消防しょや消防しゅっちょう所《じょ》のある場所《ばしょ》

- 市内には、区ごとに(④ 消防しょ)や消防しゅっちょう所がおかれている。
- 市内には、消防局《きょく》の他《ほか》に、(⑤ 市民防災)センターや消防くんれんセンターがある。

横浜《よこはま》市の消防しょ・消防しゅっちょう所のある場所

2 学習問題をつくり、学習の見通しを立てよう　教科書 98〜99ページ

学習問題と学習計画

学習問題	消防しょは、どのようにして火事からまちを守っているのだろう。
調べること	●消防しょではたらく人の仕事《しごと》 ●消火の活動《かつどう》のしくみ ●火事を(⑥ ふせぐ)ための取《と》り組み ●地いきの人たちの取り組み
調べ方	●消防しょに行って、はたらいている人に(⑦ インタビュー)する。 ●学校の中にある消防せつびや、学校のまわりにある(⑧ 消防しせつ)をさがして、調べる。 ●図書館《としょかん》の本や、インターネットを使《つか》って調べる。

えらんだ言葉に✓　□非常《ひじょう》ベル　□ふせぐ　□インタビュー　□119番　□消防しょ　□消防しせつ　□ひなん　□市民防災《しみんぼうさい》

ぴったり2 練習

学習日 55ページ

ぴたトリビア 消防しょでは、消防自動車《しょうぼうじどうしゃ》や救急車《きゅうきゅうしゃ》は、いつでも、すぐに出動《しゅつどう》できるようにするために、前向きにとめてあります。

教科書 94〜99ページ　答え 28ページ

1 右の地図を見て、問《と》いに答えましょう。

(1) 右の地図からわかることとして、正しいものには○を、まちがっているものには×をつけましょう。

①(×)市には、消防しょがある区とない区がある。

②(○)市の東部《ぶ》には市民防災センターがある。

③(×)市内には、消防しゅっちょう所よりも消防しょのほうが、多くある。

④(○)市の海に面《めん》した場所には、ヘリポートがある。

横浜市の消防しょ・消防しゅっちょう所のある場所

(2) それぞれの区に消防しょと消防しゅっちょう所が、まんべんなくおかれている理由《りゆう》を、次の㋐〜㋓から1つえらびましょう。

㋐ 消防しょではたらく人が、どこに住《す》んでいても、通いやすくするため。

㋑ いつ、どこで火事が起きても、すばやくかけつけるため。

㋒ 市外で火事が起きたときに、すぐにかけつけるため。

㋓ 消防しょは、鉄道《てつどう》にそって、おかれることが多いため。

(㋑)

2 消防しょの様子《ようす》や、消防しょではたらく人のくふうを調べるには、どのような調べ方がいちばんふさわしいか、次の㋐〜㋓から1つえらびましょう。

㋐ 学校のまわりにある消防しせつをさがして、調べる。

㋑ 地図で消防しょの場所をさがす。

㋒ 市役所《しやくしょ》に行って、パンフレットをもらう。

㋓ 消防しょに行って、見学したり、インタビューしたりする。

(㋓)

ヒント 1 (2) 消防しょと消防しゅっちょう所が、市全体《ぜんたい》にまんべんなくおかれていると、どのようなよいことがあるのか、考えてみましょう。

練習 55ページ

1 (1)消防しょには、いろいろなしゅるいの消防自動車や救急車がおかれています。消防しゅっちょう所は、人が多く住んでいる所から少しはなれた場所におかれている、きぼが小さい消防しょです。横浜市では、それぞれの区に1つの消防しょと、たくさんの消防しゅっちょう所がおかれています。

(2)地図を見ると、市内にまんべんなく消防しょと消防しゅっちょう所があることがわかります。このように消防自動車や救急車をおくことで、いつ、どこで火事が起きても、すぐにかけつけることができるようにしています。

2 消防しょに行って、見学したり、インタビューしたりすれば、消防しょの様子や、消防しょではたらく人のくふうがわかります。

できたかな？

□消防しょの仕事を調べるには、何を、どのようにして調べればよいか、言ってみよう。

おうちのかたへ

この単元は消防について学習します。消防署の配置や消防の連絡のしくみ、学校や地域の消防関連施設などを調べることで、私たちの暮らしは、さまざまな消防のしくみによって守られていることを理解します。同時に火事が起きたときに、適切に対応できるような判断力も養います。

ぴったり1 じゅんび

学習日 56ページ

3. 地いきの安全《あんぜん》を守《まも》る

1 火事《かじ》からまちを守る②

めあて
消防《しょうぼう》しょの仕事と119番の電話のしくみを、たしかめよう。

教科書 100〜105ページ　答え 29ページ

次《つぎ》の（　）に入る言葉《ことば》を、下からえらびましょう。

1 消防しょをたずねて／消防しょとさまざまな人のはたらき　教科書 100〜103ページ

消防しょの仕事《しごと》

- 通報《つうほう》を受《う》けたら、すぐにかけつけられるように、日ごろから（① くんれん ）やそなえをしている。また、消防自動車《じどうしゃ》や道具《どうぐ》の（② 点けん ）は、かかせない。
- 大きな火事のときは、他《ほか》の消防しょと協力《きょうりょく》して、消火《しょうか》にあたる。

消防士《し》は、体を守る防火服《ぼうかふく》を着《き》て出動《しゅつどう》するよ。防火服やヘルメットなどのそうびの重《おも》さは、およそ10kgもあるんだ。

ワンポイント 119番のしくみ

- （③ 通信指令室 ）…**119番**の通報《つうほう》を受《う》けると、現《げん》場《ば》に近い（④ 消防しょ ）にれんらくをする。
- れんらくを受けた消防しょの消防自動車や救急車《きゅうきゅうしゃ》は、1秒《びょう》でも早く現場に行く。
- **通信指令室《つうしんしれいしつ》**は、火事が広がらないように、電気や（⑤ ガス ）を止めてもらうなど、関係《かんけい》する所《ところ》にれんらくをする。

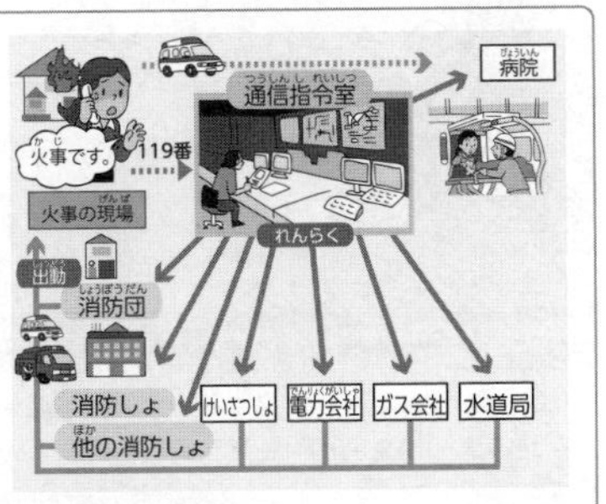

119番のれんらくのしくみ

- けが人がいるときは、（⑥ 病院 ）にもれんらくをする。

2 消防しょの1日　教科書 104〜105ページ

消防しょの人の仕事

- 消防しょの人は、（⑦ 24時間きんむ ）で、1日交たいではたらいている。
- 出動がないときは、小学校での防火しどうや、地いきの（⑧ パトロール ）活動などを行っている。

えらんだ言葉に☑
□通信指令室　□消防しょ　□病院《びょういん》　□24時間きんむ
□点けん　□パトロール　□くんれん　□ガス

ぴったり2 練習

学習日 57ページ

ぴたトリビア
消防自動車が赤いのは、はじめて日本で走った消防自動車が、赤かったためです。今では、ほうりつで赤と、決《き》められています。

教科書 100〜105ページ　答え 29ページ

1 右のしくみ図を見て、問《と》いに答えましょう。

(1) 119番の電話は、どこにつながるのか、答えましょう。
（ 通信指令室 ）

(2) れんらくを受けた消防士の様子《ようす》について、正しいものを、次の㋐〜㋓から2つえらびましょう。

㋐ 1秒でも早く、出動する。
㋑ 火事の現場には、30分以内には着《つ》くように、出動する。
㋒ 動《うご》きやすいように、身軽《みがる》な服そうで出動する。
㋓ 当番の人は、ねていても、すぐに起《お》きて出動する。

(順不同)（ ㋐ ）（ ㋓ ）

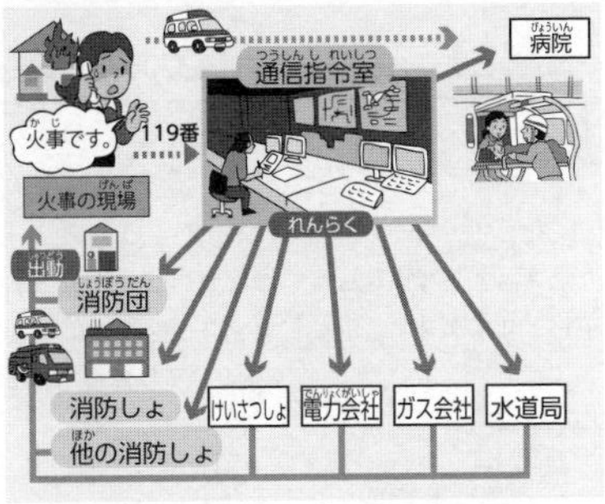

119番のれんらくのしくみ

(3) 通信指令室は次のれんらくをどこにしますか。しくみ図の中の言葉《ことば》で答えましょう。

① 火事の現場で、消防自動車に送《おく》る水圧《すいあつ》を上げてほしいとき。（ 水道局 ）
② 火事で、電線が切れてあぶないとき。（ 電力会社 ）
③ 大きな火事で、おうえんがひつようなとき。（ 他の消防しょ ）

2 消防しょではたらく人が、右の表《ひょう》のような時間わりではたらく理由《りゆう》を、次の㋐〜㋓から1つえらびましょう。

		1日め	2日め	3日め	4日め	5日め	6日め	7日め
一ぱん	堤《つつみ》さん	当番	非番	当番	非番	休み	休み	当番
一ぱん	長島《ながしま》さん	当番	非番	休み	休み	当番	非番	当番
一ぱん	大場《おおば》さん	休み	休み	当番	非番	当番	非番	当番
二はん	山本《やまもと》さん	非番	当番	非番	休み	休み	当番	非番
二はん	中村《なかむら》さん	非番	休み	休み	当番	非番	当番	非番
二はん	宮内《みやうち》さん	非番	当番	非番	当番	非番	休み	休み

（各日の区切り 8:30）

㋐ 出動があるときに、休まないため。
㋑ 24時間、消火や救助《きゅうじょ》にそなえるため。
㋒ はたらく人が、いっしょに休むため。
㋓ 出動する人が、かたよらないため。

（ ㋑ ）

ヒント 2 表から、消防しょには、毎日かならずはたらいている人がいることがわかります。なぜ、かならず人がいるようにしているのかを考えましょう。

練習 57ページ

1 (1)119番通報すると、通信指令室につながり、以下《いか》のことを聞かれます。正しく答えられるようにしておきましょう。

- 火事か救急か
- 自分の名前と住所《じゅうしょ》、電話番号
- 近くの目じるし
- 火事の場合は、もえているたてものの様子

(2)れんらくを受けた消防士は、ねていてもすぐに防火服を着て、現場にかけつけます。

(3)火事が起こると、水道局や電力会社も協力して、消防自動車に送る水圧を上げたり、電気を切ったりします。

2 消防しょではたらく人は、交たいで出動にそなえます。「当番」の日は、24時間きんむで仕事をします。「非番」は当番のよく日の休みの日のことですが、きん急のときは出動しなくてはなりません。

できたかな？
□119番の通報を受けた通信指令室がれんらくする所を、あげてみよう。

おうちのかたへ
119番の通報によって関連部署が動くしくみを学習します。消火活動は消防署だけが行うのではなく、警察署や病院など、さまざまな部署が協力して行います。サイレンを鳴らして走る緊急車両はパトカーや消防自動車、救急車の他にも、電力会社やガス会社にもあります。お子さまとまちで緊急車両を見かけたときは、通信指令室からの連絡で出動していることを、話してあげるとよいでしょう。

ぴったり1 じゅんび

3. 地いきの安全《あんぜん》を守《まも》る

1 火事からまちを守る③

学習日

58ページ

めあて 地いきでは、火事に対《たい》して、どのようなそなえをしているのか、たしかめよう。

教科書 106〜113ページ　答え 30ページ

次《つぎ》の（　　）に入る言葉《ことば》を、下からえらびましょう。

1 学校の消防《しょうぼう》せつびを調《しら》べよう

教科書 106〜107ページ

学校の消防せつび

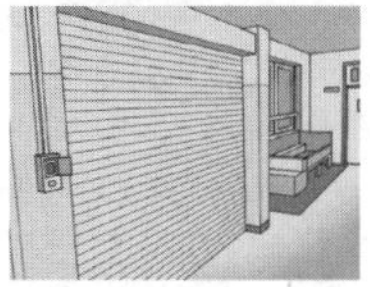

火を広げないための（① 防火シャッター）

小さな火を消《け》すための（② 消火器）

大きな火を消すための（③ 消火栓）

まどからひなんするための（④ 救助ぶくろ）

熱《ねつ》を感《かん》じて火事を知らせる（⑤ 熱感知器）

けむりを感じて火事を知らせる（⑥ けむり感知器）

2 地いきの人々の協力《きょうりょく》／火事からまちを守るはたらき

教科書 108〜111ページ

地いきとのつながり

- 地いきには、火事や洪水《こうずい》などのときに、消防しょと協力して消火《しょうか》や救助《きゅうじょ》にあたる（⑦ 消防団）がある。
- 地いきには消火栓《しょうかせん》や（⑧ 防火水そう）があり、火事のとき、消火活動に使うことができるしせつが整《ととの》っている。
- 地いきには（⑨ 消防しょ）が中心となって、けいさつしょや地いきの人たちが協力して、火事からまちを守るしくみがある。

まちの消防しせつ

えらんだ言葉に✓				
□熱感知器《ねつかんちき》	□消火栓	□防火《ぼうか》水そう	□救助ぶくろ	□消防団《だん》
□消火器	□消防しょ	□けむり感知器	□防火シャッター	

ぴったり2 練習

学習日

59ページ

ぴたトリビア 学校に消防せつびをおくことは、消防法《ほう》という法りつで決められていて、定期的《ていきてき》に点けんをすることまで定《さだ》められています。

教科書 106〜113ページ　答え 30ページ

1 次の２人が話している学校の消防せつびの絵を、㋐〜㋒からえらびましょう。また、それぞれの消防せつびの名前をあ〜うからえらびましょう。

		絵	名前
①	火事のときに、２階《かい》や３階からひなんするときに、使《つか》うせつびだよ。	（㋑）	（う）
②	火事が広がらないようにするためのせつびだよ。	（㋐）	（い）

㋐

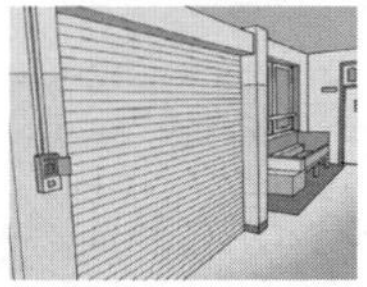

㋑

㋒

あ 消火栓　い 防火シャッター　う 救助ぶくろ

2 右の地図を見て、問《と》いに答えましょう。

(1) この地いきで、いちばん数が多い消防しせつの名前を答えましょう。
（消火栓）

(2) 防火水そうがおかれている場所《ばしょ》について書かれた次の文の（　）にあてはまる言葉を書きましょう。

防火水そうは、大きな（道路（道））にそった場所にある。

まちの消防しせつ

(3) 地図の☆は、ふだんは会社や商店《しょうてん》、農業《のうぎょう》など、自分の仕事《しごと》をもっているが、火事や洪水などのときに、消防しょと協力《きょうりょく》して消火や救助にあたる人たちが使うそうこです。このような人たちの組しきを何とよぶか答えましょう。
（消防団）

ヒント 1 ㋒の絵は、箱《はこ》の中に太いホースが入っていて、いきおいよく水が出るせつびです。実さいの火事では、消防士《しょうぼうし》が使うこともあります。

できたかな？

□学校の中やまわりにある消防せつびを、あげてみよう。

おうちのかたへ

学校や地域における火事から暮らしを守るしくみを学習します。地いきには消火栓や防火水槽などの消防設備が整備され、緊急時に対応できるようになっています。緊急時に適切な行動をとれるように、お子さまと火事のときにどのように行動したらよいかを話し合ってみてください。

練習 59ページ

1 学校にある火事にそなえたせつびは、火事が起《お》きたとき、先生が動《うご》かす決《き》まりになっています。きん急のときは、かならず先生の指《し》じにしたがいましょう。

2 (1)消火栓とは、消火に使うせつびの１つです。消防自動車のホースを消火栓につなげて、水を送り出します。消防自動車は水を運ぶことができないため、まちのいたる所に消火栓がせいびされています。

(2)防火水そうとは、消火のための水をためておく場所です。消防自動車はホースを防火水そうに入れて、水をポンプですい上げて消火活動をします。

(3)地いきには消防しょの他《ほか》に、消防団という組しきがあります。ふだんはべつの仕事をしていますが、火事が起こると出動して、消火活動や救助活動を行います。

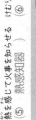

ぴったり3
たしかめのテスト

3. 地いきの安全《あんぜん》を守《まも》る
1 火事《かじ》からまちを守る

/100 ごうかく80点

教科書 94〜113ページ　答え 31ページ

1 右の地図を見て、横浜《よこはま》市の消防《しょうぼう》しょ・消防しゅっちょう所《じょ》について、わかることを2つえらびましょう。　技能　1つ10点（20点）

㋐ それぞれの区《く》には、消防しゅっちょう所のまわりに、消防しょがおかれている。

㋑ どこで火事が起《お》きてもかけつけられるように、市全体《ぜんたい》に消防しょと消防しゅっちょう所がおかれている。

㋒ 火事がとくに多く起こる地いきに集《しゅう》中《ちゅう》して、消防しょと消防しゅっちょう所がおかれている。

㋓ 市内にはヘリポートがあり、きん急《きゅう》のときに、いつでも消防のヘリコプターが出動《しゅつどう》できるようにしている。

(順不同)（ ㋑ ）（ ㋓ ）

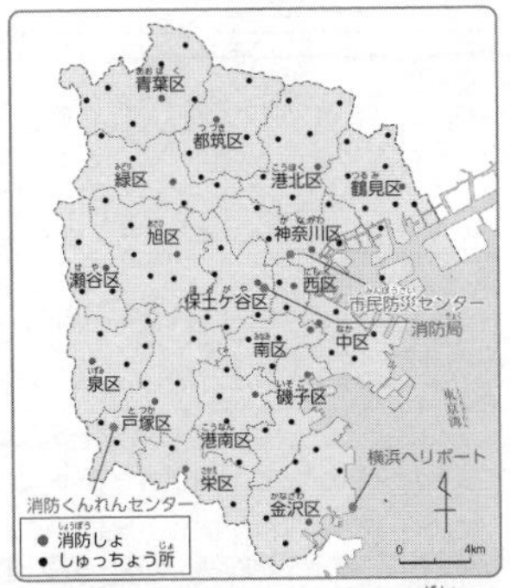

横浜市の消防しょ・消防しゅっちょう所のある場所《ばしょ》

2 よく出る 右のしくみ図は、火事のときのれんらくのしくみを表《あらわ》しています。この図を見て、問《と》いに答えましょう。　1つ5点（40点）

(1) 火事のときに、通報《つうほう》する電話番号《ばんごう》を数字で答えましょう。

（ 119 ）番

(2) 火事の通報がとどく㋐の場所の名前を答えましょう。

（ 通信指令室 ）

記述 (3) ㋐の場所の役わりを、かんたんに書きましょう。

（(れい) 消火やきゅう助にかんれんする所に、れんらくをする。）

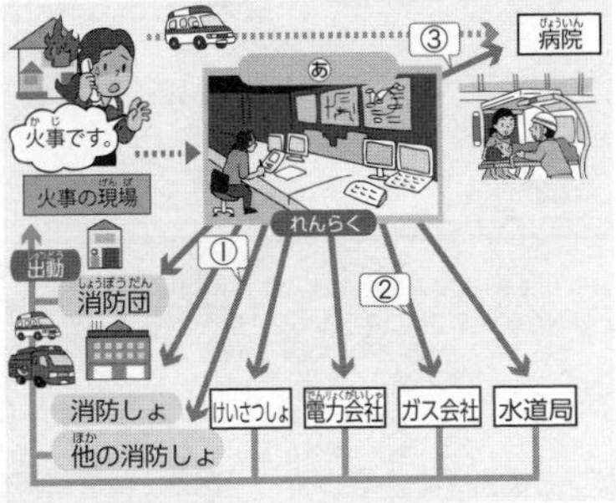

(4) 図の①〜③にあてはまるれんらくの内ようを、㋐〜㋓からえらびましょう。

㋐ 現場《げんば》のガスを止めてください。

㋑ けが人がいます。受《う》け入れをおねがいします。

㋒ 大きな火事です。おうえんをおねがいします。

㋓ 交通整理《せいり》をおねがいします。

①（ ㋒ ）②（ ㋐ ）③（ ㋑ ）

(5) 消防しょでは、消防士《し》がいつでも出動できるように、右の表のような時間わりではたらいています。この表からわかることを㋐〜㋓から2つえらびましょう。

㋐ 当番の日が、2日つづくことがある。

㋑ 当番の日は、24時間きんむである。

㋒ かならず、消防しょには2人以上《いじょう》の当番の人がいる。

㋓ 消防しょではたらく人は、週に休みが1日である。

(順不同)（ ㋑ ）（ ㋒ ）

		8:30〜1日め	8:30〜2日め	8:30〜3日め	8:30〜4日め	8:30〜5日め	8:30〜6日め	8:30〜7日め 8:30
一ぱん	堤《つつみ》さん	当番	非番	当番	非番	休み	休み	当番
一ぱん	長島《ながしま》さん	当番	非番	休み	休み	当番	非番	当番
一ぱん	大場《おおば》さん	休み	休み	当番	非番	当番	非番	当番
二はん	山本《やまもと》さん	非番	当番	非番	休み	休み	当番	非番
二はん	中村《なかむら》さん	非番	休み	休み	当番	非番	当番	非番
二はん	宮内《みやうち》さん	非番	当番	非番	当番	非番	休み	休み

消防しょではたらく人の仕事の時間わり

3 右の図は、学校にある消防せつびを表しています。この図の説明《せつめい》として、正しいものには○を、まちがっているものには×をつけましょう。　技能　1つ5点（20点）

①（ ○ ）どこの教室にも、かならず熱感知器《ねつかんちき》がある。

②（ × ）救助《きゅうじょ》ぶくろは、3階《かい》にだけおかれている。

③（ ○ ）給食室《きゅうしょくしつ》には、校長室よりも多くの消火器《しょうかき》がおかれている。

④（ × ）消火栓《しょうかせん》は、1階にだけおかれている。

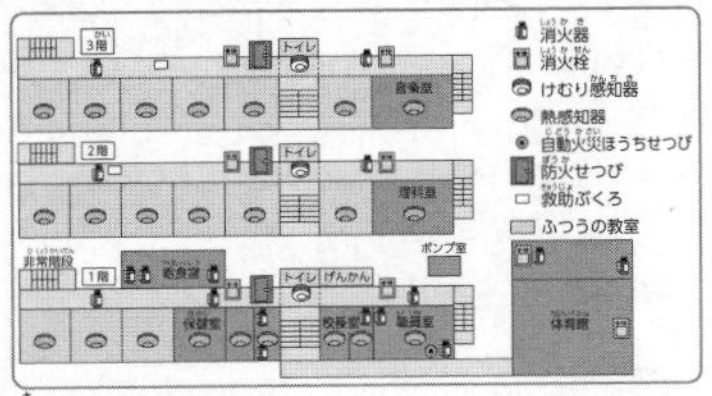

記述 **4** できたらスゴイ！ 右の写真《しゃしん》は、冬の学校のプールです。プールのじゅ業《ぎょう》がない時期《じき》に、プールに水がためてある理由《りゆう》を考えて、かんたんに書きましょう。　思考・判断・表現（20点）

（(れい) 1年を通して、消火のための水がひつようだから。）

ふりかえり　❷(3)がわからないときは、56ページの❶にもどってかくにんしてみよう。

たしかめのテスト　60〜61ページ

❶ 地図から、市全体《ぜんたい》に消防しょと消防しゅっちょう所がおかれていることが読み取《と》れます。また、南部《ぶ》の海に面《めん》した所には横浜ヘリポートがあり、指令があれば消防のヘリコプターが出動できるようになっています。

❷ (3)119番の通報を受けると㋐から、けいさつしょや電力会社、病院《びょういん》などにれんらくをします。「かんれんする所にれんらくをする」ことが書いてあれば正かいです。

(5)㋐当番の日は24時間きんむで、次《つぎ》の日は非番《ひばん》となります。

㋓1週間で、休みの日は2日です。

❸ ①図を見ると、ふつうの教室と音楽室や理科室などには、熱感知器がおかれていることがわかります。

②救助ぶくろはまどからにげるためのスロープで、2階と3階におかれています。

④消火栓は、ホースにつなげて水を出すせつびで、それぞれの階におかれています。

❹ 学校のプールの水は、火事が起きたときには防火水そうの役《やく》わりをするため、1年中、水が入ったままになっています。

記述問題のプラスワン

❹ 学校のプールは防火水そうのやくわりをしています。次のように書いても正かいです。理由を聞いているので「〜だから」「〜のため」というように書きましょう。

(れい) 1年中、いつ火事が起きても、水を使えるようにするため。

(れい) プールは、防火水そうのやくわりをしているから。

ぴったり1 じゅんび

3．地いきの安全《あんぜん》を守《まも》る
2 事故《じこ》や事件《じけん》から まちを守る①

めあて
けいさつについての学習問題をつくり、調べることと調べ方をたしかめよう。

3分でまとめ

教科書 114～117ページ　答え 32ページ

次《つぎ》の（　　）に入る言葉《ことば》や数字を、下からえらびましょう。

1 事故が起《お》きたら　教科書 114～115ページ

ワンポイント　グラフの読《よ》み取《と》り方

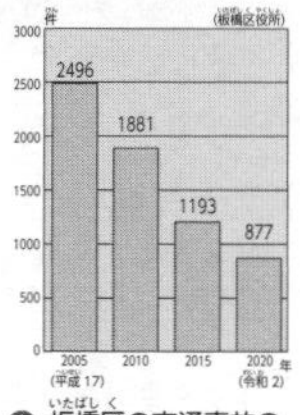

板橋区《いたばしく》の交通事故の件数《けんすう》のうつりかわり

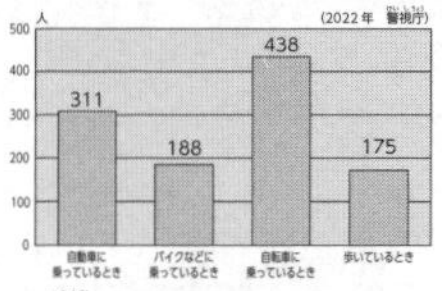

板橋区で起きた交通事故で、けがをした人の数

グラフのタイトルを見れば、おおよその内ようがわかるね。

・（① タイトル ）を読んで、何を表《あらわ》したグラフなのかを見る。
・たてじくと横《よこ》じくが、それぞれ何を表しているのかをたしかめる。
・グラフが表す（② 数字 ）を読んで、どのようにうつりかわっているのかを読み取る。

● 板橋区《いたばしく》の交通事故の件数は、だんだんと（③ へって ）いる。
● 交通事故でけがをした人の数は、（④ 自転車 ）に乗《の》っているときがもっとも多く、1年間で（⑤ 438 ）人である。

2 学習問題をつくり、学習の見通しを立てよう　教科書 116～117ページ

学習問題と学習計画

学習問題	けいさつしょや地いきの人々は、どのようにして事故や事件からまちを守っているのだろう。
調べること	●事故や事件が起きたときの、けいさつの仕事《しごと》 ●地いきの（⑥ 安全 ）を守る、けいさつのそなえ ●事故や事件をふせぐための、地いきの取り組み
調べ方	●近くの（⑦ 交番 ）に行って、見学やインタビューをする。 ●学校のまわりを歩いて、安全《あんぜん》のための（⑧ しせつ ）をさがす。 ●地いきの人たちにインタビューする。 ●本や、インターネットを使《つか》って調べる。

えらんだ言葉に ✓
□安全　□数字　□しせつ　□438
□自転車《じてんしゃ》　□へって　□交番　□タイトル

ぴったり2 練習

ぴたトリビア
交通事故でなくなった人を年れいべつに見ると、もっとも多いのは65才以上《いじょう》のお年寄《としよ》りです。そのうちの約《やく》半数が、歩行中に事故にあっています。

教科書 114～117ページ　答え 32ページ

1 次のグラフを見て、問《と》いに答えましょう。

あ
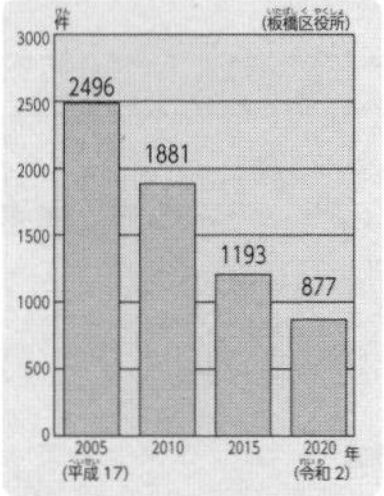

板橋区の交通事故の件数《けんすう》のうつりかわり

い
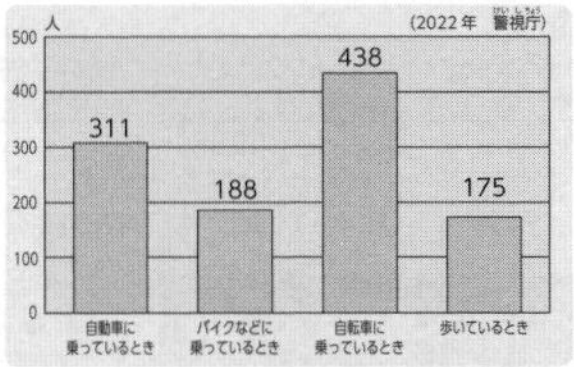

板橋区で起きた交通事故で、けがをした人の数

(1)　2つのグラフについて、正しいものには○を、まちがっているものには×をつけましょう。

①（ ○ ）あのグラフのたてじくは交通事故の件数、横じくは年をしめしている。
②（ × ）2020年に板橋区内で起《お》こった交通事故は、1193件《けん》である。
③（ ○ ）いのグラフからは、交通事故がどのようなときに起きたのかがわかる。
④（ × ）バイクに乗っているときのほうが、自転車に乗っているときよりも交通事故の件数が多い。

(2)　いのグラフを見ると、自転車に乗っているときにけがをした人は約440人、歩いているときにけがをした人は約180人だとわかります。自転車に乗っているときにけがをした人の数は、歩いているときにけがをした人の数の何倍以上《ばいいじょう》か、次のア～エから1つえらびましょう。

ア　2倍以上　イ　3倍以上　ウ　4倍以上　エ　5倍以上　（ ア ）

2 地いきの安全を守るけいさつのそなえを調べるときに、もっともふさわしい調べ方を、次のア～ウから1つえらびましょう。

ア　近くの交番に行って、見学やインタビューをする。
イ　学校のまわりを歩いて、安全のためのしせつをさがす。
ウ　地いきの人たちにインタビューする。

（ ア ）

ヒント　1 (2) 自転車に乗っているときにけがをした人の数と、歩いているときにけがをした人の数から、わり算をして答えましょう。

できたかな？
□けいさつの仕事を調べるには、何を、どのようにして調べたらよいか、言ってみよう。

おうちのかたへ
この単元は、警察や地域の安全を守る仕事を学習します。事故や事件が起きたとき、私たちがどのように行動するかの判断ができるように、110番の連絡のしくみや、警察の仕事、地域の取り組みを調べます。消防の単元と同様に、しくみ図や写真・イラスト資料の読み取りを通して、学習問題を解決するようにしてください。

練習　63ページ

1 ぼうグラフは、ぼうの長さが数を表します。長い方が大きな数となるので、一目で数の大小がわかります。

(1)②「板橋区の交通事故の件数のうつりかわり」のグラフを見ると、2020年の交通事故は、877件なので×。

④「板橋区で起きた交通事故で、けがをした人の数」のグラフでは、バイクに乗っているときは188件、自転車に乗っているときは438件で、バイクに乗っているときより多いので×。

(2)グラフは、およその数で読み取ると計算しやすい場合があります。〈440÷180＝2あまり80〉なので、アの「2倍以上」が正かいです。

2 近くの交番に行って、見学やインタビューをすることで、けいさつのそなえについて調べることができます。

ぴったり1 **じゅんび**

3. 地いきの安全《あんぜん》を守《まも》る
2 事故《じこ》や事件《じけん》からまちを守る②

学習日 **64ページ**

めあて 110番のれんらくのしくみについて、たしかめよう。

教科書 118〜121ページ　答え 33ページ

次《つぎ》の（　）に入る言葉《ことば》を、下からえらびましょう。

1 交通事故のしより

教科書 118〜119ページ

ワンポイント 110番のれんらくのしくみ

- けいさつ本部《ほんぶ》の（① 110番 ）センター
  …110番通報《つうほう》を受《う》けると、どこで、何が起《お》きたかなどをきき取り、現場《げんば》に近い交番やけいさつかんに（② れんらく ）する。
- けが人がいるときは、消防しょから（③ 救急車 ）が出動《しゅつどう》する。

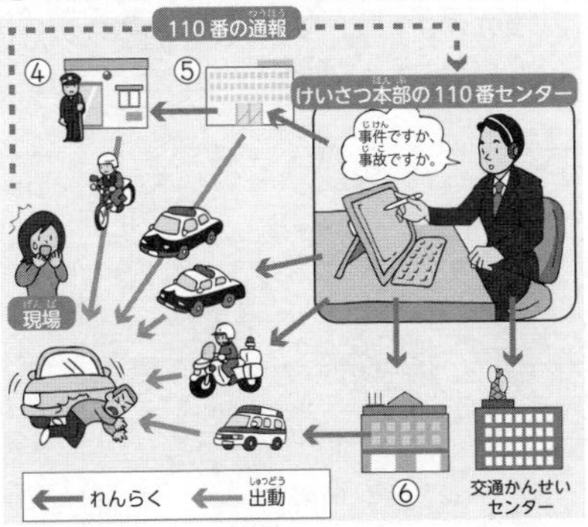

110番のれんらくのしくみ

- 上の図の④〜⑥は、それぞれ、（④ 交番 ）、（⑤けいさつしょ）、（⑥ 消防しょ ）を、しめしている。

2 けいさつの仕事《しごと》

教科書 120〜121ページ

けいさつしょの仕事	交番の仕事
●登校《とうこう》の見守り ●小学校での（⑦ 交通安全教室 ） ●白バイを使《つか》った交通しどう	●（⑧ パトロール ）や道あんない ●交通しどう ●とうなんにあった自転車《じてんしゃ》をさがす ●地いきの家をたずねて、事故や事件をふせぐための協力《きょうりょく》をよびかける

えらんだ言葉に✓　□交番　□消防《しょうぼう》しょ　□けいさつしょ　□救急車《きゅうきゅうしゃ》　□れんらく　□パトロール　□交通安全《あんぜん》教室　□110番

ぴったり2 **練習**

学習日 **65ページ**

ぴたトリビア けいさつかんは、自分の身《み》を守りながら、はん人だと思われる人をかくほするために、柔道《じゅうどう》やたいほ術《じゅつ》などのくんれんも、日ごろから行っています。

教科書 118〜121ページ　答え 33ページ

1 右のしくみ図を見て、問《と》いに答えましょう。

(1) ①にあてはまる数字を書きましょう。
（ 110 ）

(2) 交通事故の通報がさいしょに行く②の名前を答えましょう。
（110番センター）

(3) ③・④にあてはまる言葉を（　）からえらんで、○でかこみましょう。
③（(れんらく)・出動）
④（れんらく・(出動)）

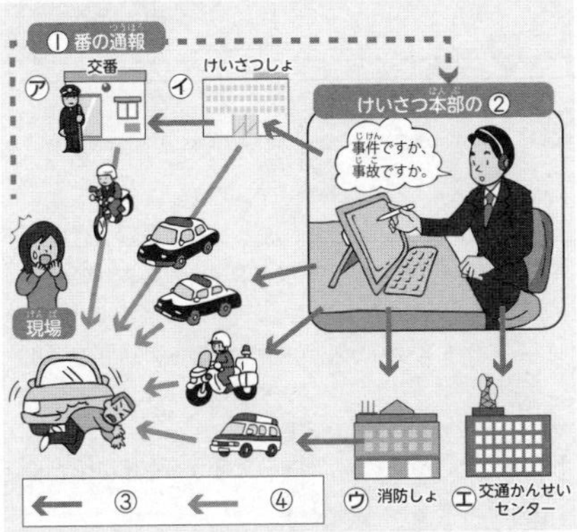

①番のれんらくのしくみ

(4) けいさつ本部の②からの「けが人がいます。すぐに出動してください」という指示《しじ》は、図の㋐〜㋓のどこに向《む》けたものか、記号《きごう》で答えましょう。
（ ㋒ ）

2 次の３つの絵は、けいさつの仕事を表《あらわ》しています。それぞれの絵にあてはまる内ようを㋐〜㋓からえらびましょう。

①（ ㋓ ）　②（ ㋑ ）　③（ ㋐ ）

㋐ 交通しどう　㋑ とうなんにあった自転車をさがす
㋒ パトロール　㋓ 小学校での交通安全教室

ヒント 1 (4) けが人を運《はこ》ぶためには、救急車がひつようです。救急車はどこから出動するのかを読み取りましょう。

できたかな?
□交通事故で110番通報してからけいさつかんが現場に来るまでの流れを、せつ明してみよう。

おうちのかたへ
110番通報のしくみを学習します。通報を受けた警察本部の110番センターから関連部署に連絡が行くと、パトカーや救急車などが出動します。「警察本部の110番センター」は神奈川県の名称で、東京都区部の場合は「本部指令センター」と呼ばれるように、名称は都道府県によって異なります。お住まいの都道府県の110番がどこにつながるのか、調べてみるとよいでしょう。

練習 65ページ

1 (1)(2)110番に通報すると、けいさつ本部の110番センターにつながり、以下《いか》のことを聞かれます。正しく答えられるようにしておきましょう。

・事件か事故か
・いつ、どこで（近くの目じるし）
・事件の場合は、はん人の様子《ようす》（にげた方向《ほうこう》やとくちょう）
・現場の様子
・自分の名前と住所《じゅうしょ》、電話番号

(3)③と④のやじるしが、それぞれ何をしめしているのかを考えます。③けいさつ本部の110番センターから、かん係《けい》するところに「れんらく」が行きます。④れんらくを受けたけいさつかんや消防しょは、すぐに現場に「出動」します。

2 けいさつかんは、ふだんから交通安全教室や交通しどうなどを行い、事故や事件が起きるのをふせいでいます。また、とうなんにあった自転車をさがすのもけいさつかんの仕事の１つです。

ぴったり1 じゅんび

3. 地いきの安全《あんぜん》を守《まも》る
2 事故《じこ》や事件《じけん》から まちを守る③

めあて
交通事故をふせぐしせつや、地いきの人とのつながりをたしかめよう。

教科書 122~127ページ　答え 34ページ

次《つぎ》の(　　)に入る言葉《ことば》を、下からえらびましょう。

1 学校のまわりを調《しら》べよう
教科書 122~123ページ

交通事故をふせぐくふう

(① ガードレール)…歩道と車道を分けて、歩行者を守る。
道路《どうろ》ひょうしき…注意をよびかける。
(② カーブミラー)…見通しの悪《わる》い場所で、左右を見わたせる。
(③ 点字ブロック)…目の不自由《ふじゆう》な人が、安心《あんしん》して歩くことができる。

2 地いきの人の協力《きょうりょく》／事故や事件からまちを守るはたらき
教科書 124~127ページ

地いきの取《と》り組み

- 地いきには、「(④ 子ども見守り隊)」の人がいる。また、事件にまきこまれそうになったときに、にげこむことのできる(⑤ こども110番)の家がある。
- 地いきでは、いろいろな立場の人が協力して、まちの(⑥ 安全)を守っている。

安全マップからわかること

- 子どもの多い道路《どうろ》には、注意《ちゅうい》をよびかけるまくなどがおかれている。
- 学校の北西の交差点《こうさてん》には、(⑦ おしボタン)のついた信号《しんごう》きがある。
- 学校が面している大きな道には、(⑧ 自転車)も通れる歩道がある。

安全マップ

えらんだ言葉に☑
□おしボタン　□カーブミラー　□自転車《じてんしゃ》　□ガードレール
□点字ブロック　□子ども見守り隊《たい》　□安全　□こども110番

ぴったり2 練習

ぴたトリビア
けいさつしょは、たくさんの課《か》に分かれています。交通安全をたん当するのは交通課《こうつうか》です。他《ほか》にも、警務課《けいむか》、地域課《ちいきか》、刑事課《けいじか》などがあります。

教科書 122~127ページ　答え 34ページ

1 次の写真《しゃしん》は、交通事故をふせぐためのしせつを表《あらわ》しています。これらの写真を見て、問《と》いに答えましょう。

あ

い

う

(1) 交通量《りょう》が多い大きな道路を、車を止めずに安全に横断《おうだん》するしせつを、上のあ~うからえらびましょう。　(あ)

(2) これらのしせつについて書かれた次《つぎ》の文の①・②にあてはまる言葉を、ア~エからえらびましょう。

これらは、①(イ)を交通事故から守るしせつで、道路の様子《ようす》や②(ア)に合わせて、しせつをくふうしていることがわかる。

ア 交通量　イ 歩行者　ウ 自動車　エ 交通ルール

2 地いきの安全を守るための取り組みについて、問いに答えましょう。

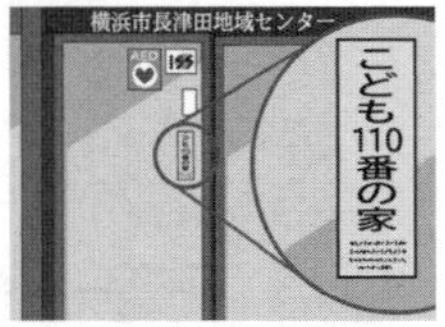

(1) 右の絵のような場所《ばしょ》が、地いきにおかれている理由《りゆう》を、ア~ウから1つえらびましょう。
ア 地いきのけいさつではたらく人が足りないため。
イ 地いきの店などが、たくさんのお客《きゃく》さんをよびよせるため。
ウ 地いきの人たちが、協力して子どもの安全を守るため。　(ウ)

(2) 次のア~ウを、安全マップの正しい作り方のじゅんにならびかえましょう。
ア それぞれの場所を、白地図《はくちず》にかき入れる。
イ きけんな場所や安全のためのしせつなどをふり返《かえ》る。
ウ 気づいたことをカードに書いて、白地図にはる。
(イ)→(ア)→(ウ)

ヒント ❷(1) 絵にある「こども110番の家」は、登下校《とうげこう》の道ぞいや、子どもが遊《あそ》ぶ公園などの近くにもあります。

できたかな?
□地いきにある、交通事故をふせぐしせつのれいを、あげてみよう。

おうちのかたへ
地域の安全を守る施設について調べます。警察署は消防署や市役所、学校と連携をとって事故や事件から住民を守る仕事をしています。また、地域の商店街や自治会なども学校と連携して安全を守る活動をしています。近年は、コンビニエンスストアやスーパーマーケット、商店などが「こども110番の家」として登録されていますので、ご家庭で場所を確認することは有効な防犯対策となります。

練習 67ページ

1 (1)あは、横断《おうだん》歩《ほ》道橋《どうきょう》で、交通量の多い道路を安全にわたるしせつです。いはガードレール、うはおしボタン式《しき》の信号きです。
(2)学校のまわりや歩行者が少ない道路などでは、おしボタン式の信号きがおかれています。道路の様子や交通りょうに合わせて、おかれるしせつもかわります。

2 (1)コンビニエンスストアなどもこども110番の家として、地いきに協力しています。けいさつ以外にも、自治会や子ども見守り隊、商《しょう》店《てん》などが、地いきの安全を守っています。
(2)安全マップをつくるには、はじめに地いきのきけんな場所をふり返ります。次に、それぞれの場所を白地図にかき入れ、気づいたことをカードに書いて、白地図にはればかんせいです。

ぴったり3 たしかめのテスト

3. 地いきの安全《あんぜん》を守《まも》る
2 事故《じこ》や事件《じけん》から まちを守る

／100 ごうかく80点

教科書 114～127ページ　答え 35ページ

1 交通事故についてのしりょうを見て、問《と》いに答えましょう。(1)10点、(2)1つ5点（25点）

(1) 作図 次《つぎ》の表《ひょう》をもとに、右のグラフをかんせいさせましょう。　技能

年	件数《けんすう》
2005	2496
2010	1881
2015	1193
2020	877

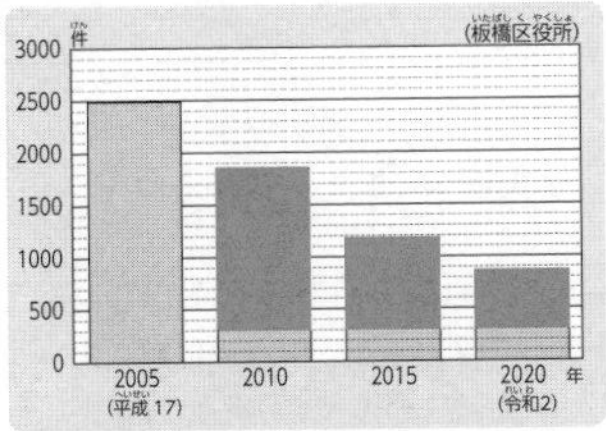

板橋区《いたばしく》の交通事故の件数のうつりかわり

(2) 次の文の①・②にあてはまる数字と③にあてはまる言葉を答えましょう。

2005年の板橋区内の交通事故の件数は①(2496)件で、2020年は②(877)件である。交通事故の件数は2005年から2020年にかけて、③(へって)きていることがわかる。

2 よく出る 右のしくみ図を見て、問いに答えましょう。　1つ5点（30点）

(1) 事故現場《げんば》から通報《つうほう》するには、何番に電話をすればよいか、数字で答えましょう。
(110)番

(2) 図の①～④にあてはまる言葉《ことば》を答えましょう。

①(110番センター)②(交番)
③(けいさつしょ)④(消防しょ)

(3) このようなしくみが整《ととの》っている理由《りゆう》を、㋐～㋓から1つえらびましょう。

㋐ 現場に、なるべく多くの人がかけつけないといけないため。
㋑ 現場に、かん係《けい》する人たちが、すぐにかけつけるひつようがあるため。
㋒ 現場には、できるだけ遠くからかけつけるルールがあるため。
㋓ 現場では、地いきの人たちの協力《きょうりょく》がひつようなため。
(㋑)

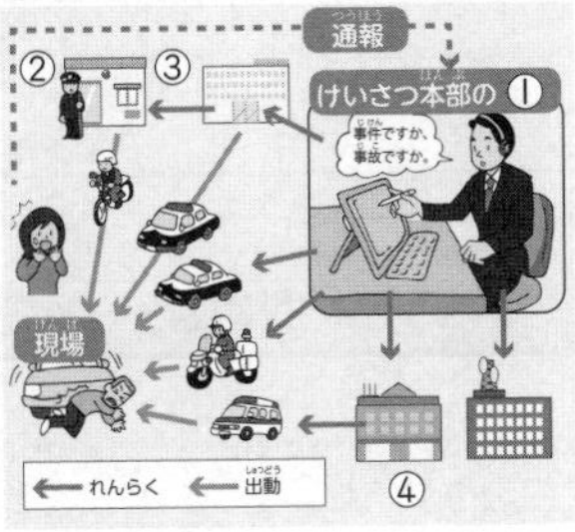

交通事故のれんらくのしくみ

3 学校のまわりの道路《どうろ》の様子《ようす》について、問いに答えましょう。　1つ5点（25点）

(1) よく出る 次のしせつがある場所《ばしょ》を、㋐～㋓からえらびましょう。　技能

①(㋓)　②(㋐)　③(㋑)　④(㋒)

㋐ 交通量《こうつうりょう》の多い所《ところ》
㋑ 通学路《ろ》などで、見通しの悪《わる》い所
㋒ 目の不自由《ふじゆう》な人が通る歩道
㋓ 自動車《じどうしゃ》が通る道にある歩道

(2) 学校のまわりにある交通事故をふせぐためのしせつについて、正しいものを1つえらびましょう。

㋐ 道路の様子や車や人の多さに合わせて、しせつをくふうしている。
㋑ すべて、車を運転《うんてん》している人に向《む》けたしせつである。
㋒ 通学路以外《いがい》には、おかれていない。
(㋐)

この本の終わりにある「冬のチャレンジテスト」をやってみよう！

4 右の安全マップで、子ども見守り隊《たい》の人たちが立っている場所を、次の㋐～㋓から2つえらびましょう。　技能

1つ5点(10点)

㋐ 見通しのわるい曲《ま》がり角
㋑ 見通しのよい大きな道
㋒ 自転車《じてんしゃ》せんよう道路ぞい
㋓ 信号《しんごう》きのある大きな交差点《こうさてん》

(順不同)(㋐)(㋓)

安全マップ

記述 **5** てがたのチャレンジ 右の絵は、地いきの安全会議《かいぎ》の様子を表《あらわ》しています。このような会議を行う目てきを、かんたんに書きましょう。

思考・判断・表現 (10点)

(れい) 地いきの人たちが、協力してまちの安全を守るため。

ふりかえり ５がわからないときは、66ページの２にもどってかくにんしてみよう。

記述問題のプラスワン

5 学校の登校時に、横断歩道などで子どもたちを見守る人がいたり、時間によって商店街に車を入れなくしたりと、地いきには、安全を守るためのしくみが整《ととの》えられています。地いきの自治会《じちかい》や商店街、学校と親のPTA《ピーティーエー》といった人たちは、安全会議を開いて、まちの安全のために協力しています。わたしたちは、このような地いきの人たちに守られています。

たしかめのテスト 68～69ページ

1 (1)横じくの点線は100件間かくでかかれています。表の数字を読み取《と》ってグラフのぼうの長さを決《き》めましょう。
(2)③かんせいしたグラフを見ると、交通事故の件数は、へってきていることがわかります。「少なくなって」と書いても正かいです。

2 (3)けいさつ本部の110番センターは、通報を受《う》けると、かん係するところにれんらくをします。けが人がいるときは、病院《びょういん》にもれんらくをして、受け入れのじゅんびをしてもらいます。

3 (2)地いきの交通事故をふせぐためのしせつには、いろいろなしゅるいがあります。たとえば、道路の横断《おうだん》については、横断歩道橋やおしボタン式の信号きなど、道路の様子によってしせつのしゅるいがことなります。

4 地図の中から「はたのマーク」をさがしましょう。

5 自治会や商店街《しょうてんがい》などが協力して、まちの安全を守るための安全会議を開いている地いきがあります。理由として「協力してまちの安全を守る」ことが書いてあれば、正かいです。

ぴったり1 じゅんび

4. わたしたちの市の歩み

1 かわる道具とくらし①

学習日 70ページ

[めあて] 道具とくらしのうつりかわりについての学習問題と学習計画をたしかめよう。

教科書 128～135ページ　答え 36ページ

次の(　)に入る言葉を、下からえらびましょう。

1 昔の道具/学習問題をつくり、学習の見通しを立てよう　教科書 130～133ページ

昔の道具

(① かま)…ごはんをたく道具。
(② 七輪)…魚などをやく道具。
(③ せんたく板)…せんたくに使う道具。

学習問題と学習計画

学習問題	道具がかわることで、人々のくらしはどのようにかわってきたのだろう。
調べること	●(④ 道具)の名前　●道具が使われていた時期 ●道具の使われ方　●人々のくらし
調べ方	●(⑤ 郷土資料館)を見学する。 ●家の人に(⑥ インタビュー)する。 ●調べたことを道具調べカードに記録する。

2 郷土資料館をたずねて　教科書 134～135ページ

調べてわかったこと

- 千歯こきは鉄と(⑦ 木)でできていて、(⑧ 明治時代)のころまで使われていた。
- なべやかまをあたためる(⑨ かまど)は、昭和30年ごろから、ガスコンロにかわっていった。

ワンポイント 年号

- ある年代の期間をさす言葉。

明治(1868年から1912年)
大正(1912年から1926年)
昭和(1926年から1989年)
平成(1989年から2019年)
令和(2019年から)

えらんだ言葉に☑
□七輪　□郷土資料館　□かまど　□道具　□明治時代
□かま　□インタビュー　□木　□せんたく板

ぴったり2 練習

学習日 71ページ

ぴたトリビア
かまのふたは、たいているときのふきこぼれをふせぐために、重い木でできています。これも、昔の人のくふうの1つです。

教科書 128～135ページ　答え 36ページ

1 次の3つの道具調べカードを見て、問いに答えましょう。

あ 千歯こき

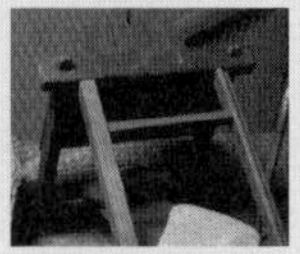

〈使われていた時期〉おじいさんが生まれる前
〈使われ方〉①

い かまど

〈使われていた時期〉おばあさんが生まれる前
〈使われ方〉②

う かま

〈使われていた時期〉おじいさんが生まれる前
〈使われ方〉③

(1) 上のカードの①～③にあてはまるせつ明を、㋐～㋒からえらびましょう。
㋐ お米と水を入れて、かまどでごはんをたく。
㋑ まきをもやした火で、なべやかまをあたためる。
㋒ いねを鉄の歯にかけ、引っぱってもみをとる。
①(㋒)②(㋑)③(㋐)

(2) 次のせつ明にあてはまる道具を上のカードからそれぞれえらんで、あ～うの記号で答えましょう。
①鉄と木でできた道具(あ)(う)(順不同)
②石でできた道具(い)

(3) 昔は、ごはんをたくには、上のいの道具を使っていました。この道具について、正しいものを1つえらびましょう。
㋐ ガスで火を起こして、なべを温めていた。
㋑ 自分で火を起こして、まきをもやして使った。
㋒ ごはんを、今より少ない時間でたくことができた。(㋑)

2 郷土資料館に行って調べられることとして、まちがっているものを、㋐～㋓から1つえらびましょう。
㋐ 道具が、どのように使われていたのかがわかる。
㋑ 道具が、いくらで売られているのかがわかる。
㋒ 道具が、いつごろ使われていたのかがわかる。
㋓ 道具の名前がわかる。(㋑)

ヒント 1 (3) かまどの写真を見ると、下の方にまどのような部分があります。ここに、まきを入れて火をつけました。

できたかな？
□道具とくらしのうつりかわりを調べるには、何を、どのようにして調べればよいか、言ってみよう。

おうちのかたへ
市の歩みについて学習する単元です。導入では昔の道具を調べ、道具の変化とともに暮らしの様子も変わってきたことを理解します。初めて年号が出てきますので、明治から令和までの年号は言えるようにしておきましょう。3年生の市の歩みの学習は、6年生での歴史学習へと発展しますので、写真やイラスト資料から昔の暮らしをイメージできるようにしておくことが大切です。

練習 71ページ

1 (1)千歯こきとは、いねを鉄の歯にかけて、引っぱってもみをとる道具です。今はだっこくはきかいで行われますが、明治時代のころまで使われていました。

千歯こき

(2)昔の道具は、おもに木や鉄でできていました。そのため、こわれても直して使いつづけることができました。

(3)かまどでの調理は、まきで火を起こして行います。火かげんの調せつがひつようで、ずっとかまどのそばにいなくてはなりませんでした。

2 地いきの郷土資料館には、昔の道具が、使い方などのせつ明とともにてんじされています。売り物ではないため、ねだんなどのじょうほうはありません。

ぴったり1 じゅんび

4. わたしたちの市の歩み

1 かわる道具《どうぐ》とくらし②

めあて 道具とくらしのうつりかわりについて、年表《ねんぴょう》にまとめよう。

教科書 136〜141ページ　答え 37ページ

次《つぎ》の（　）に入る言葉《ことば》を、下からえらびましょう。

1 昔《むかし》のくらしをインタビューする／かわってきたくらし　教科書 136〜139ページ

くらしのうつりかわり

- 昔のせんたくは、（① 人の力 ）を使って、多くの（② 手間と時間 ）がかかった。
- せんたく板《いた》を使《つか》うと、よごれた部分《ぶぶん》を見ながらあらえて、きれいに落《お》とせる。
- 今のせんたくきは、せんたくからかんそうまで（③ 自動 ）で行う。
- 今は、電気が使えて、他《ほか》のことができる時間がふえるなど、くらしが（④ べんり ）になった。

せんたく板とたらいを使う

自動《じどう》せんたくきを使う

2 道具とくらしのうつりかわり　教科書 140〜141ページ

年代《ねんだい》	100年前 大正《たいしょう》の年代	50年前 昭和《しょうわ》の年代	30年前 平成《へいせい》の年代	今 令和《れいわ》の年代
道具 せんたく	せんたく板とたらい	二そう式《しき》せんたくき	かんそうきのついたせんたくき	
道具 調理《ちょうり》	かまど	ガスこんろ	IH《アイエイチ》クッキングヒーター	
道具 音楽		レコードプレーヤー	CD《シーディー》プレーヤー　けいたい音楽プレーヤー	
くらしの様子《ようす》	関東大震災《かんとうだいしんさい》が起《お》きる。	戦争《せんそう》の空襲《くうしゅう》で大きなひがいを受《う》ける。 家の外で、めんこなどをして遊《あそ》んでいた。 水道や（⑤ ガス ）が使われ始《はじ》める。 （⑥ 井戸 ）から水をくみ上げて、使う家も多かった。 （⑦ 電化せい品 ）が出回り始め、テレビやせんたくきを持《も》つ家がふえてきた。	電化せい品を使うのが、あたりまえのようになった。 家の中で、テレビゲームなどで遊ぶようになった。 持《も》ち運《はこ》びできるゲームきで遊ぶ。 （⑧ パソコン ）やスマートフォンで、インターネットをりようしている。	

みんなでまとめた年表《ねんぴょう》

えらんだ言葉に ✓　□自動《じどう》　□人の力　□ガス　□手間《てま》と時間　□べんり　□電化《でんか》せい品《ひん》　□パソコン　□井戸《いど》

ぴったり2 練習

ぴたトリビア　1960年代、団地《だんち》がたてられるようになると、ほうきで外にごみをはき出すことができなくなり、電気そうじきを買う人がふえていきました。

教科書 136〜141ページ　答え 37ページ

1 次の年表を見て、問《と》いに答えましょう。

年代	100年前 大正の年代	50年前 昭和の年代	30年前 平成の年代	今 令和《れいわ》の年代
道具 せんたく	①（ ㋑ ）	②（ ㋓ ）	③（ ㋕ ）	
道具 調理	かまど	ガスこんろ	IHクッキングヒーター	
道具 音楽		レコードプレーヤー	CDプレーヤー　けいたい音楽プレーヤー	
くらしの様子	関東大震災が起きる。	戦争の空襲で大きなひがいを受ける。 家の外で、めんこなどをして遊んでいた。 ④（ ㋔ ）やガスが使われ始める。 ⑤（ ㋐ ）から水をくみ上げて、使う家も多かった。 ⑥（ ㋒ ）が出回り始め、テレビやせんたくきを持つ家がふえてきた。	電化せい品を使うのが、あたりまえのようになった。 家の中で、テレビゲームなどで遊ぶようになった。 持ち運びできるゲームきで遊ぶ。 パソコンやスマートフォンで、⑦（ ㋖ ）をりようしている。	

みんなでまとめた年表

(1) 年表の①〜⑦にあてはまる言葉を、㋐〜㋖からえらびましょう。

㋐ 井戸《いど》　㋑ せんたく板とたらい　㋒ 電化せい品　㋓ 二そう式せんたくき
㋔ 水道　㋕ かんそうきのついたせんたくき　㋖ インターネット

(2) 年表からわかる、わたしたちのくらしのうつりかわりについて、正しいものを１つえらびましょう。

㋐ 50年くらい前に、インターネットが広まった。
㋑ 今は昔にくらべて、外で遊ぶことが多くなった。
㋒ 電気やガスが使えるようになり、くらしがべんりになった。
㋓ 家事《かじ》にかかる時間は、昔も今もかわりはない。　（ ㋒ ）

(3) 年表からわかることを２つえらびましょう。

㋐ できごとが起きた時こくがわかる。
㋑ できごとが起きた順番《じゅんばん》がわかる。
㋒ 調《しら》べたいできごとが、いつ起きたのかがわかる。
㋓ できごとひとつひとつについての、くわしい内ようがわかる。

（順不同）（ ㋑ ）（ ㋒ ）

ヒント　1 (2) ガスこんろやIHクッキングヒーターなどが使われるようになって、くらしがどのようになっていったかを考えましょう。

練習　73ページ

1 (1)二そう式せんたくきとは、あらいやすすぎと、だっ水がべつになったせんたくきです。井戸は、地中をほることでたまった水をくみ出す場所で、昭和時代のはじめごろまでは水道がない家庭《かてい》が多く、井戸が使われていました。

(2)せんたくきやテレビ、れいぞうこなどの電化せい品、ガスが広まりはじめたのは、約《やく》70年前です。このころからくらしがべんりになり、時間の使い方もかわっていきました。

(3)年表は、いつ、何が起きたかを年の順に表にしたものです。

㋐できごとが起きた時こくは、年表からはわからないので×。

㋓年表には、できごとの名前や大まかなできごとの内ようしか書かれてないので×。

できたかな？

□道具とくらしのうつりかわりを、年表から読み取ってみよう。

おうちのかたへ

初めて年表資料を読み取る学習をします。今回扱う年表では、道具の移り変わりと暮らしの変化の関連を考えさせます。洗濯は手洗いから自動になったことで、同時に他の仕事もできるように暮らしが変化しました。お年寄りに会う機会があれば、昔の暮らしについて話を聞くことで、学習理解がさらに深まります。

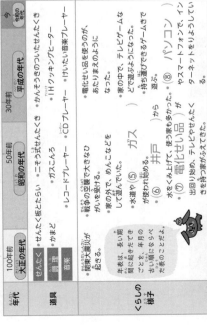

4. わたしたちの市の歩み

1 かわる道具《どうぐ》とくらし

/100 ごうかく 80点

教科書 128～141ページ　答え 38ページ

1 よく出る 次《つぎ》の 3 つの道具の名前をあ～えからえらび、使《つか》い道をア～エからえらびましょう。　技能　1つ5点（30点）

①

②

③

〈名　前〉 あ 七輪《しちりん》　い かまど　う かま　え 千歯《せんば》こき

〈使い道〉 ア 魚などをやく道具。
イ いねを鉄《てつ》の歯《は》にかけ、引っぱってもみをとる道具。
ウ なべやかまを温《あたた》める道具。
エ ごはんをたく道具。

名前①（ え ） ②（ う ） ③（ あ ）
使い道①（ イ ） ②（ エ ） ③（ ア ）

2 次の年表《ねんぴょう》を見て、右のページの問《と》いに答えましょう。　1つ5点（45点）

年代《ねんだい》	100年前 大正《たいしょう》の年代	50年前 昭和《しょうわ》の年代	30年前 平成《へいせい》の年代	今 令和《れいわ》の年代
調理《ちょうり》の道具	①	②	③	
くらしの様子《ようす》	・関東大震災《かんとうだいしんさい》が起《お》きる。	④ ・水道やガスが使われ始《はじ》める。 ・井戸《いど》から水をくみ上げて、使う家も多かった。 ⑤	・家の中で、テレビゲームなどで遊《あそ》ぶようになった。 ・持《も》ち運《はこ》びできるゲームきで遊ぶ。 ⑥	

(1) 年表の①～③にあてはまる道具を、次のア～ウからえらびましょう。　技能

ア

イ

ウ

①（ ウ ） ②（ ア ） ③（ イ ）

(2) 年表の④～⑥にあてはまるくらしの様子を、次のア～ウからえらびましょう。
ア パソコンやスマートフォンで、インターネットを利用《りよう》している。
イ 戦争《せんそう》の空襲《くうしゅう》で大きなひがいを受《う》ける。
ウ 電化《でんか》せい品《ひん》が出回り始め、テレビやせんたくきを持つ家がふえてきた。

④（ イ ） ⑤（ ウ ） ⑥（ ア ）

(3) 次の①～③のできごとが起こった時期を、ア～エからえらびましょう。
① 家の中で、テレビゲームなどで遊ぶようになった。
② 関東大震災が起きる。
③ 水道やガスが使われ始める。
ア 大正《たいしょう》の年代　イ 昭和《しょうわ》の年代　ウ 平成《へいせい》の年代　エ 令和《れいわ》の年代

①（ ウ ） ②（ ア ） ③（ イ ）

3 次の 2 つの絵を見て、問いに答えましょう。　(1)10点、(2)15点（25点）

↑ 昔のせんたくの様子

↑ 今のせんたくの様子

(1) 昔のせんたくについて、まちがっているものを 1 つえらびましょう。
ア 水を自動《じどう》でしぼってくれる。
イ よごれた部分《ぶぶん》を見ながらあらえて、きれいに落《お》とせる。
ウ 家の外で、しゃがみながら手であらっている。
エ せんたくきを使うよりも、時間がかかる。　（ ア ）

記述 (2) てきたらスゴイ！ せんたくの道具がかわることで、家事《かじ》がどのようになっていきましたか。「他のこと」という言葉《ことば》を使って、書きましょう。　思考・判断・表現

（れい）自動でせんたくができるようになり、せんたくをしながら他のことができるようになった。

ふりかえり 3(2)がわからないときは、72ページの1にもどってかくにんしてみよう。

記述問題のプラスワン

3 (2)せんたく板とたらいを使って手であらっていたせんたくが、自動でできるようになって、せんたくをしながら他のことができるようになりました。れいのように「せんたくをしながら他のことができるようになった」ことが書いてあれば正かいです。「自動でせんたくができるので」の部分は、「手作業ではなくなったので」、「そばにいなくてもよくなったので」などでも正かいです。

1 ①の千歯こきは、いねからもみを取《と》りのぞく道具ですが、今では自動だっこくきというきかいが使われています。また、かり取りと同時にもみを取りのぞくコンバインというきかいも広まり、時間をかけずに、大りょうのいねから米を取り出すことができるようになりました。

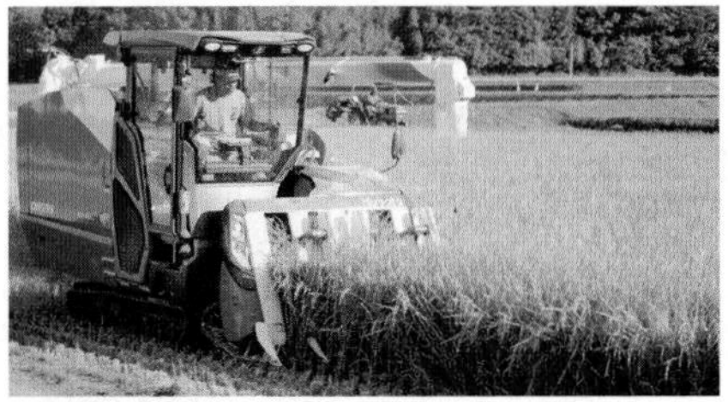
↑ コンバイン

2 (1)アはガスコンロ、イはIH《アイエイチ》クッキングヒーター、ウはかまどです。どれも、料理《りょうり》をするための道具ですが、アとウは火を使い、平成時代に広まったイは、火を使わないで料理ができる道具です。

3 (2)せんたく板《いた》とたらいを使ったせんたくは、手作業なので、他のことを同時にすることはできませんでした。自動で動くせんたくきを使うことで、同時に他のことができるようになりました。

ぴったり1 じゅんび

4. わたしたちの市の歩み

2 市のうつりかわり①

3分でまとめ

学習日 76ページ

◎めあて 市のうつりかわりについての学習問題をつくり、調べることをたしかめよう。

教科書 142〜149ページ　答え 39ページ

次《つぎ》の(　　)に入る言葉《ことば》を、下からえらびましょう。

1 かわるまちの様子《ようす》／学習問題をつくり、学習の見通しを立てよう　教科書 142〜145ページ

✪学習問題と学習計画

学習問題	市の様子は、どのようにかわってきたのだろう。
調べること	●交通、土地の使《つか》われ方、(① 人口)、公共《こうきょう》しせつのうつりかわり
調べ方	●昔《むかし》から住《す》んでいる人に、インタビューをする。 ●市のうつりかわりが書かれた(② 年表)を調べる。 ●写真《しゃしん》や(③ 地図)などを調べる。

2 交通・土地の使われ方はどのようにかわったのかな　教科書 146〜149ページ

✪交通のうつりかわり

- 昔は、鉄道《てつどう》も道路《どうろ》も(④ 少ない)。
- 昔は、横浜駅《よこはまえき》のまわりに(⑤ 路面電車)が通っていた。
- 今は、市の北部《ほくぶ》に東名《とうめい》(⑥ 高速道路)ができて、車でのいどうがべんりになった。

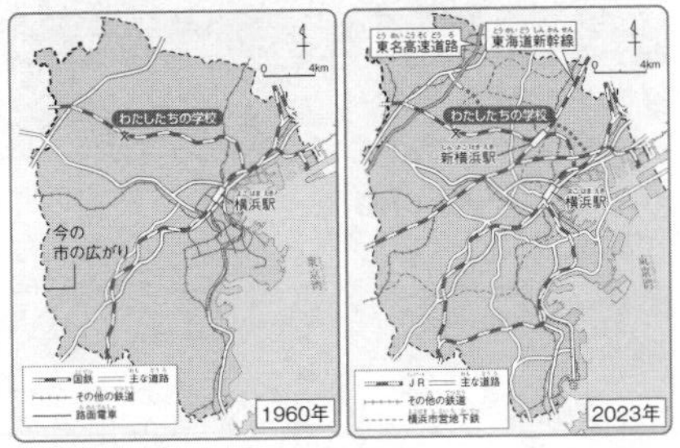

昔と今の横浜市の主な鉄道と道路

✪土地のうつりかわり

- 1960年ごろ、海ぞいの地いきでは、(⑦ うめ立て)が進《すす》められ、自然《しぜん》の砂浜《すなはま》や干潟《ひがた》がほとんど消《き》えてしまった。
- 昔は、市の大部分に(⑧ 緑)が広がっていた。
- 今は昔とくらべると、緑《みどり》がへり、(⑨ 住たく地)がふえた。

えらんだ言葉に✔　□地図　□少ない　□人口《じんこう》　□高速道路《こうそくどうろ》　□緑　□住《じゅう》たく地　□年表　□路面電車《ろめんでんしゃ》　□うめ立て

ぴったり2 練習

学習日 77ページ

ぴたトリビア　1960年代《ねんだい》は、大きな都市《とし》では、道路にレールがしかれた路面電車がたくさん走っていました。今でも、岡山《おかやま》市や広島《ひろしま》市などで、残《のこ》されています。

教科書 142〜149ページ　答え 39ページ

1 右の地図を見て、問《と》いに答えましょう。

(1) 1960年にはなかったが、市の北部につくられた高速道路の名前を答えましょう。
(東名高速道路)

(2) 横浜市にある新幹線の駅の名前を答えましょう。
(新横浜)駅

(3) 右下の地図の[　]の地いきの今の様子《ようす》について、正しいものを1つえらびましょう。

㋐ 今も昔も緑が多く、自然がゆたかな場所《ばしょ》。
㋑ うめ立てが進められ、自然の砂浜や干潟がへった場所。
㋒ 新幹線や高速道路など、交通が集《あつ》まった場所。

(㋑)

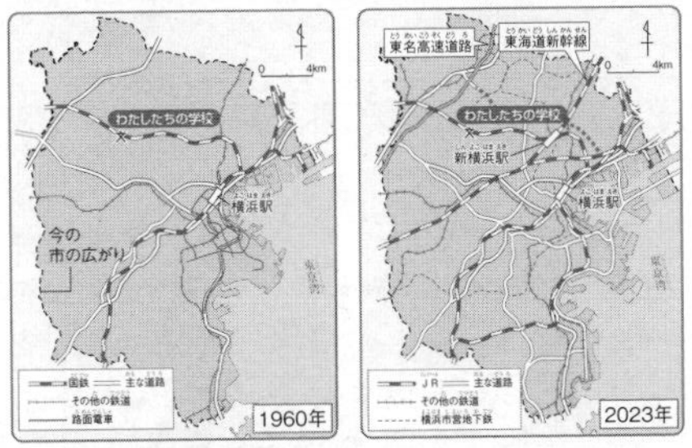

昔と今の横浜市の主な鉄道と道路

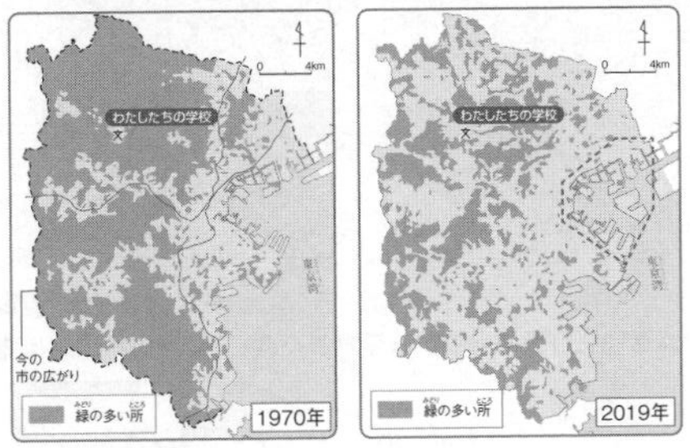

昔と今の緑の広がり

(4) 横浜市のうつりかわりについて、読み取《と》れることを、㋐〜㋔から2つえらびましょう。

㋐ 市の西部を中心に、鉄道と道路がふえていった。
㋑ 今は、東京湾《とうきょうわん》ぞいに路面電車がたくさん通っている。
㋒ 学校は、昔も今も森林の中にある。
㋓ 緑の多い所《ところ》は、昔にくらべてへってきている。
㋔ 市の東部は、昔も今も緑が少ない。

(順不同) (㋓)(㋔)

ヒント 1 (4) 地図から、鉄道と道路、緑の多い所がふえているかどうかを読み取りましょう。また、市のどこの地いきのうつりかわりが大きいのかにも注目《ちゅうもく》して考えましょう。

できたかな？
□市のうつりかわりを調べるには、何を、どのようにして調べればよいか、言ってみよう。

おうちのかたへ
市の歩みについて調べます。交通や緑の分布に関して地図を読み取って、市の様子がどのように変化してきたのかを見ていきます。時期の異なる2つの地図を比較して考察する技能は、4年生や5年生、そして中学校の社会科で必須の能力となります。交通がどのように変化したかなど、確実に読み取れるようにしてください。

練習 77ページ

1 (1)市の北部にできたのは東名高速道路です。東京《とうきょう》と名古屋《なごや》をむすぶ重要《じゅうよう》な道路です。

(2)横浜市には東海道新幹線も走っていて、横浜駅とはべつに、新横浜駅がつくられました。

(3)地図の[　]の地いきは、海ぞいにあって、人工的なまっすぐな海岸線が読み取れます。これはうめ立て地で、かつては自然の砂浜や干潟があった場所を、土でうめ立ててできた土地です。今では、大きな港や会社、商業しせつなどが集まる地《ち》区《く》となっています。

(4)㋐鉄道と道路は、市全体にふえているので×。
㋑路面電車とは、道路に線路をしいて走らせる鉄道です。1960年には横浜駅のまわりに走っていましたが、2023年の地図にはないので×。
㋒学校のある場所は、1970年も2019年も、緑の少ない所なので×。

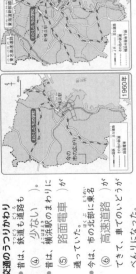

2 市のうつりかわり②

めあて　市の人口《じんこう》と公共《こうきょう》しせつのうつりかわりを、たしかめよう。

教科書 150～157ページ　答え 40ページ

次《つぎ》の（　　）に入る言葉《ことば》と数字を、下からえらびましょう。

1 人口・公共しせつはどのようにかわったのかな　教科書 150～153ページ

人口のうつりかわり

- 2020年の横浜《よこはま》市の人口は、約《やく》（① 377万 ）人である。
- 市の人口が300万人をこえたのは、（② 1985 ）年である。

グラフのたてじくを見て、おおよその数字を読《よ》み取ってみよう。

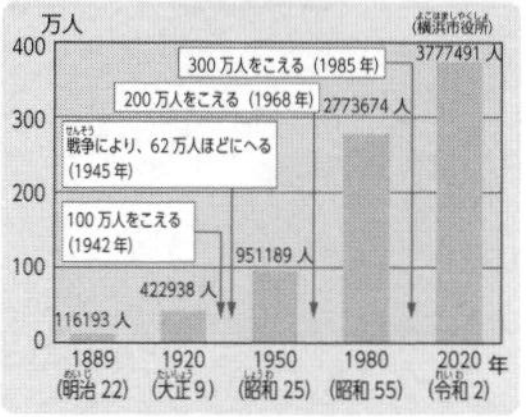

横浜《よこはま》市の人口のうつりかわり

公共しせつのうつりかわり

- お年寄《としよ》りが（③ ふえた ）こともあり、お年寄りやしょうがいのある人が安心《あんしん》してくらせる「地いきケアプラザ」がふえてきた。
- 「地いきケアプラザ」は、市役所《しやくしょ》が中心となって、市民《しみん》がしはらう（④ ぜいきん ）を使《つか》ってつくられている。

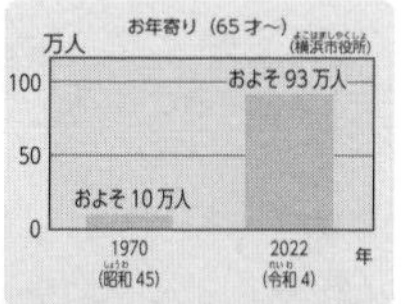

お年寄りの人口のうつりかわり

2 年表《ねんぴょう》を書き足そう／年表を見て話し合おう　教科書 154～157ページ

年代《ねんだい》	1920年 大正《たいしょう》の年代 ／ 1970年 昭和《しょうわ》の年代 ／ 1990年 ／ 2020年 平成《へいせい》の年代 ／ これから 令和《れいわ》の年代
交通	・路面《ろめん》電車が市内を走る。・東名高速道路《とうめいこうそくどうろ》が開通《かいつう》。・横浜港《よこはまこう》が開《ひら》かれて150年となる。・新幹線《しんかんせん》の（⑤ 新横浜駅 ）ができる。
土地の使われ方	・田や山林などの緑《みどり》が広い。・港北《こうほく》（⑥ ニュータウン ）の開発《かいはつ》が始《はじ》まる。・海ぞいの地いきで（⑦ うめ立て ）が進《すす》む。・みなとみらい地区《ちく》の開発が進む。
人口	・人口はおよそ42万人。・人口が（⑧ 200万 ）人をこえる。・戦争で人口が62万人ほどにへる。・外国人はおよそ9万人（2018年）。
公共しせつ	・山下公園《やましたこうえん》がつくられる。・地いきケアプラザがつくられるようになる。・小学校や中学校が多くつくられる。・よこはま動物園《どうぶつえん》ズーラシアが開園《かいえん》する。

えらんだ言葉に✓　□ぜいきん　□ふえた　□1985　□200万　□新横浜駅《しんよこはまえき》　□ニュータウン　□うめ立て　□377万

ぴたトリビア　1km《キロメートル》四方あたりに住んでいる人口を、人口密度《みつど》とよびます。東京都《とうきょうと》は約《やく》6386人で北海道《ほっかいどう》は約66人と、都道府県《とどうふけん》によってちがいます（2021年）。

教科書 150～157ページ　答え 40ページ

1 右のグラフを見て、問《と》いに答えましょう。

(1) グラフの見方について、正しいものを2つえらびましょう。

㋐ グラフのたてじくは、人口を表《あらわ》す。
㋑ グラフから、10年ごとの市の人口が読み取れる。
㋒ グラフのぼうの長さは、人口を表す。
㋓ グラフから、男女べつの人口がわかる。

（順不同）（ ㋐ ）（ ㋒ ）

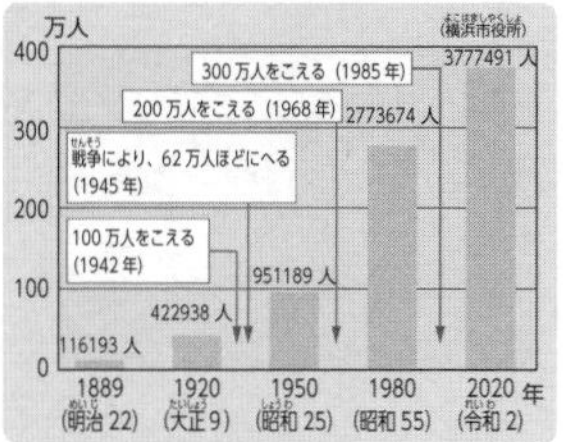

横浜市の人口のうつりかわり

(2) グラフからわかることとして、正しいものには○を、まちがっているものには×をつけましょう。

①（ × ）2020年の横浜市の人口は、1980年の2倍以上である。
②（ × ）1980年の横浜市の人口は、約200万人である。
③（ ○ ）横浜市の人口は、戦争の時期《じき》をのぞけば、ふえつづけている。
④（ ○ ）横浜市の人口が200万人をこえたのは、1968年である。

2 右の2つの地図は、横浜市の地いきケアプラザの昔《むかし》と今の場所《ばしょ》を表しています。これらを見て、次の問いに答えましょう。

(1) 次の文にあてはまるほうの言葉を、○でかこみましょう。

昔も今も、地いきケアプラザは、（市内全体《ぜんたい》・東京湾《とうきょうわん》ぞい）にある。（答え：市内全体）

㋐

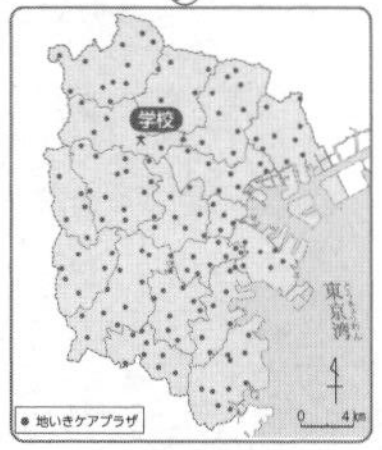

㋑

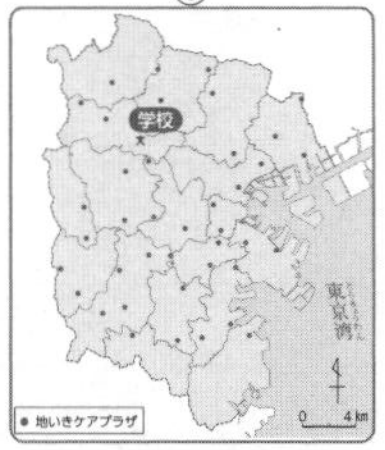

(2) 2つの地図のうち、昔の地いきケアプラザの場所を表しているほうを、㋐・㋑の記号《きごう》で答えましょう。（ ㋑ ）

(3) 市役所《しやくしょ》が中心となってつくっている地いきケアプラザをつくるためのお金は、何をもとにしているか、答えましょう。（ ぜいきん ）

ヒント　2 (2) 横浜市では、お年寄りの人口がふえたため、地いきケアプラザの数がふえました。

できたかな？

□グラフを見て、市の人口がどのようにうつりかわってきたか、言ってみよう。

おうちのかたへ

市の交通、土地の使われ方、人口、公共施設が、どのように移り変わってきたかを年表にまとめます。人口の増加と共に、市民のための地域ケアプラザの数も増加しているなど、年表からそれぞれの項目が関連し合っていることを考察することが大切です。お住まいの自治体の人口の移り変わりをインターネットで調べるなど、地域の移り変わりを調べることで、学習理解がさらに深まります。

練習　79ページ

1 (1)タイトルには「横浜市の人口のうつりかわり」と書かれていて、たてじくには「万人」と書かれていることから、横浜市の人口をしめしていることがわかります。また、ぼうグラフのぼうの長さは、人口を表していて、長い方が人口が多いことをしめしています。

(2)①2020年の人口は約377万人で、1980年は約277万人です。〈377÷277＝1あまり100〉なので、2倍以上ではありません。

②1980年の市の人口は、約277万人です。

2 (1)地いきケアプラザは、赤ちゃんからお年寄りまで、だれもが安心して生活できるようにするためのしせつです。2つの地図をくらべると、どちらも市内全体にあることがわかります。

(2)お年寄りの人口がふえたため、地いきケアプラザの数はふえてきました。昔は㋑の地図のような数でしたが、㋐のようにかわりました。

(3)地いきケアプラザのような公共しせつは、市民《しみん》から集《あつ》めたぜいきんを使ってつくられます。

4. わたしたちの市の歩み

2 市のうつりかわり

／100　ごうかく80点

教科書 142～157ページ　答え 41ページ

1 右の２つの地図を見て、問《と》いに答えましょう。　1つ5点（40点）

(1) 1960年にはなかった、市の北の方を通る高速道路《こうそくどうろ》の名前を答えましょう。　技能

（ 東名高速道路 ）

(2) 1960年にはなかった、新横浜駅《しんよこはまえき》を通る鉄《てつ》道《どう》の名前を答えましょう。　技能

（ 東海道新幹線 ）

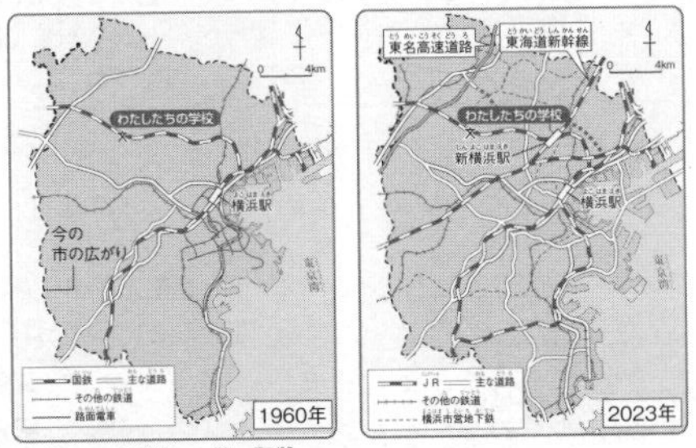

昔《むかし》と今の横浜《よこはま》市の主《おも》な鉄道《てつどう》と道路

(3) よく出る ２つの地図について４人が話しています。正しいことを話している人には○を、まちがったことを話している人には×をつけましょう。　技能

①（ × ）1960 年は、市の全体《ぜんたい》に路面《ろめん》電車が走っていたけれど、2023 年は横浜駅のまわりにしかないね。

②（ ○ ）1960 年より 2023 年のほうが、鉄道がふえて、べんりになったね。

③（ × ）道路は、ほとんどかわっていないから、みんなは鉄道を多く利用《りよう》しているんだね。

④（ ○ ）2023 年には地下鉄が通っていて、ますますべんりになっているね。

(4) ２つの地図からわかることを２つえらびましょう。　技能

㋐ 市の交通について、どの地いきの人が多く利用するのかがわかる。
㋑ 市の交通について、うつりかわりの様子《ようす》がわかる。
㋒ 市の土地の使《つか》われ方について、うつりかわりの様子がわかる。
㋓ 市のどこに、鉄道や道路が通っているかがわかる。　（ ㋑ ）（ ㋓ ）（順不同）

2 次《つぎ》の年表《ねんぴょう》を見て、問いに答えましょう。　1つ10点（60点）

年代	1920年 大正の年代	1970年 昭和《しょうわ》の年代	1990年 平成《へいせい》の年代	2020年 これから 令和《れいわ》の年代
①	●田や山林などの緑《みどり》が広い。●港北《こうほく》ニュータウンの開発《かいはつ》が始まる。●海ぞいの地いきでうめ立てが進《すす》む。●みなとみらい地区《ちく》の開発が進む。			
②	●人口《じんこう》はおよそ42万人。●人口が200万人をこえる。●戦争《せんそう》で人口が62万人ほどにへる。●外国人はおよそ９万人(2018年)。			
③	●山下《やました》公園がつくられる。●地いきケアプラザがつくられるようになる。●小学校や中学校が多くつくられる。●よこはま動物園《どうぶつえん》ズーラシアが開園《かいえん》する。			

横浜市の年表

(1) 年表の①～③にあてはまる言葉《ことば》を、㋐～㋓からえらびましょう。　技能

㋐ 人口　㋑ 公共《こうきょう》しせつ　㋒ 交通　㋓ 土地の使われ方

①（ ㋓ ）②（ ㋐ ）③（ ㋑ ）

(2) 海ぞいの地いきで、うめ立てが進んだ年代を、次の㋐～㋓からえらびましょう。　技能

㋐ 令和　㋑ 平成　㋒ 昭和　㋓ 大正

（ ㋒ ）

(3) 次の表《ひょう》は、横浜市の人口のうつりかわりを表《あらわ》しています。この表の1980年と2020年のグラフをかんせいさせましょう。　技能

年	人口（人）
1889年	116193
1920年	422938
1950年	951189
1980年	2773674
2020年	3777491

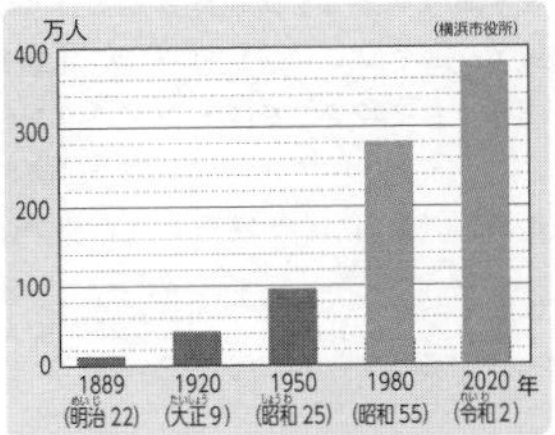

記述 (4) てきたらスゴイ! 年表から、地いきケアプラザが、平成の年代につくられるようになったことがわかります。その後、地いきケアプラザはふえていきました。ふえた理由《りゆう》を、右のグラフをもとに考え、かんたんに書きましょう。　技能　思考・判断・表現

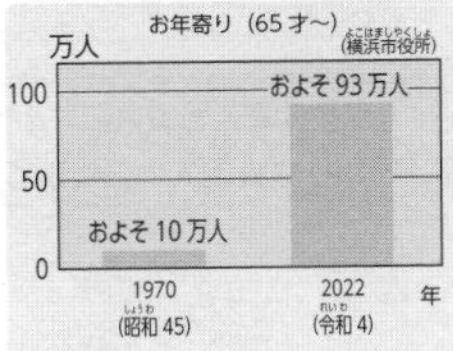

お年寄《としよ》りの人口のうつりかわり

（れい）お年寄りの人口が、ふえてきたから。

ふりかえり ２(4)がわからないときは、78ページの１にもどってかくにんしてみよう。

この本の終わりにある「春のチャレンジテスト」をやってみよう！

この本の終わりにある「学力しんだんテスト」をやってみよう！

たしかめのテスト　80～81ページ

1 (1)2023年の地図を見ると、市の北の方に1960年にはなかった東名高速道路ができたことが読み取れます。

(2)2023年の地図から、市の中央を東西に東海道新幹線が通るようになったことがわかります。そして、古くからある国鉄（ＪＲ《ジェイアール》）と交わる所に新横浜駅がつくられました。

(3)①路面電車は、1960年の地図にしかないので×。

③道路も鉄道と同じようにふえているので×。

2 (3)グラフの横の線は、20万人ごとに引かれています。1980年と2020年のぼうの長さは、20万人ごとの線をもとに決めましょう。

(4)「お年寄りの人口のうつりかわり」のグラフを見ると、2022年のお年寄りの数は、1970年にくらべてとてもふえていることがわかります。そのため、お年寄りなどがりようする地いきケアプラザは、ふえていったと考えられます。

記述問題のプラスワン

3 (4)地いきケアプラザは、赤ちゃんからお年寄りまでがりようできるしせつですが、ここでは、グラフをもとに考えるため、「人口がふえたから」「子どもの数がふえたから」といった答えは×です。また、「お年寄りの人口が1970年の10万人から2022年には93万人にふえたから」「お年寄りの人口が2022年は1970年の約《やく》9倍にふえたから」というように、グラフから正しく読み取った数字を入れて書いても正かいです。

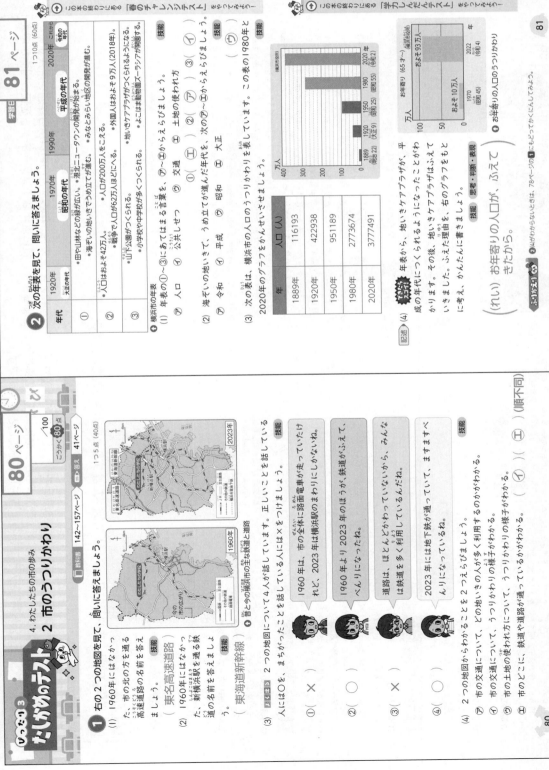

ぴったり1 じゅんび

わくわく！ 社会科ガイド

じょうほうを集《あつ》める

めあて 調《しら》べるための、じょうほうの集《あつ》め方をたしかめよう。

教科書 164～169ページ　答え 42ページ

次《つぎ》の（　）に入る言葉《ことば》を、下からえらびましょう。

1 人にたずねて調べよう

教科書 164～165ページ

インタビューのしかた

- はじめに（① あいさつ ）をする。そのあとに、学校名と自分の名前、聞きたい内《ない》ようを言う。
- **インタビュー**が終《お》わったら、お礼《れい》を言う。

注意点《ちゅういてん》！
・質問《しつもん》は、前もって決めておく。
・録画《ろくが》や録音は、きょかをもらってから行う。

電話のかけ方

- （② 自分の名前 ）を言ってから、話し出す。

手紙の送《おく》り方

- あてさきが正しく書かれているか、たしかめてから送る。
- 返事《へんじ》を送ってもらうときは、そのためのふうとうに切手をはり、自分たちの学校の（③ 住所 ）を書いておく。

注意点《ちゅういてん》！
・つたえたいことを、ノートに書き出しておく。
・電話をかける前に、電話番号《ばんごう》をたしかめる。

2 本やインターネットで調べよう

教科書 166～167ページ

本の調べ方

- 言葉の意味《いみ》を調べるときは（④ 国語辞典 ）、一つのテーマについてくわしく調べるときは（⑤ ずかん ）、さまざまなことを広く調べるときは（⑥ 百科事典 ）を使《つか》う。

インターネットの調べ方

- 知りたい言葉を入れて「（⑦ けんさく ）」ボタンをおす。
- 電子メールを使うと、手紙や写真《しゃしん》をすぐに送ったり、受《う》け取《と》ったりできる。

3 調べたことを記録しよう

教科書 168～169ページ

写真や動画《どうが》のとり方

- デジタルカメラ、スマートフォン、タブレットがたコンピューターで、写真や動画をとる。

注意点《ちゅういてん》！
・人の顔やたてものの中の写真《しゃしん》をとるときは、さつえいしてもよいか、たずねる。

メモの取り方・ノートの書き方

- 日付《ひづけ》や場所《ばしょ》、（⑧ 見出し ）をつける。
- 気づいたことや、新しいぎもんなども書いておく。

えらんだ言葉に✓
□ずかん　□見出し　□あいさつ　□けんさく
□国語辞典《こくごじてん》　□自分の名前　□百科事典《ひゃっかじてん》　□住所《じゅうしょ》

ぴったり2 練習

ぴたトリビア
日本でインターネットが広まり始《はじ》めたのは、30年ほど前です。利用者《りようしゃ》は2000年には3人に1人ほどでしたが、今は5人に4人となりました。

教科書 164～169ページ　答え 42ページ

1 次の㋐～㋒を、じょうほうを集めるときの電話の正しいかけ方となるように、ならべかえましょう。

（ ㋒ ）→（ ㋐ ）→（ ㋑ ）

しゅうまい工場の見学について、教えていただきたいことがあります。

おいそがしいなか、どうもありがとうございました。

こんにちは。○○小学校の△△といいます。

2 インターネットでじょうほうを集めるときに、気をつけなくてはならないことについて、話し合っています。2人の話を読んで、問《と》いに答えましょう。

たかしさん：友だちの名前、住所、電話番号などのじょうほうは、電子メールなどに書かないほうがいいね。

ひろみさん：インターネットには、正しくないじょうほうもあるから、見たじょうほうを、そのまま信《しん》じてはいけないと思う。

(1) たかしさんの話のように、友だちの名前などを電子メールに書いてはいけない理由《りゆう》を、㋐～㋓から2つえらびましょう。

㋐ 知らない人から、友だちにれんらくがいったりすることがあるから。
㋑ 他《ほか》の友だちに、名前などをのせてほしいと、おねがいされることがあるから。
㋒ 知らない人に、友だちの名前を教えて、友だちがよろこんでしまうから。
㋓ 知らない人が、友だちの名前をかってに使って、悪《わる》いことをするかもしれないから。

（順不同）（ ㋐ ）（ ㋓ ）

(2) ひろみさんの話のように、1つのウェブサイトだけを見て、まちがったじょうほうを信じてしまうことがないようにするために、インターネットを使うときに、どのような調べ方をすればよいか、かんたんに書きましょう。

（（れい）他のウェブサイトも見くらべる。）

ヒント 2 (1) 電子メールで発信《はっしん》された名前や住所などのじょうほうは、知らない人へ流《なが》れていくことがあります。悪い考えを持った人のところへ流れたらたいへんです。

できたかな？
□人に聞いたり、本やインターネットで調べたりするときのやり方をあげてみよう。

おうちのかたへ
社会科は、課題を見つけて調べて解決する教科です。これまで地図やグラフ、写真、イラスト、年表などの資料から課題を解決するために必要な情報を集める技能を身につけてきましが、最後に情報の集め方を整理します。特に近年はインターネットを使う場面が増えていますので、正しい情報を入手できるようにしておくことが大切です。

練習 83ページ

1 電話でじょうほうを集めるときは、学校名と自分の名前をつたえてから始めます。質問や見学に行くやくそくをしたら、さい後にかならずお礼を言うようにしましょう。

2 (1)友だちの名前、住所、電話番号などのじょうほうを、電子メールなどにのせると、知らない人へつたわることもあるので、してはいけません。

(2)インターネット上のウェブサイトは、役所や会社の他にも、個人がじょうほうをのせているものも、多くあります。調べるときは、できるだけ国や都道府県、市（区）町村のウェブサイトを見るようにしましょう。個人のウェブサイトを見るときは、いくつかのウェブサイトを見くらべて、正しいじょうほうを手に入れるようにしましょう。

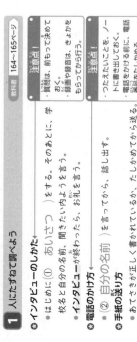

ぴったり1 じゅんび

わくわく！ 社会科ガイド

じょうほうを読み取る

学習日 **84ページ**

めあて　地図帳や地図からじょうほうを読み取る方法をたしかめよう。

教科書 170〜175ページ　答え 43ページ

次の（　）に入る言葉《ことば》を、下からえらびましょう。

1 地図帳を使って調《しら》べよう　教科書 170〜171ページ

ワンポイント さくいんの使い方

●**さくいん**のページは、地名をあいうえお順《じゅん》にならべてある。

よこてし 横手市［秋田］………26オ2
よこはまし［神奈川］………………24ウ3
よしおかまち 吉岡町［群馬］…22カ5

地名　都道府県名《とどうふけんめい》　ページ　たての列　横の行《ぎょう》

さくいんの例《れい》*1

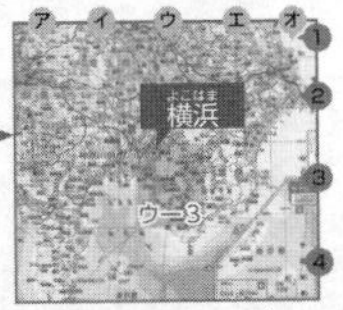

地図の24ページ*2

1. さくいんに書かれたページを開《ひら》く。
2. （① たての列 ）に書かれたかたかなをさがす。
3. （② 横の行 ）に書かれた数字をさがす。
4. 地図のページで、列と行が重《かさ》なるところで地名をさがす。

*1 さくいんの例と地図帳のページ表記はオリジナルで作成しており、じっさいの地図帳とはことなります。
*2 関東地方の地図：平成31年検定済 帝国書院 小社地図より

2 地図を見て調べよう　教科書 172〜173ページ

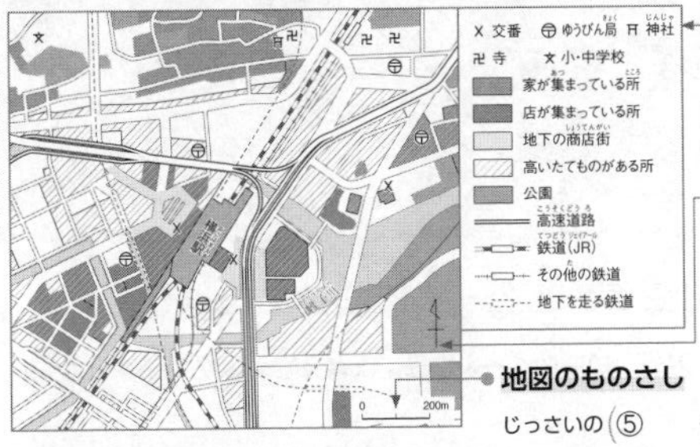

●**はんれい**
地図の中の（③ 記号 ）や色分けの意味《いみ》がわかる。

●**方位《ほうい》を表《あらわ》す記号**
矢印《やじるし》のさす方が（④ 北 ）になる。

●**地図のものさし**
じっさいの（⑤ きょり ）を計算できる。

3 調べたことを表現《ひょうげん》しよう　教科書 174〜175ページ

●**地図**…土地の様子《ようす》や土地の使われ方を、色えんぴつなどでぬり分け、主《おも》なたてものは（⑥ 地図記号 ）を使って表す。
●**年表**…できごとについて、「（⑦ いつ ）、何があったか」をまとめる。
●**かんけい図**…調べたことをカードに書き出し、かんけいがありそうなカードを線でつないで「（⑧ つながり ）」や「かかわり」を考える。

えらんだ言葉に ✓　□地図記号《きごう》　□横《よこ》の行　□つながり　□いつ　□たての列　□北　□記号　□きょり

ぴったり2 練習

学習日 **85ページ**

ぴたトリビア　1991年までは、1、2年生も社会科のじゅ業《ぎょう》がありました。1992年になると、1、2年生の社会科がなくなり、かわりに生活科が始《はじ》まりました。

教科書 170〜175ページ　答え 43ページ

1 次のさくいん*から、地図帳の「八王子市《はちおうじし》」がある場所《ばしょ》を㋐〜㋞からえらびましょう。

はしもとし 橋本市［和歌山］………30カ4
はだのし 秦野市［神奈川］…………36エ5
はちおうじし 八王子市［東京］……36エ4
はちじょうまち 八丈町［東京］……18ア2
はちのへし 八戸市［青森］…………44オ3
はちまんたいし 八幡平市［岩手］…44オ5

さくいんのれい

（ ㋑ ）

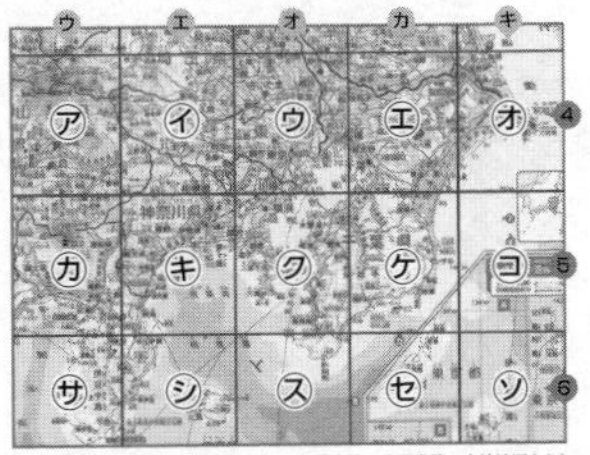

（関東地方の地図：平成31年検定済 帝国書院 小社地図より）

地図帳の36ページ

*さくいんの例と地図帳のページ表記は、オリジナルで作成しており、じっさいの地図帳とはことなります。

2 次のじっさいのきょりを表すものさしがかかれた地図で、ゆうびん局から駅《えき》までが8 cmありました。ゆうびん局から駅までのじっさいのきょりは何mか答えましょう。

0　200m　2 cm

（ 800 ）m

3 次の横浜市の人口《じんこう》のうつりかわりについて書かれた文章をもとに、年表を完成《かんせい》させましょう。

1889年に横浜市ができたときの人口は、およそ12万人でした。1920年になると人口はおよそ42万人となり、1942年には100万人をこえました。しかし、戦争《せんそう》により、1945年にはおよそ62万人にへってしまいました。戦争が終《お》わると、ふたたび人口がふえていき、1951年にはもう一度《いちど》100万人をこえ、1968年には200万人、1985年には300万人をこえ、2020年にはおよそ377万人となりました。

1889年	市の始まり。人口はおよそ12万人。
1920年	人口はおよそ42万人。
1942年	人口が100万人をこえる。
（1945年）	（れい）（戦争で、人口がおよそ62万人にへる。）
（1951年）	（もう一度、人口が100万人をこえる。）
（1968年）	（人口が200万人をこえる。）
（1985年）	（人口が300万人をこえる。）
2020年	（人口がおよそ377万人となる。）

ヒント **2** この地図は、2 cmが200mを表します。地図上の8 cmは、じっさいのきょりを表すものさしが4つ分の長さとなります。

練習　85ページ

1 「はちおうじし　八王子市［東京］……36エ4」は、地図帳36ページ、「エ」の列の「4」の行にあることを表しています。これらが重なるのは㋑です。

2 地図上で2 cmが200mを表すものさしです。ゆうびん局から駅までが8 cmある場合、このものさし4つ分の長さなので、じっさいのきょりは、〈200×4＝800〉で、800mとなります。

3 文章《ぶんしょう》をもとに年表をつくります。年と人口を正しく年表に書きこむようにしましょう。文章の中から、年と人口だけえん筆《ぴつ》で下線を引くと、まちがいなく年表にすることができます。左の答えはれいなので、内ようが同じならば、書き方がちがっていても正かいです。

できたかな？
□地図帳を使って、自分の住む市（区）町村をさくいんからさがして、いちをたしかめよう。

おうちのかたへ
地図の使い方の基本を学習します。地図帳はこれからも使いますので、索引から地図の位置を検索する方法を身に付けておきましょう。親子で、ニューヨーク、ロンドンなど外国の都市名を言って、索引を使って位置を探し出すゲームをすることで、地図帳がより身近になります。

ぴったり3

たしかめのテスト　わくわく！　社会科ガイド

/100　ごうかく80点

教科書　164〜175ページ　答え　44ページ

1 **国語辞典《こくごじてん》、ずかん、百科事典《ひゃっかじてん》のとくちょうについて、次《つぎ》のように書きだしてみました。それぞれ何のとくちょうか、あてはまるものを２つずつえらびましょう。** 技能　１つ５点（30点）

㋐ 言葉《ことば》の意味《いみ》を、短《みじか》い文でまとめている。
㋑ さまざまなことを広く取《と》りあげていて、じょうほうが多いので、何さつかに分かれているものもある。
㋒ さまざまなことについて、写真《しゃしん》やイラストなどを使《つか》って説明《せつめい》している。
㋓ 言葉の使い方のれいをしょうかいしている。
㋔ １つのテーマについて、写真やイラストを見ながら、調《しら》べたいものをさがすことができる。
㋕ １さつで、同じしゅるいのことがらを、まとめて取り上げているので、調べやすい。

国語辞典（　㋐　）（　㋓　）　ずかん（　㋔　）（　㋕　）
百科事典（　㋑　）（　㋒　）　（すべて順不同）

2 よく出る　**次の地図を見て、右のページの問《と》いに答えましょう。** (1)(2)１つ５点、(3)10点（35点）

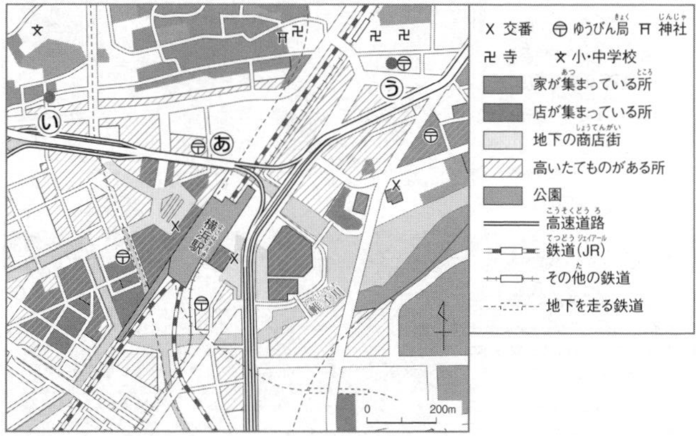

(1) 地図のあのゆうびん局は、横浜駅《よこはまえき》から見てどの方位《ほうい》にあるか四方位《しほうい》で答えましょう。 技能（　北　）

(2) 地図からわかることとして、正しいものには○を、まちがっているものには×をつけましょう。 技能

①（　×　）ゆうびん局は、多くの人が使うしせつなので、すべて店が集《あつ》まっている所《ところ》にある。
②（　×　）横浜駅の南がわには、家が集まっている所が広がり、寺や公園もいくつか見られる。
③（　×　）地下を走る鉄道の上は、かならず道路になっている。
④（　○　）横浜駅のまわりの店の多くは、高いたてものの中にある。

(3) 地図のい●からう●のゆうびん局まで、いちばん近い道を通っていくときの、およそのきょりを１つえらびましょう。 技能

㋐ 600m　㋑ 1000m　㋒ 1800m　㋓ 2400m

（　㋑　）

3 **インターネットでのじょうほうの集め方について、問いに答えましょう。** (1)１つ５点、(2)20点（35点）

(1) てきたらスゴイ！ インターネットで、横浜市のこまつなづくりについて調べるときは、右のように調べたい言葉をいくつか入れて、「けんさく」ボタンをおします。では、たかしさんのぎもんを調べるときには、どのような言葉を入れればよいか、答えましょう。ただし、言葉は３つならべて書くようにしましょう。 技能　思考・判断・表現

横浜市　こまつな	けんさく

たかしさん「日本には47の都道府県《とどうふけん》があるけれど、人口《じんこう》の多い順《じゅん》に１位から５位まで知りたいな。」

（順不同）（れい）（　都道府県　）（　人口　）（　順位　）

記述 (2) てきたらスゴイ！ たかしさんは、２つのウェブサイトで、人口の多い５位までの都道府県を調べましたが、順位《じゅんい》にちがいがありました。正しい順位を知るには、何をしたらよいでしょう。自分の考えを書きましょう。 思考・判断・表現

（（れい）図書館でしりょうをさがす。）

ふりかえり　1がわからないときは、82ページの2にもどってかくにんしてみよう。

たしかめのテスト　86〜87ページ

1 国語辞典…言葉の意味や使い方のれいを調べるときに使います。
ずかん…１さつごとにテーマが分かれているので、１つのテーマについて写真やイラストを見ながら調べることができます。
百科事典…さまざまなことを広く取りあげていて、じょうほうが多いので、いろいろなことを調べることができます。

2 (3)地図のいからうまでは、地図の右下にあるものさし５こ分となります。〈200(m)×５＝1000(m)〉なので、およそ1000mとなります。

3 (1)「都道府県　人口　５位まで」などと入れても、調べることができます。
(2)インターネット上のウェブサイトに書かれていることは、すべて正しいとはかぎりません。図書館の本をかりたり、書店で売られているしりょうを買ったりして調べて、正かくなじょうほうを手に入れるようにしましょう。

記述問題のプラスワン

3 (2)正かいれいの他《ほか》にも、次のように書いても正かいです。
・他のウェブサイトで調べる。　・都道府県庁《ちょう》のホームページで調べる。　・国の役所のホームページで調べる。
都道府県ごとの人口や、米、野菜の生産量《りょう》などを調べるときは、かならず新しい年のしりょうであることをたしかめるようにしましょう。

夏のチャレンジテスト

教科書 8～67ページ

名前　　月　　日

時間 40分

知識・技能	思考・判断・表現	ごうかく80点
/70	/30	/100

答え45ページ

知識・技能　70点

1 次《つぎ》の問《と》いに答えましょう。　1つ2点(4点)

(1) 右の絵のような道具《どうぐ》を何といいますか。名前を書きましょう。

（方位じしん）

(2) 地図はふつう、どの方位《ほうい》を上にして表《あらわ》されていますか。□からえらびましょう。

東　西　南　北

（北）

2 まちをたんけんするときは、どのように調《しら》べるとよいですか。正しいものには○を、まちがっているものには×をつけましょう。　1つ2点(10点)

① たんけんの前にコースを決《き》めておく。
② 田や工場《こうじょう》など、土地の使《つか》われ方を調べる。
③ 新しいたてものだけを、くわしく調べる。
④ 坂《さか》のある場所《ばしょ》には行かないようにする。
⑤ 気づいたことは白地図《はくちず》やカードにかき入れる。

①○　②○　③×　④×　⑤○

3 次の①～④にあう方位を書きましょう。　1つ3点(12点)

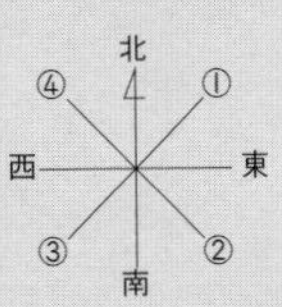

①（北東）　②（南東）　③（南西）　④（北西）

4 次の地図を見て、問いに答えましょう。　1つ5点(20点)

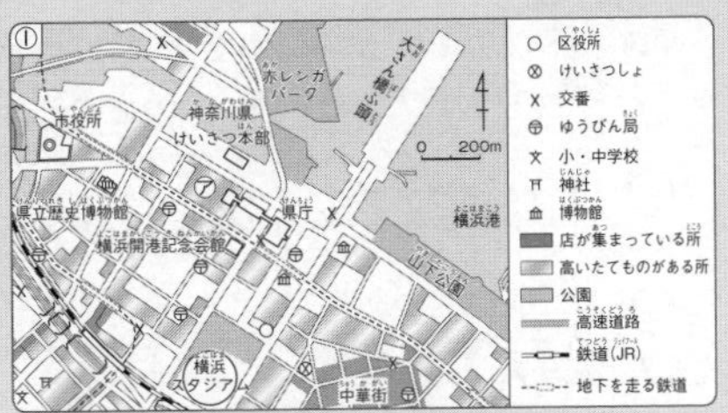

❶ 横浜《よこはま》市役所のまわりの地図

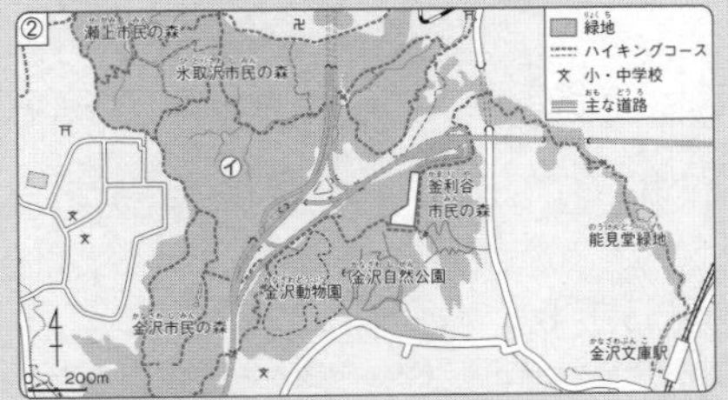

❷「金沢市民《かなざわしみん》の森」のあたりの地図

(1) 右の絵は、地図中の㋐、㋑のどちらの場所を表していますか。記号を書きましょう。

（㋐）

(2) ②の地図で、金沢動物園の北にあるたてものを□からえらびましょう。

小・中学校　寺

（寺）

(3) ①の地図で、市役所から見て山下公園はどの位置にありますか。八方位《はちほうい》で答えましょう。

（南東）

(4) ①の地図にある小・中学校や市役所のような、みんながりようできるたてものや場所を何といいますか。(　)にあう言葉《ことば》を書きましょう。

（公共）しせつ

夏のチャレンジテスト(表)

Ⓑうらにも問題があります。

夏のチャレンジテスト　表

1 (2)とくにことわりがないかぎり、上が北をしめします。

2 ①いくつかのコースを分たんしてまちたんけんし、調べてわかったことを合わせると、広い地いきの様子《ようす》を知ることができます。

③新しいたてものだけではなく、古くからのこる神社《じんじゃ》や寺などのたてものの様子も見ておきましょう。

④高い所とひくい所では、土地の使われ方にどのようなちがいがあるか注目《ちゅうもく》しましょう。

3 八方位では、「北」と「南」を先にいいます。「東北」「西南」とならないように注意《ちゅうい》しましょう。

4 (1)㋐は高いたてものがある所、㋑は緑地《りょくち》です。

(2)小・中学校は金沢動物園から見て南と西にあるので、まちがいです。

(3)市役所から見て山下公園は南と東の間にあるので、八方位で表すと南東になります。

(4)けいさつしょや消防《しょうぼう》しょも公共《こうきょう》しせつのひとつです。

おうちのかたへ 四方位、八方位を最初に定着させると、3年生だけでなく高学年での社会科の学習もスムーズに進められます。毎日の生活でも、「家から見て学校は北西にある」「リビングは寝室の南にある」などと方位を意識することで、より身近に感じることができます。

5 次《つぎ》の図を見て、①〜③の説明《せつめい》を読み、正しい文には○を、まちがっている文には×をつけましょう。

1つ2点(6点)

家の人がふだんよく行く店　みんなでまとめた買い物地図

① 商店街《しょうてんがい》は駅《えき》の近くにある。

② 車で行く大きなスーパーマーケットが、一番多くりようされている。

③ 魚屋《さかなや》に行った人は４人いる。

① ○　② ○　③ ×

6 次の絵を見て、文にあう言葉《ことば》をえらび、下の㋐〜㋒に書きましょう。

1つ6点(18点)

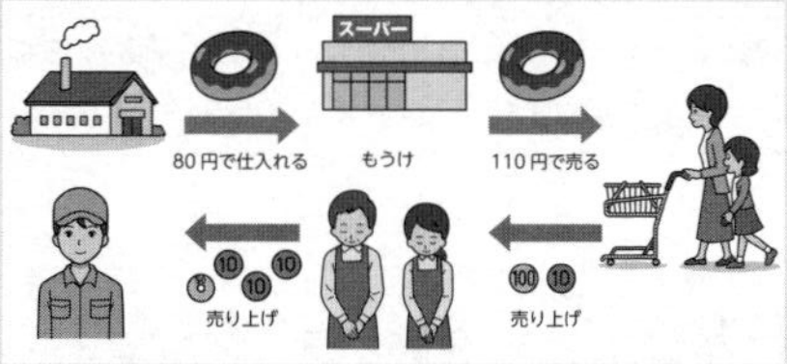

・店は、物《もの》を売って㋐｛ 売り上げ ・ レシート ｝をえている。

・80円で仕入《しい》れたドーナツを、110円のねだんで売ると、店は㋑｛ 5 ・ 30 ｝円のもうけになる。

・多くの商品《しょうひん》を客《きゃく》に買ってもらうと、店のもうけは、㋒｛ ふえる ・ へる ｝。

㋐ 売り上げ　㋑ 30　㋒ ふえる

思考・判断・表現　30点

7 次の問《と》いに答えましょう。

1つ3点、(3)6点(30点)

(1) 次の①〜⑤にあう言葉を□からえらびましょう。

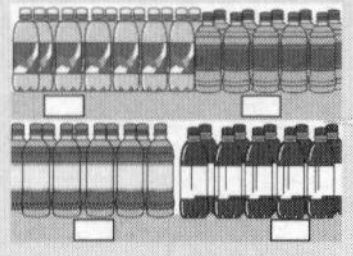

同じ商品でも、(①)をふやし、品《しな》ぞろえをよくしています。

そうざいは、きせつや(②)を考えて、つくっています。(③)をださないように、ねだんを下げることもあります。

だれでもりようできるよう、車いすを(④)ています。通路《つうろ》は(⑤)しています。

広く　売れのこり　しゅるい　かし出し　時間

① しゅるい　② 時間　③ 売れのこり　④ かし出し　⑤ 広く

(2) 商品の仕入れについて、正しい文には○を、まちがっている文には×をつけましょう。

① 店では商品の産地《さんち》を知ることはできない。　×

② 外国から商品を仕入れることもある。　○

③ 野菜《やさい》は、農家《のうか》からちょくせつ仕入れることもある。　○

(3) 店の入り口に、使《つか》い終《お》わった牛にゅうパックや食《しょく》品《ひん》トレーを入れる箱《はこ》があるのはなぜですか。理由《りゆう》を書きましょう。

（れい）牛にゅうパックや食品トレーをリサイクルするため。

夏のチャレンジテスト　うら

5 ③魚屋に行った人は３人なのでまちがいです。

6 ㋐レシートは、レジでしはらいをしたときにわたされるものです。レシートには、買い物をした日にちや時間、買った品物、ねだんなどが書かれています。

㋑110(円)－80(円)＝30(円)で、30円のもうけになります。

㋒店は、売り上げをふやすため、多くの商品を買ってもらえるようにさまざまなくふうをしています。

7 (1)①商品のしゅるいをふやすことのほかに、お客さんが買いたい商品を見つけやすいよう、ならべ方もくふうしています。

②昼や夕方など、お客さんが多くなる時間に合わせて、べんとうやそうざいなどをたくさんつくるようにしています。

③たとえば、すしなどのいたみやすい商品は、時間がたつとねだんを下げて、売れのこりをださないようにしています。

⑤こんざつしていてもベビーカーや車いす、ショッピングカートが通りやすいように、通路を広くしています。

(3)店にリサイクルボックスをおき、牛にゅうパックや食品トレーを集《あつ》めてリサイクルすると、ごみをへらすことができます。

おうちのかたへ 普段よく買い物に行くスーパーマーケットでは、お客さんのためにどのようなくふうがされているか、お子さまと一緒に行って探してみてください。

冬のチャレンジテスト

教科書 68~127ページ

名前　　　　月　　日

時間 40分

知識・技能	思考・判断・表現	ごうかく80点
/70	/30	/100

答え47ページ

1については、学習《がくしゅう》の状況《じょうきょう》に応《おう》じてA・Bどちらかをえらんでやりましょう。

知識・技能　70点

1のA　しゅうまい工場のくふうについて、次《つぎ》の問《と》いに答えましょう。　1つ2点(6点)

(1) 工場ではたらく人が右の絵のような服《ふく》そうをしているのはなぜですか。正しいものには○を、まちがっているものには×をつけましょう。

① しゅうまいに、ほこりなどが入らないようにするため。

② すずしい服そうでしゅうまいをつくるため。

工場ではたらく人

① ○　② ×

(2) 右の図のように、工場が高速道路《こうそくどうろ》の近くにあるのはなぜですか。（　）にあう言葉《ことば》を、□からえらびましょう。

・つくられた製品《せいひん》を（　）で運《はこ》ぶのにべんりだから。

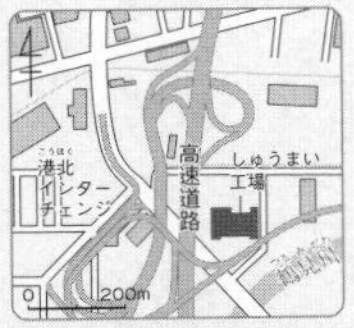

トラック　鉄道《てつどう》

（トラック）

1のB　次《つぎ》の絵を見て、文にあう言葉《ことば》をえらび、①~③に書きましょう。　1つ2点(6点)

① 地元《じもと》で育《そだ》てられた野菜《やさい》を、その地いきの人が消費《しょうひ》することを{ 地産地消《ちさんちしょう》 ・ イベント }という。

② 空気を{ あたためる ・ ひやす }というビニールハウスの特《とく》ちょうをりようして、寒《さむ》い時期《じき》でも夏に育つ野菜をつくる。

③ { なえ ・ たいひ }とよばれるひりょうをつくり、土にまぜる。

①（地産地消）　②（あたためる）　③（たいひ）

2　次の①~③の消防《しょうぼう》しょの人の仕事を説明した文にあう絵を、㋐~㋒からえらびましょう。　1つ2点(6点)

① 出動《しゅつどう》がない時には、道具《どうぐ》などの点けんをする。　㋑

② 地いきの人たちに、防火《ぼうか》のしどうをする。　㋒

③ 夜は交《こう》たいでかみんをとり、24時間、消火や救助《きゅうじょ》にそなえる。　㋐

3　学校の消防せつびについて答えましょう。　1つ4点、(3)10点(18点)

(1) 右の消防せつびの名前を、㋐、㋑からえらびましょう。

㋐ 救助ぶくろ

㋑ けむり感知器《かんちき》

㋑

(2) (1)のせつびは、学校のどこにありますか。□からえらびましょう。

1階《かい》だけ　すべての階

（すべての階）

(3) 学校のプールに、冬も水が入っている理由《りゆう》をかんたんに書きましょう。

（れい）火事にそなえて消火用の水をプールにためているため。

●うらにも問題があります。

冬のチャレンジテスト　表

1のA (1)工場の中にほこりやばいきんなどを持《も》ちこまないよう、ごみがついても目立つ白い服を着《き》ています。

(2)原料《げんりょう》や製品は船やトラックで運ぶため、高速道路の近くに工場があります。

1のB ①地いきで生産《せいさん》されたものを地いきの人が消費することを「地産地消」といいます。

②ビニールハウスを使って、寒い時期でも、春や夏に育つ野菜を育てています。

2 ①出動のない時には、消火や救助のための道具の点けんや、くんれんをしています。

②地いきの学校などで，火災予防《かさいよぼう》のよびかけやしどうをすることもあります。

③いつでも火事《かじ》の現場《げんば》にかけつけられるよう、夜は交《こう》たいですいみんをとってそなえています。

3 (1)救助ぶくろは、まどからひなんするためのせつびで、たてものの2階いじょうの階にそなえられています。

(2)けむりは階段《かいだん》を通じて上の階に広がるため、けむり感知器はすべての階にそなえられています。

(3)学校のプールの水は、火事が起きたときには防火水そうの役わりをするため、1年中、水が入ったままになっています。

おうちのかたへ　食品を生産する工場を実際に見学すると、さまざまな発見があります。服装や機械の様子、生産スピードなど、学習した知識をさらに深めることができます。企業のホームページから見学を申し込める工場もありますので、ぜひ探してみてください。

4 次《つぎ》の図を見て、問《と》いに答えましょう。

1つ4点、(3)2点(28点)

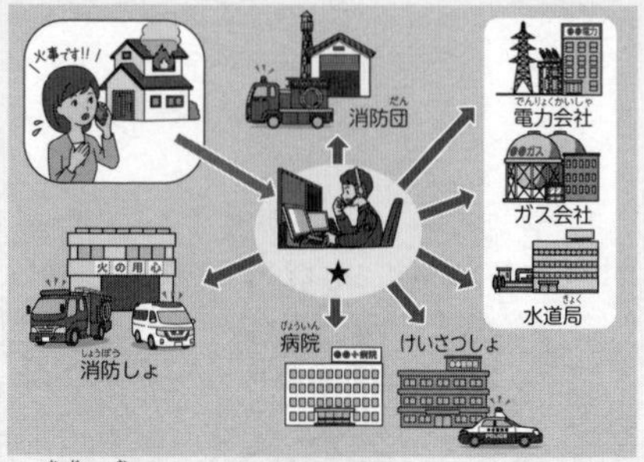

⓿ 火事《かじ》が起《お》きた時のれんらくのしくみ

(1) 火事が起きた時、何番に電話をしますか。数字を書きましょう。　（ 119 ）番

(2) (1)の電話は、さいしょに図の★につながります。★の名前を書きましょう。

（通信指令室）

(3) 次の文にあう言葉《ことば》をえらび、下の㋐、㋑に書きましょう。

・火事のれんらくの電話を受《う》けた★は、ひつようなところに㋐{ いっせいに ・ ゆっくりと }れんらくをする。

・消防《しょうぼう》しょだけでなく、㋑{ ガス会社 ・ 図書《としょ》館《かん》 }にも協力《きょうりょく》のれんらくをすることがある。

㋐（いっせいに）　㋑（ガス会社）

(4) ①〜④を読んで、正しいものには○を、まちがっているものには×をつけましょう。

① けいさつかんは、火事の現場にかけつけて、交通整理《こうつうせいり》をする。　○

② 救急車《きゅうきゅうしゃ》は水道局《すいどうきょく》から出動する。　×

③ 火事が広がらないように、電力会社《でんりょくがいしゃ》は電気を止めることがある。　○

④ 消防団《しょうぼうだん》には火事のれんらくはしない。　×

5 次の問いに答えましょう。

1つ3点、(1)1つ2点(12点)

(1) けいさつの仕事《しごと》の絵にあう説明《せつめい》を、㋐〜㋒からえらびましょう。

① ㋑　② ㋐　③ ㋒

㋐ 道あんない　㋑ パトロール
㋒ 交通しどう

(2) 右の絵のしせつの名前を書きましょう。　（点字ブロック）

(3) (2)は何のためのしせつですか。かんたんに書きましょう。

（(れい) 目の不自由な人が安心して歩けるようにするためのしせつ。）

思考・判断・表現　30点

6 事故や事件《じけん》をふせぐための地いきの人々の協力について、次の問いに答えましょう。

(1)1つ5点、(2)20点(30点)

(1) 「安全《あんぜん》マップ」をつくるときには、どのようなことを書くとよいですか。㋐〜㋒から2つえらびましょう。

㋐ 子ども見守り隊《たい》の人が立っている場所《ばしょ》
㋑ 電柱《でんちゅう》の場所
㋒ 人通りの少ない道路《どうろ》

（順不同）　㋐　㋒

(2) 次の□にあう言葉を考えて書きましょう。

地いきでも、まちの安全を守る取り組みをしています。「こども110番の家」のステッカーは、□を子どもたちに知らせるためのものです。

（(れい) きけんな目にあいそうなときににげこめる場所）

冬のチャレンジテスト　うら

4 (1)火事が起きた時は、119番に電話をします。110番は、事故が起きたときに通報《つうほう》する番号です。まちがえないようにしましょう。

(3)㋐119番の電話を受けた通信指令室は、現場《げんば》に近い消防しょや病院など、ひつようなところへいっせいにれんらくをします。㋑ガス会社は、火事が広がらないように、現場近くのガスを止めます。

(4)②救急車は消防しょから出動し、けが人を病院へ運びます。④火事の時は、消防しょと消防団が消火や救助《きゅうじょ》にあたるため、消防団にもれんらくをします。

5 (1)これらの仕事のほかにも、けいさつは落とし物の相談《そうだん》を受けつけたり、交通安全をよびかけたりします。

6 (1)安全マップには、事故や事件が起こりやすい場所や、安全のためのしせつの場所などを書き入れるとよいです。

(2)地いきの店や家などには、きけんな目にあいそうなときに助けをもとめられる目じるしとして、「こども110番の家」のステッカーがはられていることがあります。

おうちのかたへ 多くの機関や人々によってまちを守るためのしくみがあることを理解した上で、私たち自身で身を守る行動へ結びつけることが大切です。4年生では、さまざまな災害からくらしを守る取り組みについて学習します。

春のチャレンジテスト

教科書 128〜157ページ

名前　　　月　日

時間 40分

知識・技能	思考・判断・表現	ごうかく80点
/70	/30	/100

答え49ページ

知識・技能　70点

1 次《つぎ》の絵を見て、問《と》いに答えましょう。

(1)1つ3点、(2)2点(8点)

(1) ①、②の道具《どうぐ》の名前を□からえらびましょう。

①  ② 

千歯《せんば》こき　七輪《しちりん》　石うす　かま

①(七輪) ②(かま)

(2) ①の道具は、何をするためのものですか。㋐、㋑からえらびましょう。

㋐ 魚などをやくための道具

㋑ 音楽をきくための道具

[㋐]

2 次の年表《ねんぴょう》を見て、問いに答えましょう。

(1)1つ3点、(2)6点(15点)

年代《ねんだい》	昭和《しょうわ》		平成《へいせい》	令和《れいわ》
道具				
くらしの様子《ようす》	・① ・井戸《いど》から水をくみ上げて、使《つか》う家も多かった。	・②	・電化《でんか》せい品《ひん》を使うのがあたりまえになった。	・③

(1) 年表の①〜③にあう説明《せつめい》を、㋐〜㋒からえらびましょう。

㋐ スマートフォンなどでインターネットをりようしている。

㋑ 家の外で、めんこなどをして遊《あそ》んでいた。

㋒ テレビやせんたくきを持《も》つ家がふえてきた。

①[㋑] ②[㋒] ③[㋐]

(2) 昭和時代《じだい》(1926〜1989年)のひとつ前の時代(1912〜1926年)の年号《ねんごう》を書きましょう。

(大正)時代

3 次の絵を見て、問いに答えましょう。

1つ3点、(3)5点(20点)

㋐  ㋑ 

(1) ①〜③の文は㋐、㋑のどちらの道具の説明ですか。それぞれ㋐か㋑を書きましょう。

① せんたくからかんそうまで自動《じどう》で行う。

② 板《いた》のみぞに、あらう物《もの》を水や石《せっ》けんといっしょにこすりつけて使う。

③ 手であらってしぼるので、冬は水がつめたくて手がいたくなる人もいる。

①[㋑] ②[㋐] ③[㋐]

(2) ㋐、㋑はおもに何の力でせんたくをしますか。□からえらびましょう。

電気　人の手　風

㋐(人の手) ㋑(電気)

(3) 道具がかわることで、人々のくらしはどのようにかわりましたか。( )にあう言葉《ことば》を書きましょう。

・せんたくが自動でできるようになったので、くらしがべんりになり、家事にかかる時間が( )。

(へった)

⊕うらにも問題があります。

春のチャレンジテスト　表

1 (1)千歯こきは明治時代のころまで使われていた道具で、いねのほからもみをとるための道具です。

②のかまは、ごはんをたく金ぞくでできた道具で、かまどの上にのせて使います。

(2)七輪は、中に火のついたすみを入れて使います。あみをのせて魚などをやいたり、なべをかけてにたりします。

2 時代がうつりかわるとともに、電化せい品がふきゅうしていきました。

3 (1)②せんたくものを1まいずつ、板のみぞにこすりつけてよごれを落《お》とすため、時間がかかっていました。

③家の外でせんたくをするため、冬は水がつめたく、とくにたいへんな家事でした。

(2)㋑は、せんたくからかんそうまでを電気の力によって自動で行います。

(3)せんたくを自動で行えるようになったため、家事にかかる時間はへり、他のことができる時間がふえました。

おうちのかたへ　地域の博物館や資料館には、昔の道具を展示しているところがあります。お子さまと一緒に見学し、昔の暮らしの様子や移り変わりについて、気づいたことを話し合ってみると、学習理解がさらに深まります。

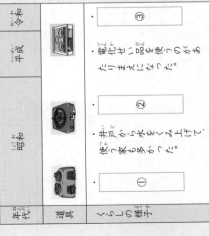

4 横浜市《よこはまし》の地図を見て、問《と》いに答えましょう。

(1)1つ2点、(2)3点(15点)

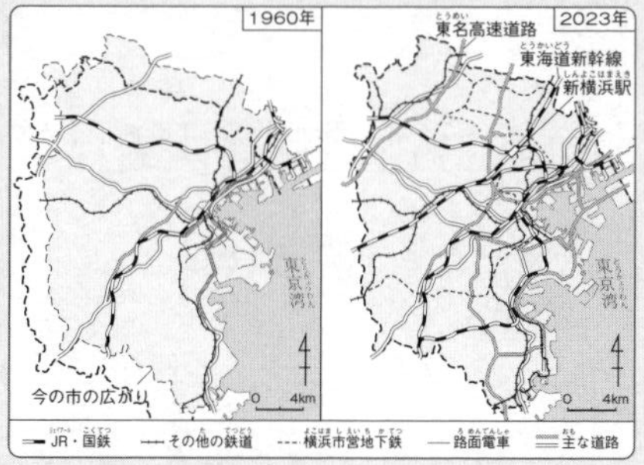

1960年
2023年
東名高速道路
東海道新幹線
新横浜駅
東京湾
今の市の広がり
0 4km
JR・国鉄
その他の鉄道
横浜市営地下鉄
路面電車
主な道路

(1) 1960年と2023年をくらべて、正しいものには○を、まちがっているものには×をつけましょう。

① 新しい駅がつくられた。
② 路面電車がふえた。
③ 道路《どうろ》の数は昔《むかし》からかわっていない。
④ 1960年には東海道新幹線がなかった。
⑤ 高速道路の数がへった。
⑥ 2023年の地図には地下鉄が通っている。

① ○ ② × ③ ×
④ ○ ⑤ × ⑥ ○

(2) 新横浜駅が開業《かいぎょう》した年には、世界中の人たちが集まる4年に一度のスポーツの大会が東京《とうきょう》で開《ひら》かれました。この大会を何といいますか。

((東京)オリンピック(・パラリンピック))

5 横浜市の人口のグラフを見て、右の文にあう言葉《ことば》をえらび、㋐～㋒に書きましょう。

1つ4点(12点)

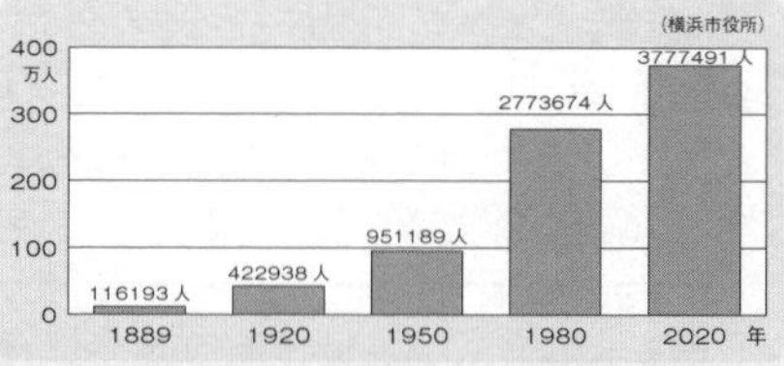

(横浜市役所)
400万人
300
200
100
0
116193人
422938人
951189人
2773674人
3777491人
1889
1920
1950
1980
2020 年

横浜市の人口のうつりかわり

・グラフのたてじくは㋐{ 年 ・ 人口 }を表《あらわ》している。
・2020年の人口は
㋑{ 300万人 ・ 500万人 }をこえている。
・1889年から2020年までの間で、人口は
㋒{ ふえて ・ へって }いる。

㋐(人口) ㋑(300万人)
㋒(ふえて)

思考・判断・表現 30点

6 「地いきケアプラザ」がある場所《ばしょ》の地図を見て、問いに答えましょう。

1つ5点、(2)20点(30点)

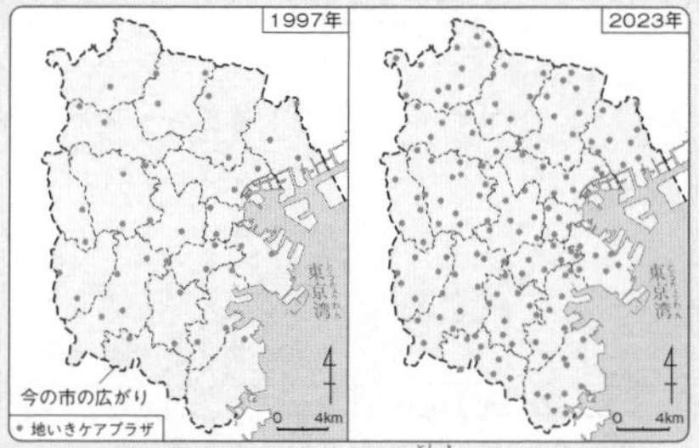

1997年
2023年
東京湾
今の市の広がり
・地いきケアプラザ
0 4km

※「地いきケアプラザ」＝赤ちゃんからお年寄《としよ》りまで、地いきのだれもが安心してくらすための公共《こうきょう》しせつ。

(1) 1997年と2023年をくらべると、ケアプラザの数はふえましたか、へりましたか。

(ふえた)

(2) (1)のようになった理由《りゆう》を、下の横浜市の人口のグラフから考えてかんたんに書きましょう。

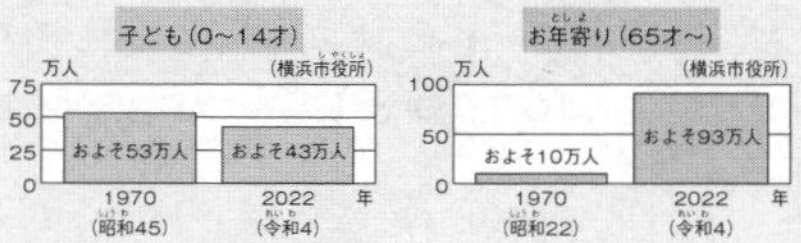

子ども(0～14才)
万人
(横浜市役所)
75
50
25
0
およそ53万人
およそ43万人
1970 (昭和45)
2022 (令和4)
年
お年寄り(65才～)
100
50
0
およそ10万人
およそ93万人
1970 (昭和22)
2022 (令和4)

((れい) お年寄りの数がふえたから。)

(3) ケアプラザのような公共しせつをつくったり、運《うん》えいしたりするためにも使《つか》われる、みんなで出し合うお金を何といいますか。㋐～㋒からえらびましょう。

㋐ 料金《りょうきん》 ㋑ ぜいきん
㋒ 売り上げ

(㋑)

春のチャレンジテスト うら

4 (1)②市の東がわにあった路面電車はなくなっています。
③市の全体に道路が広がっています。
⑤東名高速道路が新しくつくられました。

5 ㋐たてじくのたんいを見ると「万人」と書いてあることから、年ではなく人口を表しているとわかります。
㋑2020年の人口はおよそ377万人で、300万人をこえています。
㋒1889年から2020年まで、ぼうの長さが長くなっていっているため、人口がふえていることがわかります。

6 (1)地いきケアプラザは、●で表されています。1997年より2023年のほうが●の数が多いことから、地いきケアプラザの数はふえていることがわかります。
(2)グラフを見ると、お年寄りの数が大きくふえていることがわかります。ここから、お年寄りの数がふえたことにより、地いきケアプラザをふやしたと考えられます。
(3)公民館《こうみんかん》や学校など、みんなが使う公共しせつをつくったり、運えいしたりするために、ぜいきんが使われています。ぜいきんは国や市など、そこに住んでいる人たちから集められています。

おうちのかたへ 交通や人口など、市の様子が大きく変化した高度経済成長については、5、6年生で学習します。3年生では、交通や産業の発達、人口の増加を経て、高齢化社会が進んでいることを、資料を確認しながら大まかにつかみます。

3年 社会のまとめ

学力しんだんテスト

月　日

名前

時間 40分

ごうかく70点　／100

答え51ページ

2については、学習《がくしゅう》の状況《じょうきょう》に応《おう》じてA・Bどちらかをえらんでやりましょう。

1 **次の地図を見て、答えましょう。**　1つ3点(12点)

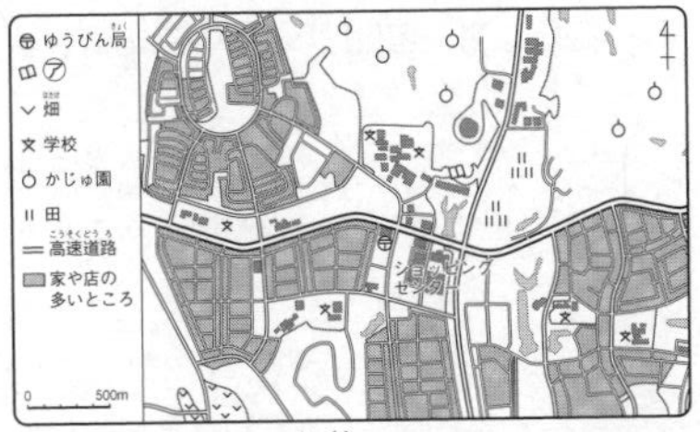

(1) ㋐は何を表《あらわ》す地図記号《きごう》ですか。 （図書館）

(2) 次の①〜③のうち、正しいものには○を、まちがっているものには×をつけましょう。

① 畑《はたけ》の北には学校がある。

② ゆうびん局《きょく》の南にはかじゅ園がある。

③ 家や店は、田の北東《ほくとう》に多く集《あつ》まっている。

①［○］　②［×］　③［×］

2のA **農家《のうか》の仕事《しごと》について、答えましょう。**　1つ5点(10点)

(1) 右の作物《さくもつ》カレンダー（農事《のうじ》ごよみ）からわかることを、㋐〜㋒からえらびましょう。

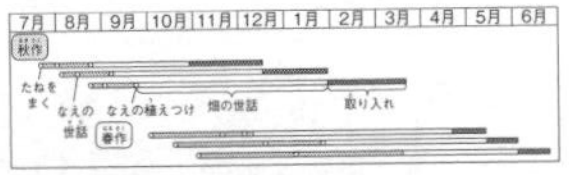

㋐ 取《と》り入れが終《お》わると、3か月休んでいる。

㋑ 1年を通して作業《さぎょう》をしている。

㋒ 7月にだけ、たねをまいている。

［㋑］

(2) しゅうかくを手作業で行う理由《りゆう》を、「きず」という言葉《ことば》を使《つか》ってかんたんに書きましょう。

（(れい) 作物にきずがつかないようにするため。）

2のB **食べ物《もの》をつくる工場のくふうについて、答えましょう。**　1つ5点(10点)

(1) 工場ではどのように数多くのせい品《ひん》をつくっていますか。㋐・㋑からえらびましょう。 ［㋑］

㋐ 1人できかいでつくっている。

㋑ たくさんの人の手ときかいでつくっている。

(2) 右の絵のように、工場ではたらく人が、作業の前にエアシャワーで服《ふく》のほこりを落《お》とす理由を書きましょう。

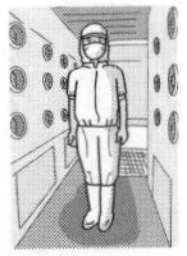

（(れい) せい品にほこりが入らないようにするため。）

3 **①〜③のスーパーマーケットではたらく人の仕事を、㋐〜㋒からえらびましょう。**　1つ2点(6点)

㋐ 品物《しなもの》の売れぐあいから、注文《ちゅうもん》の数を決《き》める。

㋑ ひつような分だけ買えるように、切り分ける。

㋒ まちがえないようにお金を受《う》けわたす。

①［㋒］　②［㋐］　③［㋑］

4 **事故《じこ》が起《お》きたときの図を見て、答えましょう。**　(1)4点、(2)6点(10点)

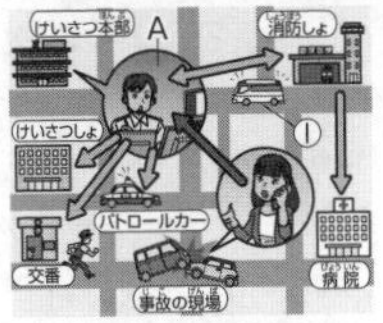

(1) 110番の電話がつながる、Aを何といいますか。

（通信指令室）

(2) ①は、事故の現場《げんば》でどのようなはたらきをしますか。かんたんに書きましょう。

（(れい) けが人を病院に運ぶ。）

うらにも問題があります。

学力しんだんテスト　表

1 (1)図書館《としょかん》の地図記号は、開いた本がもとになっています。

(2)②かじゅ園は、ゆうびん局から見て北や北東《ほくとう》にあります。

③家や店の多いところは、田から見て西がわや南がわに広がっています。

2のA (1)㋐㋑たねまきや、畑の世話など、休むことなく一年中作業を行っています。

㋒時期《じき》をずらして、秋作で3回、春作で3回たねをまいています。

2のB (1)人ときかいの両方がはたらいて、いちどにたくさんのせい品をつくります。

(2)食べ物をつくる工場では、ばいきんやよごれが工場の中に入らないよう、服をせいけつにしてから作業しています。エアシャワーは、空気をふきつけて、小さなほこりを落とすきかいです。

3 ②はスーパーマーケットのじむしょではたらく人たちです。じむしょでは、コンピューターで売れぐあいを調《しら》べながら、ひつような品物を注文します。

③は売り場の外で、肉や魚を切り分ける人です。お客さんがひつようなりょうを買えるように、いろいろな大きさに切って売り場に出しています。

4 (1)110番の電話は、けいさつ本部《ほんぶ》の通信指令室《つうしんしれいしつ》につながります。地いきによっては、通信指令室は、110番センターや通信指令センターとよばれることもあります。

(2)①のイラストは救急車《きゅうきゅうしゃ》です。通信指令室かられんらくを受けた消防《しょうぼう》しょが救急車を出動させ、けが人を病院《びょういん》へ運《はこ》びます。

おうちのかたへ これまでに学習してきた、まちで働く人たちの仕事や、くらしの安全を守る働きについて見直しておくとよいでしょう。4年生では、水道やごみの処理など、住みよいくらしを支える人々や、自然災害からくらしを守る人々の働きについて学んでいきます。

5 消防《しょうぼう》について、答えましょう。

1つ3点(6点)

(1) 火事《かじ》が起《お》きたときに消防しょの人たちと協力《きょうりょく》して消火活動《かつどう》にあたる、地いきの人たちの組織《そしき》を何といいますか。

（消防団）

(2) 右の火災《かさい》けいほうき（けむり感知器《かんちき》）の役《やく》わりを、㋐〜㋒からえらびましょう。

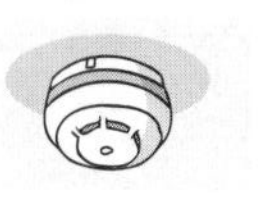

㋐ いち早く火事を知らせる。
㋑ 消火にひつような水をためておく。
㋒ 小さな火事を消《け》す。

［㋐］

6 次の問いに、答えましょう。

1つ2点(8点)

(1) 右の絵は何をするための道具《どうぐ》ですか。

（(れい)りょうりをするための）道具

(2) 下の㋐〜㋒のせつ明にあう道具を、それぞれ①〜③からえらびましょう。

㋐ ローラーの間にせんたく物《もの》をはさんで、しぼる。 ［②］
㋑ せんたく物をせっけんや水といっしょに、板《いた》のみぞの上でこする。 ［①］
㋒ せんたくからかんそうまで、すべて自動《じどう》で行う。 ［③］

7 兵庫《ひょうご》県明石《あかし》市の土地利用《りよう》図を見て、答えましょう。

(1)1つ4点、(2)10点(18点)

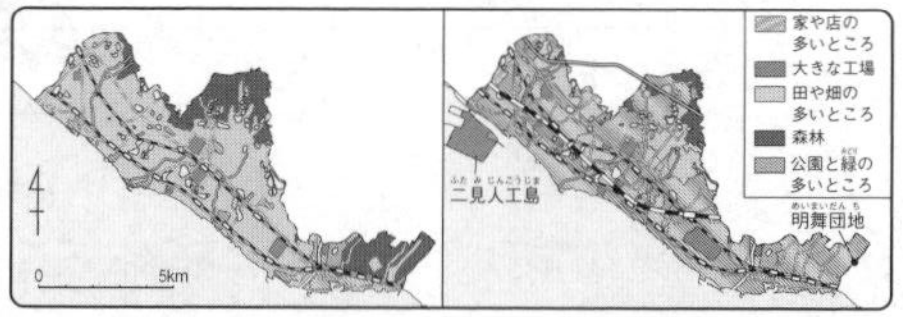

❶ およそ70年前　❷ 今

(1) 次の㋐〜㋒のうち、正しい文を2つえらびましょう。

㋐ 森林があったところが、家や店になっている。
㋑ 市の西がわに島《しま》ができている。
㋒ 鉄道《てつどう》のようすは、およそ70年前からずっと変《か》わっていない。

(順不同) ［㋐］［㋑］

(2) 「家や店の多いところ」に注目《ちゅうもく》して、およそ70年前と今をくらべたとき、市の人口《じんこう》はどうなっていると考えられますか。かんたんに書きましょう。

（(れい)(市の人口は)ふえている。）

活用力をみる

8 次の地図を見て、答えましょう。

1つ5点、(3)15点(30点)

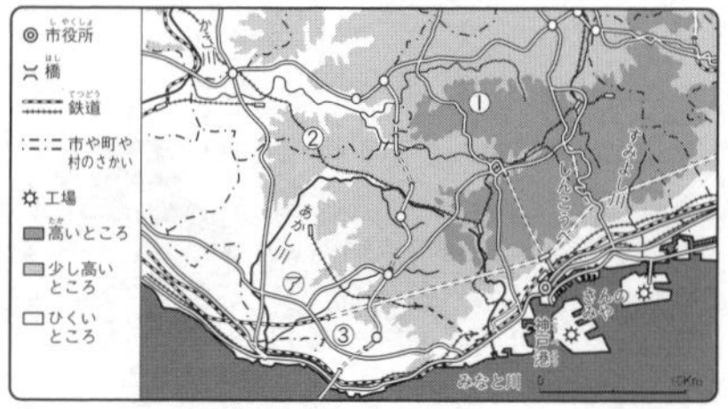

(1) 次の文の①にあう方をえらびましょう。また、②にあう言葉《ことば》を書きましょう。

・工場のある場所《ばしょ》は、うめ立ててつくられているため、海岸線《かいがんせん》が①{ ㋐まっすぐに・㋑でこぼこに }なっている。このため、船を港《みなと》に(②)。

① ［㋐］ ②（とめやすい）

(2) 次の「わたし」がいるところを、地図中の①〜③からえらびましょう。

「わたしは、土地のひくい、道路《どうろ》に近い場所にいます。」 ［③］

(3) 地図中の㋐にあるスーパーマーケットは、駅《えき》からはなれている場所ですが、たくさんの人が買い物に行きます。そのわけを「ちゅう車」という言葉を使《つか》って書きましょう。

（(れい) 広いちゅう車場があって、車で行くことができるから。）

学力しんだんテスト　うら

5 (1)消防団《しょうぼうだん》の団員《だんいん》は、ふだんはそれぞれがべつの仕事《しごと》をしています。災害《さいがい》時に消防しょの人たちと協力し、消火や救助《きゅうじょ》の活動をします。

(2)けむりやねつを感知して、音などで知らせることで、火事が広がるのをふせぎます。

6 (1)「かまやなべをあたためるための」道具なども正かいです。

(2)年代の古いじゅんに、①→②→③となります。人の手で行うことがへり、その分、ほかのことに時間を使えるようになっていきました。

7 (1)㋐およそ70年前の地図では、市の北がわや東がわに森林がありましたが、今の地図ではほとんどが家や店の多いところになり、団地《だんち》もできています。

㋑およそ70年前の地図では、市の西がわの海に島はありませんでしたが、今の地図では二見人工島《ふたみじんこうじま》ができています。

8 (1)①②船を港にとめやすいよう、海岸線をまっすぐにしています。うめ立ててつくられた場所は、海岸線がまっすぐになっているのがとくちょうです。

(2)地図を見ると、①は土地の高いところ、②は少し高いところ、③はひくいところだとわかります。また、②は道路ではなく、鉄道《てつどう》の近くです。

(3)広いちゅう車場があると、駅からはなれていても、車で店に行って買い物をすることができます。理由《りゆう》を答える問題《もんだい》なので、かならず文の終《お》わりは「〜から」「〜ため」などとなるようにしましょう。

おうちのかたへ 地図の読み取りは、高学年でも学習していきます。4年生では、地勢図や断面図、土地利用図などを使って、県の様子や特色などを読み取っていきます。

ふろく　取りはずしてお使いください。

社会 お仕事ずかんドリル

3年

このドリルを使って
いろいろなはたらく人
について学ぼう。

年　　　組

① 医師《いし》（内科医《ないかい》）

- **給料《きゅうりょう》（年平均《へいきん》）**：1428.9万円（2022年）
- **働《はたら》く場所**：病院《びょういん》や診療所《しんりょうじょ》など
- **就《しゅう》業《ぎょう》者《しゃ》数《すう》**：303,660人（2020年）

お仕事内容《ないよう》

内科医は内臓《ないぞう》や神経《しんけい》、血液《けつえき》など体の内側の病気《びょうき》をなおす医師です。

はじめに医師のもとへやってきた患者《かんじゃ》の話を聞く問診《もんしん》、つぎに体をしらべる診察《しんさつ》をします。わかったことをカルテに記録《きろく》して、病気を診断《しんだん》し、どんな治療《ちりょう》をするか考えます。また、ひつようなときは注射《ちゅうしゃ》や検査《けんさ》をおこない、症状《しょうじょう》に合わせて薬《くすり》を出し、ふだんの食事をかえるなどのアドバイスをします。そして、どんな病気なのか、なぜこの薬を使《つか》うのかなどを、患者やその家族にまちがいのないよう正確《せいかく》にていねいに説明《せつめい》します。このとき、患者の希望《きぼう》や気持ちによりそうことも、医師の大切なお仕事なのです。

医師になるためには？

大学医学部《いがくぶ》・医科大学

↓

医師国家試験《しけん》

↓

医療機関《いりょうきかん》で臨床研修《りんしょうけんしゅう》

↓

医師（内科医など）

ワンステップ

これまでにあなたがみてもらったことのある医師は、何科でしょうか。おうちにある診察券《けん》をみて、どんな科か、インターネットで調べてみましょう。

② 建築設計士《けんちくせっけいし》

給料《きゅうりょう》(年平均《へいきん》)：620.4万円（2022年）

働《はたら》く場所：建築士事務所《じむしょ》や建設《けんせつ》会社など

就《しゅう》業《ぎょう》者《しゃ》数《すう》：242,580人（2020年）

お仕事内容《ないよう》

建築設計士は、住宅《じゅうたく》や学校、ビル、工場などの建物《たてもの》をしらべたり、建《た》てる計画をつくったりするお仕事です。

お客さんの希望《きぼう》を聞き、建物が何に使《つか》われるのかや、大きさやデザイン、予算などを話し合います。そして法律《ほうりつ》をしらべ、どんな材料《ざいりょう》を使うかなどを決めて設計図《ず》をつくります。

最近では、環境《かんきょう》を守《まも》る建物づくりを考えたり、街《まち》づくりの計画に合わせて街を住《す》みやすくしたりするお仕事も増《ふ》えています。建物をつくることで、人が生活する空間をよりよくすることができるお仕事です。

建築設計士になるためには？

大学（工学部建築《けんちく》学科など）　　専門《せんもん》学校（建築系《けい》）

↓

建築士事務所《じむしょ》・建設《けんせつ》会社、ハウスメーカーなどに就職《しゅうしょく》

建築士資格試験《しかくしけん》

↓

建築設計《せっけい》士

ワンステップ

もしあなたが建築設計士になったら、どんな建物をつくってみたいですか。設計図をかき、材料をどのようにするかなど、計画を考えてみましょう。

③ 看護師《かんごし》

給料《きゅうりょう》(年平均《へいきん》)：508.1万円(2022年)

働《はたら》く場所：病院《びょういん》や診療所《しんりょうじょ》など

就《しゅう》業《ぎょう》者《しゃ》数《すう》：1,385,950人(2020年)

お仕事内容《ないよう》

看護師は、医師《いし》が診断《しんだん》や治療《ちりょう》をスムーズにすすめられるよう、たすけるお仕事です。患者《かんじゃ》の体温《たいおん》や呼吸《こきゅう》、痛《いた》みのひどさ、意識《いしき》があるかどうかなどをつねにみまもり、医師の判断《はんだん》をたすけます。また、医師にしたがい、採血《さいけつ》や注射《ちゅうしゃ》、点滴《てんてき》などをおこなうこともあります。ほかにも、けがの治療をしている人や介護施設《かいごしせつ》の高齢者《こうれいしゃ》などの、リハビリや介護をたすけることもあります。

どんな病気《びょうき》の人であっても「食べる」「体をきれいにたもつ」「はいせつをおこなう」などのふだんのくらしを、その人らしさを大切にしながら気持ちよくおくれるようサポートします。もっとも身近《みぢか》に患者の体と心をささえるお仕事です。

看護師になるためには？

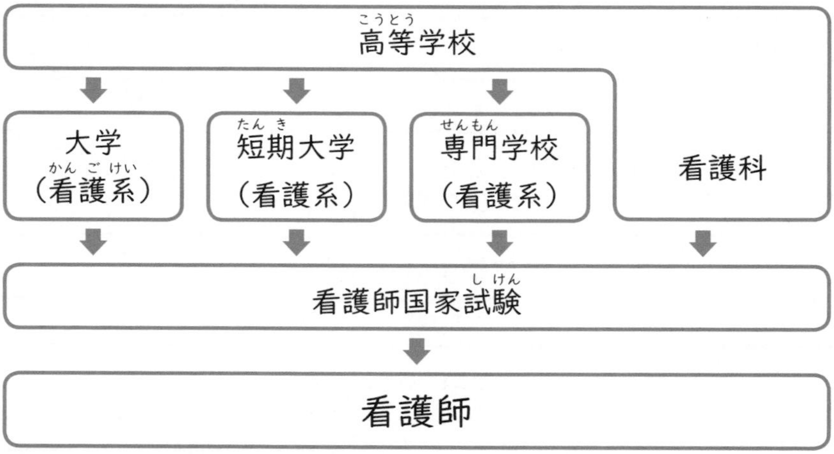

ワンステップ

あなたがであったことのある看護師で、心にのこっている人はいますか。そのときどんなことをしてもらい、どんなことを話したのか、思い出してみましょう。

④ 教師《きょうし》（小学校教員）

給料《きゅうりょう》(年平均《へいきん》)：739.7万円(2022年)

働《はたら》く場所：小学校など

就《しゅう》業《ぎょう》者《しゃ》数《すう》：421,160人(2020年)

お仕事内容《ないよう》

小学校教員は小学校で子どもたちに国語、算数、英語《えいご》、生活、音楽、図工、体育《たいいく》などを教えるお仕事です。

どのように学習《がくしゅう》をすすめていくか1年間の計画をたて、それをもとに1時間ごとの授業《じゅぎょう》を考えます。そして黒板《こくばん》に書く内容を決《き》め、プリントなどを用意《ようい》します。

ほかにも、クラスの活動《かつどう》や学校の行事《ぎょうじ》をすすめたり、ふだんの生活で身《み》につけてほしいマナーを教えたりします。また子どもたちの健康状態《けんこうじょうたい》や、いじめや不登校《ふとうこう》の防止《ぼうし》にも心をくばっています。

小学生という、子どもたちの心と体がもっとも大きく成長《せいちょう》する大切な時期《じき》をともにし、ひとりひとりのすこやかでゆたかな育《そだ》ちをみまもるお仕事です。

教員になるためには？

大学院　大学　短期《たんき》大学

小学校教諭免許状《きょうゆめんきょじょう》

↓

教員採用試験《さいようしけん》

↓

小学校教員

ワンステップ

あなたの小学校には、ほかにどんな先生がいますか。またどんなことをしていますか。先生のお仕事を、よく観察《かんさつ》してみましょう。

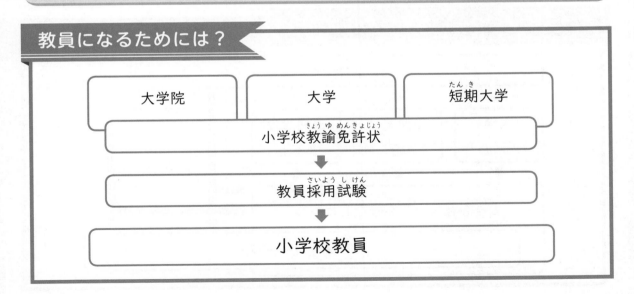

⑤ イラストレーター

給料《きゅうりょう》(年平均《へいきん》)：466.7万円(2022年)

働《はたら》く場所：広告《こうこく》会社や出版《しゅっぱん》会社など

就《しゅう》業《ぎょう》者《しゃ》数《すう》：47,320人(2020年)

お仕事内容《ないよう》

イラストレーターは、お客《きゃく》さんの希望《きぼう》に合わせてイラストをかくお仕事です。

イラストをかくときは、紙と筆記用具《ひっきようぐ》、色えんぴつ、ペン、絵の具《ぐ》など、さまざまな道具を使《つか》います。お客さんの希望に合わせ、人やキャラクター、風景《ふうけい》、動物《どうぶつ》や植物《しょくぶつ》、自動車《じどうしゃ》など、自分が得意《とくい》なイラストをかきます。最近《さいきん》では、パソコンやタブレットを使ってデジタルイラストをかくこともあります。

イラストレーターは個性《こせい》をもとめられますが、イラストが広告やポスターなどに使われることもあるので、ときには多くの人に好《この》まれるイラストであることも大切です。

自分らしさをいかすことで、日々のくらしに彩《いろど》りをそえることができるお仕事です。

イラストレーターになるためには？

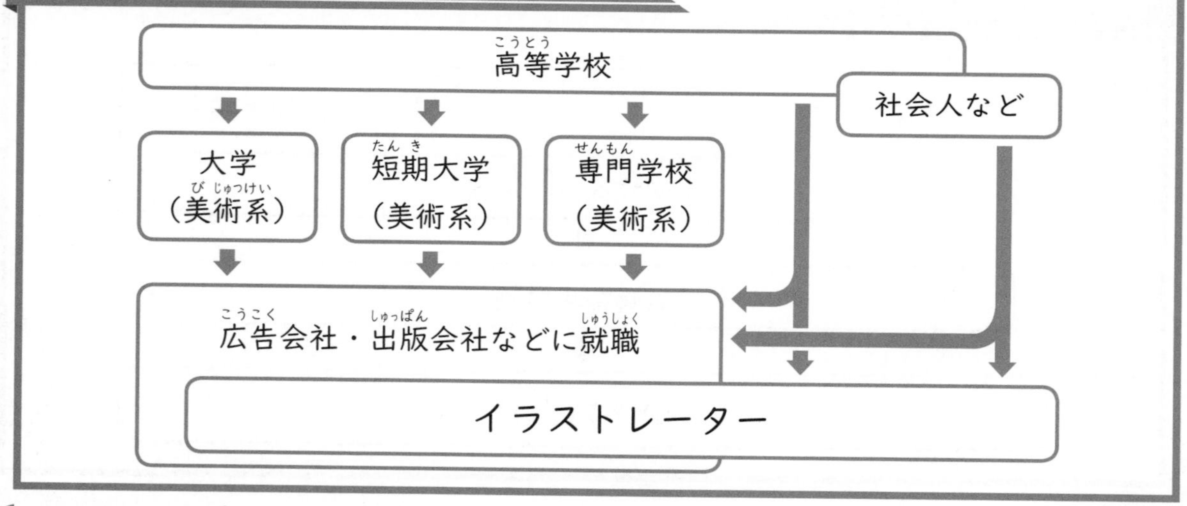

ワンステップ

あなたが好《す》きなキャラクターは、どんな人がかいているのでしょうか。キャラクターをつくっている会社をしらべてみましょう。

6 パティシエ

給料《きゅうりょう》（年平均《へいきん》）：344.8万円（2022年）

働《はたら》く場所：洋菓子《ようがし》店やレストランなど

就《しゅう》業《ぎょう》者《しゃ》数《すう》：1,227,480人（2020年）

お仕事内容《ないよう》

パティシエは洋菓子《ようがし》店やレストランなどで、洋菓子をつくるお仕事です。

パティシエがつくる洋菓子は、焼《や》いたスポンジを生クリームなどでかざるケーキのような生菓子、なまのフルーツと焼いた生地を組み合わせるタルトのような半生菓子、クッキーのような焼き菓子、チョコレート、アイスクリームなど、さまざまです。つくる洋菓子に合わせて材料《ざいりょう》を用意《ようい》し、ミキサーやオーブンなどの機械《きかい》を使《つか》ってつくります。しかし、さいごのかざりつけは機械ではできないので、手作業《さぎょう》でしあげるため、パティシエには技術《ぎじゅつ》とセンスがもとめられます。

ものづくりのアイデアとセンスをいかしてお菓子をつくれるお仕事です。

パティシエになるためには？

高等《こうとう》学校

↓

大学 ／ 短期《たんき》大学 ／ 専門《せんもん》学校（菓子《かし》・調理《ちょうり》系） ／ （高等学校から直接）

↓

洋菓子《ようがし》店・菓子メーカーなどに就職《しゅうしょく》

パティシエ

ワンステップ

あなたのまちにケーキ屋《や》さんはありますか。あなたならどんなケーキ屋さんにしたいか、またどんなお菓子をつくってみたいか、絵にかいてみましょう。

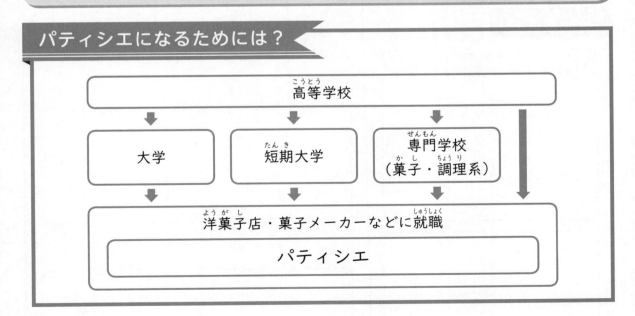

⑦ お仕事調査①

やってみよう！

- 自分のつきたいお仕事や、気になるお仕事について調べてみよう。

お仕事のイラストをかいてみよう

給料《きゅうりょう》(平均《へいきん》)：

働《はたら》く場所：

就《しゅう》業《ぎょう》者《しゃ》数《すう》：

このお仕事でランキングを作ってみよう！

ランキングのタイトル：

第《だい》1位《い》

第2位

第3位

お仕事内容《ないよう》

左にはたらいているイラストをかいて、何の仕事をしているのかせつめいしよう。

○○になるためには？

そのお仕事につくまでの流れを調べて書いてみよう。

このお仕事のおもしろそうなところを書いてみよう。

この仕事はどんな人に向いているか考えてみよう。

⑧ お仕事調査②

やってみよう！

- 自分のつきたいお仕事や、気になるお仕事について調べてみよう。

お仕事のイラストをかいてみよう

給料《きゅうりょう》(平均《へいきん》)：

働《はたら》く場所：

就《しゅう》業《ぎょう》者《しゃ》数《すう》：

このお仕事でランキングを作ってみよう！

ランキングのタイトル：

第《だい》1位《い》

第2位

第3位

お仕事内容《ないよう》

左にはたらいているイラストをかいて、何の仕事をしているのかせつめいしよう。

○○になるためには？

そのお仕事につくまでの流れを調べて書いてみよう。

このお仕事のおもしろそうなところを書いてみよう。

この仕事はどんな人に向いているか考えてみよう。

⑨ お仕事調査③

やってみよう！

- 自分のつきたいお仕事や、気になるお仕事について調べてみよう。

お仕事のイラストをかいてみよう

給料《きゅうりょう》(平均《へいきん》)：

働《はたら》く場所：

就業《しゅうぎょう》者《しゃ》数《すう》：

このお仕事でランキングを作ってみよう！

ランキングのタイトル：

第《だい》1位《い》

第2位

第3位

お仕事内容《ないよう》

左にはたらいているイラストをかいて、何の仕事をしているのかせつめいしよう。

○○になるためには？

そのお仕事につくまでの流れを調べて書いてみよう。

このお仕事のおもしろそうなところを書いてみよう。

この仕事はどんな人に向いているか考えてみよう。

⑩ お仕事調査④

やってみよう！

- 自分のつきたいお仕事や、気になるお仕事について調べてみよう。

お仕事のイラストをかいてみよう

給料《きゅうりょう》(平均《へいきん》)：

働《はたら》く場所：

就《しゅう》業《ぎょう》者《しゃ》数《すう》：

このお仕事でランキングを作ってみよう！

ランキングのタイトル：

第《だい》1位《い》

第2位

第3位

お仕事内容《ないよう》

左にはたらいているイラストをかいて、何の仕事をしているのかせつめいしよう。

○○になるためには？

そのお仕事につくまでの流れを調べて書いてみよう。

このお仕事のおもしろそうなところを書いてみよう。

この仕事はどんな人に向いているか考えてみよう。

おもな参考文献《さんこうぶんけん》

- 職業情報提供サイト（日本版O-NET).jobtag.
  （https://shigoto.mhlw.go.jp/User).

- 画像提供
  PIXTA/イラストセンター